思想的・睿智的・獨見的

經典名著文庫

學術評議

丘為君　吳惠林　宋鎮照　林玉体　邱燮友
洪漢鼎　孫效智　秦夢群　高明士　高宣揚
張光宇　張炳陽　陳秀蓉　陳思賢　陳清秀
陳鼓應　曾永義　黃光國　黃光雄　黃昆輝
黃政傑　楊維哲　葉海煙　葉國良　廖達琪
劉滄龍　黎建球　盧美貴　薛化元　謝宗林
簡成熙　顏厥安（以姓氏筆畫排序）

策劃　楊榮川

五南圖書出版公司 印行

經典名著文庫

學術評議者簡介（依姓氏筆畫排序）

- 丘為君　美國俄亥俄州立大學歷史研究所博士
- 吳惠林　美國芝加哥大學經濟系訪問研究、臺灣大學經濟系博士
- 宋鎮照　美國佛羅里達大學社會學博士
- 林玉体　美國愛荷華大學哲學博士
- 邱燮友　國立臺灣師範大學國文研究所文學碩士
- 洪漢鼎　德國杜塞爾多夫大學榮譽博士
- 孫效智　德國慕尼黑哲學院哲學博士
- 秦夢群　美國麥迪遜威斯康辛大學博士
- 高明士　日本東京大學歷史學博士
- 高宣揚　巴黎第一大學哲學系博士
- 張光宇　美國加州大學柏克萊校區語言學博士
- 張炳陽　國立臺灣大學哲學研究所博士
- 陳秀蓉　國立臺灣大學理學院心理學研究所臨床心理學組博士
- 陳思賢　美國約翰霍普金斯大學政治學博士
- 陳清秀　美國喬治城大學訪問研究、臺灣大學法學博士
- 陳鼓應　國立臺灣大學哲學研究所
- 曾永義　國家文學博士、中央研究院院士
- 黃光國　美國夏威夷大學社會心理學博士
- 黃光雄　國家教育學博士
- 黃昆輝　美國北科羅拉多州立大學博士
- 黃政傑　美國麥迪遜威斯康辛大學博士
- 楊維哲　美國普林斯頓大學數學博士
- 葉海煙　私立輔仁大學哲學研究所博士
- 葉國良　國立臺灣大學中文所博士
- 廖達琪　美國密西根大學政治學博士
- 劉滄龍　德國柏林洪堡大學哲學博士
- 黎建球　私立輔仁大學哲學研究所博士
- 盧美貴　國立臺灣師範大學教育學博士
- 薛化元　國立臺灣大學歷史學系博士
- 謝宗林　美國聖路易華盛頓大學經濟研究所博士候選人
- 簡成熙　國立高雄師範大學教育研究所博士
- 顏厥安　德國慕尼黑大學法學博士

經典名著文庫171

學問之增進

The Advancement of Learning

法蘭西斯・培根（Francis Bacon） 著
邵裴子 譯
米建國 導讀

經典永恆・名著常在

五十週年的獻禮・「經典名著文庫」出版緣起

總策劃 楊榮川

五南，五十年了。半個世紀，人生旅程的一大半，我們走過來了。不敢說有多大成就，至少沒有凋零。

五南忝爲學術出版的一員，在大專教材、學術專著、知識讀本出版已逾壹萬參仟種之後，面對著當今圖書界媚俗的追逐、淺碟化的內容以及碎片化的資訊圖景當中，我們思索著：邁向百年的未來歷程裡，我們能爲知識界、文化學術界做些什麼？在速食文化的生態下，有什麼值得讓人雋永品味的？

歷代經典・當今名著，經過時間的洗禮，千錘百鍊，流傳至今，光芒耀人；不僅使我們能領悟前人的智慧，同時也增深加廣我們思考的深度與視野。十九世紀唯意志論開創者叔本華，在其〈論閱讀和書籍〉文中指出：「對任何時代所謂的暢銷書要持謹慎的態度。」他覺得讀書應該精挑細選，把時間用來閱讀那些「古今中外的偉大人物的著作」，閱讀那些「站在人類之巔的著作及享受不朽聲譽的人們的作品」。閱讀就要「讀原著」，是他的體悟。他甚至認爲，閱讀經典原著，勝過於親炙教誨。他說：

> 「一個人的著作是這個人的思想菁華。所以，儘管一個人具有偉大的思想能力，但閱讀這個人的著作總會比與這個人的交往獲得更多的內容。就最重要的方面而言，閱讀這些著作的確可以取代，甚至遠遠超過與這個人的近身交往。」

爲什麼？原因正在於這些著作正是他思想的完整呈現，是他所有的思考、研究和學習的結果；而與這個人的交往卻是片斷的、支離的、隨機的。何況，想與之交談，如今時空，只能徒呼負負，空留神往而已。

三十歲就當芝加哥大學校長、四十六歲榮任名譽校長的赫欽斯（Robert M. Hutchins, 1899-1977），是力倡人文教育的大師。「教育要教眞理」，是其名言，強調「經典就是人文教育最佳的方式」。他認爲：

> 「西方學術思想傳遞下來的永恆學識，即那些不因時代變遷而有所減損其價値

的古代經典及現代名著，乃是眞正的文化菁華所在。」

這些經典在一定程度上代表西方文明發展的軌跡，故而他爲大學擬訂了從柏拉圖的《理想國》，以至愛因斯坦的《相對論》，構成著名的「大學百本經典名著課程」。成爲大學通識教育課程的典範。

歷代經典·當今名著，超越了時空，價值永恆。五南跟業界一樣，過去已偶有引進，但都未系統化的完整舖陳。我們決心投入巨資，有計畫的系統梳選，成立「經典名著文庫」，希望收入古今中外思想性的、充滿睿智與獨見的經典、名著，包括：

- 歷經千百年的時間洗禮，依然耀明的著作。遠溯二千三百年前，亞里斯多德的《尼各馬科倫理學》、柏拉圖的《理想國》，還有奧古斯丁的《懺悔錄》。
- 聲震寰宇、澤流遐裔的著作。西方哲學不用說，東方哲學中，我國的孔孟、老莊哲學，古印度毗耶娑（Vyāsa）的《薄伽梵歌》、日本鈴木大拙的《禪與心理分析》，都不缺漏。
- 成就一家之言，獨領風騷之名著。諸如伽森狄（Pierre Gassendi）與笛卡兒論戰的《對笛卡兒沉思錄的詰難》、達爾文（Darwin）的《物種起源》、米塞斯（Mises）的《人的行爲》，以至當今印度獲得諾貝爾經濟學獎阿馬蒂亞·

森（Amartya Sen）的《貧困與饑荒》，及法國當代的哲學家及漢學家余蓮（François Jullien）的《功效論》。

梳選的書目已超過七百種，初期計劃首爲三百種。先從思想性的經典開始，漸次及於專業性的論著。「江山代有才人出，各領風騷數百年」，這是一項理想性的、永續性的巨大出版工程。不在意讀者的眾寡，只考慮它的學術價值，力求完整展現先哲思想的軌跡。雖然不符合商業經營模式的考量，但只要能爲知識界開啓一片智慧之窗，營造一座百花綻放的世界文明公園，任君遨遊、取菁吸蜜、嘉惠學子，於願足矣！

最後，要感謝學界的支持與熱心參與。擔任「學術評議」的專家，義務的提供建言；各書「導讀」的撰寫者，不計代價地導引讀者進入堂奧；而著譯者日以繼夜，伏案疾書，更是辛苦，感謝你們。也期待熱心文化傳承的智者參與耕耘，共同經營這座「世界文明公園」。如能得到廣大讀者的共鳴與滋潤，那麼經典永恆，名著常在。就不是夢想了！

二〇一七年八月一日 於

五南圖書出版公司

導讀

東吳大學哲學系特聘教授兼系主任　米建國

一、前言

法蘭西斯・培根（Francis Bacon）於一六〇五年所出版的 *The Advancement of Learning*（完整的書名爲：*Of the Proficience and Advancement of Learning, Divine and Human*），目前市面上有兩種中文翻譯：一種是臺灣普遍流行的《學問之增進》，另一種則是中國大陸通行的《學術的進展》（於二〇〇七年由上海人民出版社出版）。無論把書名中的「Learning」翻譯成「學問」或「學術」，兩者皆過度著重於知識的抽象靜態面向，忽略了知識學習的發展動態面向。原始古文中的「學」，可以意謂「學習」、「學識」、「學問」、「學術」，以至於「知識（科學）」這一系列的增長歷程。傳統儒家經典四書中的《大學》（英譯爲：*The Great Learning*），就是強調一種從格物、致知、誠意、正心、修身、齊家、治國、平天下的增進與成長過程。我們可以做學問，甚至可以做學術（研究），但是在追求獲得學問或學術這個目標或對象之前，「做中學」是個不可或缺的歷程，也是達成目標的最有效途徑。所以，把「Learning」直接翻譯成中文的「學」，可以同時包含「動態的發展歷程」與「靜態的成長階段」。

此外，書名標題中的「Proficience」代表著透過學習歷程所獲得的技能已經達到十分熟練與流利的程度，可以是近乎專家的良好技能。而「Advancement」意味著學問內容與學術涵養已經達到相當高明與進展的階段，堪稱具有完好知識或科學內涵的卓越成就。「Proficience」強調學之精進，著重在學習者能力的培養，是一種 learning-how；「Advancement」強調學之進展，著重在學習者知識之習得，是一種 learning what。

結合以上兩者的語意內涵，把培根的 *The Advancement of Learning* 翻譯成《學之增長》，似乎是個比較完好的選擇。

二、作者生平

培根（一五六一－一六二六）是十六世紀跨向十七世紀的英國古典經驗論始祖，同時也是文藝復興邁進啟蒙運動的重要推手之一。雖然我們不能完全將他歸屬於英國知識論中的經驗主義學派，但是他的哲學立場與方法論卻足以深深影響著後來霍布斯、洛克、柏克萊與休謨這些重要的英國經驗主義哲學家。

培根出生於英格蘭倫敦。他的家庭背景稱得上是個貴族世家，父親擔任過伊莉莎白女王的大法官，母親則是個博學多聞的貴族婦女。在這種家庭背景的影響下，培根在十二歲就進入劍橋大學的三一學院就讀學習，同時已經開始逐漸意識到經院哲學方法的缺陷，並企圖對於傳統哲學中的形上學與邏輯進行批判。隨後培根並沒有繼續留在大學中任教，而是選擇從政之路，步上他父親的政治職涯。然而，在這條從政的道路上，培根走的並不十分順遂，並且時常遇到經濟上的困頓與危機，最後還因爲涉嫌在擔任法官期間收受賄賂，導致他的官位不保，被迫澈底離開他的官職。但是也許正是因爲他在政治道路上所受到的阻力與挫折，反而使他在哲學的論證與學術的建構更有銳利批判的表現與獨特創新的見解。

他在離開政界之後，與在世的最後幾年之間，全心投入哲學與科學的研究，並設法完成他理想中的偉大企劃（The Great Instauration）：一個猶如百科全書般的全面綜合性計畫，一方面用來重新組構所謂的科學內涵，另一方面則用來重新拾起人類面對自然與認知世界時所需具有的力量與知識。可惜的是，這個宏大計畫並沒有辦法順利在培根剩餘短暫幾年的生命中完成，最後他在嚴寒的氣候中用冰雪來做實驗時，不幸染上了肺炎，而於一六二六年四月間過世。培根的一生就如同經常在他著作中所引用到的一句希臘名言一般：「學藝無涯，而人生苦短。」

三、成書背景與歷程

「知識本身就是力量」與「科學歸納法」是培根爲人所熟知的哲學主張與從事科學研究的方法學。這兩項閃亮的成就雖然現在看起來是如此的微不足道，但在十六世紀後期的時空背景之下，卻是培根對於當時傳統主流想法的對抗與論辯，也代表著一個創新時代思潮的嘗試與努力。

知識作爲力量本身，是人類藉由上帝所賦予的認知機制與物理條件，透過不斷的經驗觀察與學習，建立起面對這個自然世界所需具備的各項技藝能力，並形成有關這個世界的各種自然哲學與科學理論。這個想法所要挑戰的傳統，一方面是希臘時代以來柏拉圖有關「知識來自於回憶」的主張，另一方面則是經院學派過度偏重書本文字上的學習與記憶，而忽略了對於經驗物質的觀察與研究。他在一六〇五年所完成的 *The Advancement of Learning* 這本書，就是要強調「學」本身（在面對神與人的交際之時）所能夠帶給人類面對自然的力量，隨著這股力量的增進，科學知識也才得以獲得進展，並彰顯人類在自然世界的尊嚴與崇重。

科學歸納法的提出，更是培根對當代科學發展的重大貢獻。在一六二〇年出版的*Novum Organum*（《新工具（論）》），正好代表著培根對於希臘時代亞里斯多德*Organum*（《工具論》）的一個直接對抗：這是一個「歸納邏輯」與亞里斯多德「三段論證邏輯」的對抗。曾經有些人認爲亞里斯多德的《工具論》延誤了西方科學進展將近兩千年的時間，這正顯示出培根的《新工具（論）》爲當代西方科學進展所帶來的創新思維與革命性的影響，也說明爲什麼有些人尊稱培根爲「當代科學之父」。「歸納法」作爲一種科學的方法論，不僅是人類從事科學研究的一個必要方法，更是人類面對世界不可或缺的工具。培根之後另外一位重要的英國哲學家休謨（David Hume）甚至直言：「人根本上就是一個歸納的動物。」

其實，早在一五九二年，培根三十一歲左右，當他正在往他的仕途之路努力向上攀爬之際，就已經宣稱「所有的知識」都是他的領域，並宣示他計畫要對當時所謂的科學或人類所有的學問，進行一項全面的重建與重組。這項宣言一直到一六二〇年，當培根還處於政治生涯的高峰時期，他正式出版了一個所謂的「偉大企劃」的序章，作爲對三十年前的承諾所提出的回應，同時也把這項成就敬贈給當時重用他的詹姆斯國王，這個「偉大企劃」就是後來大家所熟知的「Magna Instauratio（The Great Instauration）」。培根的計畫綱要可以區分爲以下六大項目：

(一)科學的部門。

(二)新工具（論），或有關自然詮釋的指南。

(三)宇宙的現象，或一個做爲哲學基礎的自然與實驗史。

(四)智能的階梯。

(五)（科學）先驅，或新哲學的預見。

(六)新哲學，或積極的科學。

第一大項目包含對於科學的普遍描述，與對於科學（既有與新增）的各個部門的區分。這個項目的內容大部分來自於 *The Advancement of Learning* 這本書對於科學進展的分類。第二大項目發展培根對於科學研究的新方法，也就是《新工具（論）》中提出的科學歸納法這項新工具。第三大項目提供對於宇宙現象的各種記錄，包含著自然與實驗的發展歷史。第四大項目從事建構智能發展的階梯，培根的意圖是利用這個階梯來連結自然歷史的方法與他所主張的新哲學或積極科學。第五大項目提出培根所謂的新哲學的藍圖與預見，也代表著培根爲當時的舊科學提供一套新的發展思路，並作爲新的積極科學的先驅領航者。第六大項目是培根計畫爲他的新哲學提供最詳細的論述與鋪陳，也是他所謂偉大企劃的最終目標，但是或者因爲人生的有限時間，或者因爲人類的有限力量，培根的終極計畫最終沒有成形。

四、主旨架構與內容精要

培根作爲一位新時代的先驅，作爲一位人類啟蒙運動的推手，在從神權跨越到君權再到人權的歷史進程，不論在做學問的方法或邏輯，或者是在求知識的內涵或進展，培根總是站在傳統的對立面：不僅是在科學方法論上的對立，也是對知識產出結果的對立；是歸納法與三段論證的對立，是積極自然哲學與傳統形上學的對立，也是對自然的詮釋與對自然的默觀之間的對立。用培根自己給出的一個很巧妙的比喻：傳統的科學方法就像是「蜘蛛吐絲」一般，知識形成就像是蜘蛛結網，從吐絲到結網的過程，都是蜘蛛利用自己腹部腺體的絲液所建構出來的結果。而培根則將自己所主張的新哲學與積極科學的方法學比喻爲「蜜蜂採蜜」，科學知識的進展與成果就像是蜂蜜一般的甜美健康與滋養，蜂蜜的產出是蜜蜂不斷採集外在自然界中的花粉，一點一滴累積出來的美好果實。

依據培根的想法，在這個世界上只有兩種可以搜尋與發現眞理的方法：其中一種方法是從我們的感覺與個體直接飛向最普遍的公理（也就是不辯自明的眞理），再從這些確切不移的眞理所構成的原理原則之上，繼續推向進一步的判斷（也就是推論或證明）與中介公理的發現。這種方法就是傳統從事科學研究與知識探求的基礎，也就是建立在亞里斯多德三段論證式的科學解釋模型。另外一種則是培根自己所主張與推崇的方法，它是從感覺經驗與個體出發，經過逐步與不間斷的向上累積與攀升，漸進式的歸納出初步低階的公理，再繼續往上得出最普遍的公理。培根企圖利用這個新方法，也就是一種科學歸納法，希望能夠重新面對與解釋這個自然世界，並發現存在於這個世界的自然律則。歸納法強調透過不斷經驗的學習與對事物的觀察，加強我們對世界認知的能力，同時也可以增長擴充我們對世界所形成的科學知識。培根強調在「閱讀一本自然世界的書籍（the book of nature）」時，不同於「閱讀一本神的書籍（the book of divine）」。面對自然世界就是面對上帝（創造者）所創造出來的完美產物（創造物），人也是這個完美創造物的一部分。如何善用我們與生俱有的認知機制，學習並加強我們認知的力量，直接參與經驗自然世界中的所有物質，發現自然世界中的眞理與知識，展現人類自身的尊嚴與崇高地位。

在 *The Advancement of Learning* 這本書中，一共分成兩大部分，第一部分論述「學之尊嚴或崇重」，第二部分則展示「學的視野或全面考察」。本書主要的重點在於：對人類學問的捍衛，與對人類學術的探究。其中培根特別強調學習的重要，著重學習時所應注意的方法（不論是在消極的面向或積極的面向），對學習成果所獲致的學術、學問或知識進行探究與分類，加以重建與重組，並提出知識整合的宏大企圖。對於培根來說，學習並不是透過書本的記憶來獲得知識，而是要不斷地對自然事物進行觀察與實驗，逐步拓展人類對於自然世界的認知。

第一部分論證學習的重要性與學習可以爲人類所帶來的卓越成就。一開始培根先提出學習時一些不好的病症，或者學習者的虛榮或自大。他特別針對三個主要學習的病症，論證它們對學習或學問所帶來的不良後果：荒誕不經的學習（學習者想像的自我膨脹）、無謂爭論的學習（學習者狂妄自大的爭辯）與表面浮誇的學習（學習者情感迷妄的偏執）。這些惡習所帶來的不良後果是假科學的泛濫、知識的空轉與只重文字而不重實質的空洞研究。整體而言，不當的學習不僅浪費人類與生俱來的天分，也使人類的學習一無所得，學術文明也將窒礙不前。培根認爲如果要排除傳統學術的惡習，扭轉學問進展的契機，必須具備新工具、新技術、新想法與新視野。善用我們與身俱來的基本能力，透過與自然事物的經驗互動，一方面強化累積我們對世界的認知，另一方面也增長擴大我們對世界的了解，一個自然哲學與積極科學的藍圖，就會逐步出現在我們人類的視野與版圖之中。這個培根所謂的積極科學所需具備的新方法與新工具，在他後來的《新工具（論）》一書中，才獲得進一步的闡明與更具體的展開。

第二部分勾勒出培根對於人類知識的一個嶄新分類與重組。在一個新的人類知識百科全書般的版圖之中，培根劃分出三個主要的學術範疇：歷史、詩學與哲學。相對應於學習這三個學術範疇，需要應用人類心靈中三個不同的基本官能：記憶、想像與理性。歷史透過記憶，詩學經由想像，而哲學則需善用理性。這個人類知識的重新分類，很明顯是在爲培根後來自己的「偉大企劃」做準備。尊崇理性，提升自然哲學（或科學）在人類知識中的地位，這一切都是爲了鋪陳出培根理想中的「大學之道」，一條走向代表人類知識最崇高的新哲學或積極科學的康莊大道。

五、思想特徵及歷史地位

培根認爲，如果人類的學習是從確定性的原理開始，最終將以懷疑收場。但是如果從疑問開始，最終將可獲致眞理的確定性。這個想法也許是培根自己一生最好的寫照：他從年輕時就對當時學校傳統教育的懷疑，進一步也開始對整個學術傳統的懷疑，然後對更基本的傳統科學方法論之懷疑，也對當時整體知識分類的懷疑，最後促使培根提出自己對於自然哲學與積極科學的創新想法，對從事科學研究提出嶄新歸納法的新工具，也對人類知識勾勒出全新的百科全書式藍圖。

培根的一生是個同時充滿現實與理想的完美組合：他是位政治家，也是位哲學家；他是個實踐者，也是個理論建構者；他是人文學者，也是自然科學家；他敬重神的地位，也不忘記人的尊嚴；他充滿了感性，也提倡理性；他可以掌握與挑戰傳統，更可以眺望與引領未來。我們可以稱他爲一位充滿理想的政治家與實踐者，我們更可以稱他爲一位具有遠見的哲學家與科學家。

不論培根在世的時候是否已經表現爲一位出類拔萃的實踐家或政治家，也不論他是否已經成就出一位頂尖卓絕的哲學家與科學家，培根對後世的影響是絕對無法被加以抹滅的。他的 *The Advancement of Learning* 與 *Novum Organum* 這兩本著作，可以被視爲英國哲學歷史發展中前無古人的哲學代表作，更足以普遍作爲後代所有從事哲學創作與科學研究的典範與楷模。法國啟蒙時代的思想家伏爾泰就曾極力稱讚培根：「是一位很了不起的偉人，這個偉人是實驗哲學之父。」德國哲學家康德更把他重要的著作《純粹理性批判》致敬給培根，並稱他爲「現代性學術發展的建築師」。

二〇二二年三月八日於臺北市外雙溪

目次

譯者前言

培根此書第一卷或成於一六〇三年，其出版登記日期爲一六〇五年八月十九，第二卷之登記日期，後此一月。大概第一卷付印之時，第二卷尚未完成。或者培根原意，因第二卷不能及時告成，或因他故，擬使第一卷單獨發行；後又變計，趕成第二卷，忽促付印。故其文字印刷，都見草率痕跡。至十月將盡，又出兩卷合印本。其時培根年四十五。此書原擬以英文、拉丁二種文字同時發行。英文本既出之後，有劍橋大學神學教授 Thomas Playfer 頗喜其書，培根即請其代譯拉丁文。但以文筆過於華飾，不合培根之意，遂告中輟。至一六二三年始自譯成拉丁文出版。其時培根年六十三，距沒世只三年。譯本擴爲九卷。第一卷與原文最爲接近。第二卷則擴爲八卷，並多有改動，關於論英國史與宗教部分，亦有刪節拉丁文九卷本，後由 Gilbert Watts 重譯英文。

培根全集善本爲 James Spedding、Robert Ellis、Douglas D. Heath 所訂，共七冊，一八五七至一八五九年出版；Spedding 又有添入傳記及書札之增訂本，亦分七冊，一八六一至一八七四年出版。此書單行本有劍橋大學 William Aldis Wright 注本，牛津大學出版部印行，第二版年月爲一八七三年四月。此書有注者長序，多詳培根生平事蹟，及著作年表、本書分析、注文、字彙。注文於引用希臘、羅馬人著作及《新約》、《舊約》文句，一一詳溯其源，唯未譯英文，不知拉丁文者，只可就其所標章節向各英譯本求之，一書未備，即一處不解。倘譯本不標章節，則亦不能按圖而索。Wright 所採用者，除全集本外，尚有稍前之 Thomas Markby 與 G. W. Kitchen 兩注本。Wright 注本後，有 F. G. Selby 注本，一八九二年倫敦 Macmilan 出版。書中引用之拉丁文均於原文下附注英文，注釋尤詳，篇幅加於原書者六分之一，每大段均有提要，並附注文索引，最稱詳明。唯原文所引古著出處，不盡注明，則不如 Wrignt 本之備。此譯即據 Selby 注本，唯原書文字既古，且多簡晦，以譯者之淺陋，往往仍有不易明瞭之處。美國人所輯之 *The World's Great Classics* 內有此書拉丁重譯英文之九卷本，唯竟未標明譯本所出，其是否即 Watts 譯本，亦不可知，雖文經再譯，且多增刪，然亦頗資參證。艱晦之處，迻譯之時，若依照原本字句，則索解無從；若逕依疏釋之文，又或字句詳略，迥然不同；若此，以他人之文爲培根原作，實亦未安。遂量度折衷，凡疏解與原文字面甚異之處，譯文勉求於原文相近，慮其難解，則擇取疏釋要義附於下方外加〔　〕號，以明其非原文。凡此取材，十九以上，均出 Selby 注本。

書中人、地專名，除習見與《新約》、《舊約》中所有外，均於初見之時，於音譯下注明原文，重見則不再注。其有同一名詞，英文拉丁文音節少異，先後互見者，譯文概依初見之字以免疑誤。各字音讀，均經檢查，唯同音之字，所用之符，前後偶有不能一律之處，未及悉數勘正，良用為歉。

原書所引《新約》、《舊約》文，原擬悉依通行本譯文。然一以培根所據，往往與今本不同（詹姆斯欽定之《聖經》譯本，一六一一年始成書，在培根此書發行後六年），且其所據，亦不止一本，有時甚且撮其大意，並非原文之全，所以欲依今譯之《新約》、《舊約》，扞格殊多。故除開始一二處外，悉照 Selby 所附英譯另譯。然每句必查《新約》、《舊約》本參對，於彼不同，悉有其故。

原書第二卷邊際有小字標目，略示某一部分之內容（似亦不備），唯既與章節之起訖不同，且嵌印每段之中，或前或後，並無定準，排印時徒增困難，且無重要關係，遂概從略。

培根此書為呈進英王詹姆斯一世之作，全書分為兩篇。分論學問與知識之崇重，及歷來提倡學問之方法與學問本身之缺陷。第一篇首論學問之不為人所信重及其種種原因，繼從宗教與人事兩方面證明學問之重要。第二篇先述提倡學術之方法及其缺點，繼分論關於於人與神的種種學問之當時的現狀，及其應事補充之各部分，依下列之分類與序次：歷史（分自然、社會、宗教、文學史等）；詩歌；哲學（廣義的。包括神聖的、自然的——自然科學與形上學屬此；個人的——醫學、心理學、論理學〔編按：即「邏輯學」，後同〕、修辭學、教育學、倫理學屬此；社會的）；與神學。後人謂此書「不但爲一個成熟的心智之表現，並且亦爲十六世紀學問復興之一個總覽。」此書並成爲一種較大的計畫——以一種解釋自然之新方法來改造一切的學問——之先頭部分。培根在著本書時已有繼續從事其他部分之企圖，同時並已著手於一種「自然之解釋」之著作，與本書《學問之增進》後先相繼，一爲學問之總覽，一爲治學之方法（此書未成，收入遺集中）。本書著成後兩年中，培根欲以一種分爲六部之著作發表其學問之更生之全部計畫，此書之第一部仍爲學問之總覽，其第二部「論科學之方法」已開始寫作（全書亦未成，編入遺集）。最後至一六二〇年，培根時年六十，其最偉大之著作——《新工具（論）》告成，亦爲一種原擬分爲六部之大著作中之第二部，論歸納的科學方法，其第一部仍由《學問之增進》代表，雖在此後三年，培根將此書擴大，譯成拉丁文（《新工具（論）》及以前未成諸書均以拉丁文寫作，唯此原本是用英文）。故此書實爲《新工具（論）》之緒論，而《新工具（論）》之萌蘗，亦已見端於此書。

＊編按：本書根據一九三七年之邵裴子譯文爲底本整理、校訂。

第一篇

大王陛下

卓越的君主：

照〔摩西（Moses）的〕典章，敬事上帝，有日常應獻之犧牲，也有可依吾人自由意志之貢獻；前者出於一般的遵奉，後都出於虔誠的歡心。同樣，臣民對於君上，亦有應分的輸納和自願的獻奉。屬於前者，我希望能照陛下之任使與本身之責任，及身不致有所缺失；屬於後者，竊謂莫若選擇一種貢獻之適於陛下個人之特性與優點，而不涉於陛下王位與國家之任務者爲最宜。

因此，我曾多次將陛下的人格，表現於我心靈之前，並不敢以僭妄的好奇眼光探索那《聖經》告訴我們是不可窺測的，卻是用著恭敬與愛慕的注意眼光來審視。且不論陛下德性和幸運之他方面，即陛下所有那哲學家所稱爲智力的那種美德和天資，我已爲所感動而充滿了極度的驚異：如陛下才能之廣大，記憶之準確，領悟之迅捷，見解之透澈，和詞辯之敏捷與有條理。我常常這樣想，凡我所知並世之人，陛下實是最好的一個例證來叫人贊同柏拉圖（Plato）的見解：就是說，所有的知識，無非是記憶；人的心靈，天然的已知道了一切的事物，只是爲這個生疏與黑暗的身體所遮蔽；所以只要使他那天生與本來的意思復甦和恢復就行了。我在陛下的身上，就看出了這樣一種天然的光明，並且還知道只要些微的一點觸動，或是他人知識的一點微光，就可以使它很迅速的燃燒著而發出猛烈的光焰。同《聖經》說那最有智慧之王一樣，「他的心如同海沙」，雖則它是最大物體之一，它仍是由最細小的部分集合而成；上帝也賦予陛下一種可欣羨的了解力之組合，一面能包容和了解最大的事情，卻也能觸著和覺察那最小的；一種工具，要於大小兩種工作均可適用，這在自然中恐怕是不可能之事呢。至於陛下語言之天才，我記得塔西佗（Tacitus）曾說過：「奧古斯都（Augustus）的講話，便捷而流利，適如王者的身分。」因爲，如果我們很留意的話，我們就可以知道凡是勉強而用力的講話，或是帶著技巧與規則那類的做作，或是模仿某一派雄辯的講話，無論怎樣的好，都不免帶點奴性和屬於臣下的樣子。但是陛下的講話，卻眞有君上的風度；如同從噴泉裡流出來一樣，但仍是照著自然的秩序流布出去，流暢而恰當；既不模仿他人，亦爲人所不能模仿。在政治上，陛下之德性，好似與陛下之幸運在互相競爭著：陛下有了一種富有美德的氣質，又有了最適宜的教育；在一個時期，陛下對於較大的幸運，有一種合於道德的企望，而經過了相當時期，就獲得了那種富盛的所有；陛下很道德的遵守著婚姻的規律，得了最幸福的婚姻結果；陛下之道德的與最合於基督精神的和平期望，亦得了鄰國君主向同一方面很有幸的傾向。同樣的，在知識上，陛下天才之優異和學問之豐富與完備，亦似在互相爭長。因爲，我深信我將要說的話，並非誇大其辭，卻是絕對而有分寸的實話：就是說，自基督降生以來，世上的君主，沒有能夠同陛下這樣的深通各種典籍與學問，神聖的或是屬於人類的讓一個人去認眞的、勤勉的追想和勘檢羅馬〔帝國〕的那些相繼的皇帝，當中最有學問的要算生存於基督降生前幾年的獨裁者凱撒（Cæsar）與安東尼（Antonius）；這樣的順著下來到東西羅馬帝國的皇帝以及法蘭西、西班牙、英格蘭、蘇格蘭和其餘各國的王統，他就可以知道這種批評是恰當的了，因爲在君主中間，如果能夠從他人的心靈和工作裡面提出了一點要略，這樣的握住了些學問的表面裝飾和鋪張，或是能夠獎勵學問和學者，那也就算很好的了；但是，一個君主，並且生來就是個君主，竟能夠親自滿飲了學問之源泉；不但如此，還能夠在自己身上懷著這樣一個源泉，那是差不多要算一件迥異尋常的奇事了。更不容易的是在陛下一人之身，有著聖靈與神聖的和世俗與人類的兩類典籍之稀有的交會；如此，陛下就有了從前很尊重的以爲只屬於古代荷米斯（Hermes）大神的那種三重性質：即君主之權力與富有，祭司之知識與智慧，和哲人之學問與博通。陛下這種天賦的與獨有的性質，不但應該在現代的聲名與愛慕或是後世的歷史與傳說中表現出來，還應該在一種堅實的事業，固定的、不滅的紀念物中表現著，永留著一個君主之權能和這樣一個君主之殊別之點與全美。

所以我以爲我所能呈進於陛下之最好的貢獻，實無過於即以此爲目的之一種著作。此種著作之全體，當分爲這樣的兩部：第一部，論學問與知識之崇重，和增大與推廣學問之功績之崇重與其眞正的光榮；第二部，論自來因推進學問曾做之工作，和我在這種工作中所發見之缺點與短處；因爲即使我不能對陛下絕對與積極的貢獻什麼意見或提出完全的計畫，我仍想可以藉由陛下的思想來搜索自己心靈中之寶庫，從這個裡面，照陛下之廣大與智慧，得到合於此項目的之詳細辦法。

在講論第一部之初，如清除道路一樣，也如在會場使聽眾肅靜，使他們可以更容易的聽到關於學問之隆重之眞實的證據，沒有潛默的反對在其中阻著，我想應該將學問在愚昧手中所曾受之不信任與不名譽，先予解除，這種愚昧，都在在的掩飾著。它的呈露，有時爲神學家之熱心與嫉妒，有時爲政治家之嚴刻與倨傲，有時且爲學問家自身之錯誤與缺陷。

我嘗聽見神學家說，知識這一類東西，須要大加限制與注意，才可接受，希冀得到過分的知識，就是人類所因以墮落之原始的誘惑與罪惡。知識本身也有點和蛇相像，在牠進入〔咬著〕人身之處，牠能使他腫脹，「知識足以長傲」。所羅門有過這樣的意見：「著書多，沒有窮盡；讀書多，身體疲倦。」他也說：「因爲多有智慧，就多有愁煩；加增知識，就加增憂傷。」聖保羅也給過我們一種警告：「我們不要因虛空的學問而被掠奪了。」經驗指示著怎樣的有學問的人是大異端者，怎樣學問發達的時代往往是傾向於無神論的，與同怎樣次級〔自然〕的原因之探討，減損了對於上帝，即初級的原因之倚賴。

要明瞭這種意見之愚昧與錯誤和他在論據上之誤解，好像這些人並沒有觀察或考慮到那使人墜落的，不是關於自然與普遍性之純粹知識倚仗了這種知識之光明，人於樂園以內見各種生物來到面前，就能依其性質，各各予以名稱。誘惑人類的卻是辨別善與惡的那種矜傲的知識，有了他，人類就想自己制定他們生活之規律，不再倚賴上帝之誡命。知識無論怎樣多，也不能使人的心靈膨脹。因爲除了上帝與思念上帝以外，沒有事物能夠充滿，更不用說膨脹人的靈魂。所以所羅門說在知識之獲取上最爲重要之二種官能，便是耳與目，他說：「眼看，看不飽；耳聽，聽不足。」如果是沒有滿盈的話，那麼容者是大於他所容的了。關於知識本身與人的心靈——對於後者，各種官能不過是報告者——所羅門在爲各種行爲與目的定了他們適當的時期以後，他也用這樣的字句來說明，而且是這樣的結論著：「上帝使萬物各於其時成爲美好；他又將世界安置在人的心裡，但是上帝自始至終所做之工作，人不能知道。」這顯然是說上帝把人的心靈做成鏡子一樣，能夠收受宇宙全體的影像，並且還接受這種印象，如同眼睛喜歡接受光明一樣。不但喜歡看種種物類與時令之轉變，並且是樂於要進一步來看出這種種變動中可以絕無錯誤的看到之規律。雖然他諷示著他所稱爲「上帝自始至終所做之工作」的那種最高或最重要的自然規律是人所不能找出來的，但是這一點並不足以減損心靈之能力。人所以不能明白自然的最高規律，是因爲有種種的障礙，如同生命之短促，合作之未盡善，知識傳授之不得法與同人的生活所常受到之多種別樣的不便利。因爲這個世界裡面沒有一部分是不許人去研究與發現的，並且有些地方，他還能判斷著，如同他說「人的靈如同上帝的燈一樣，用了他可以去搜檢各種祕密的內情」那句話的時候。如果人的心靈之容受力是這樣的話，那麼無論知識之比例與分量如何之大，顯然是沒有一點可以使他膨脹或超過了他正當的限度之危險；但是知識之性質卻是這樣的，不論它分量之多少，如果服用的時候不加以適當的消解劑，那裡面卻是有一點毒素或有害的性質，和一點這種毒素的結果；就是說氣脹或腫大。這種有了它就可以使知識有這樣特效之解毒劑就是博愛精神，也就是那位使徒接著就加上了前一句的：因爲他這樣說：「知識叫人自大，但是愛心是能夠造成人的德性的。」他於另一處所說，意思也和這相仿：「我若能說各種人和天使的說話，卻沒有愛，那也不過就同響著的鐃鈸一樣。」這不是說能說各種人和天使的話不是一件好事，而是說如果離開了愛而無涉於人類的福利，就只有虛空與無價值的光榮而沒有足稱與切實的好處。至於論到所羅門關於著書與讀書過多和精神因知識之滿溢而不安的那些意見，與聖保羅所給我們的警告：「我們不要爲虛空的學問所誘惑了。」我們只要明瞭什麼地方可以劃清人類知識眞正的界限，而仍不至於這樣的縮小了它的範圍，致使不能包舉一切事物的普遍性。這類限制，計有三種：一、我們不要這樣的高估了有知識之幸福，致使我們忘記了道德。二、我們應用知識之時，一定要使我們獲得了安息與滿足，而不是厭惡與懊恨。三、我們並不想藉研索自然而達到上帝之神祕。關於第一點，所羅門很好的在同書中的又一部分發表著他的意見。他說：「我看出智慧勝過愚昧，如同光勝過黑暗。智慧人的眼目，是常留心在看著的，而愚昧人卻只在暗中摸索，但我知道這兩種人都逃不過同一的命運。」關於第二點，除完全出於偶然外，絕無因知識而產生之心理的煩惱與不寧；因爲各種知識與爲知識種子之好奇心，他們自身都能使我們得到一種愉快。可是在人用他們的知識來製成結論，來應用於他們自身的處境，因此使他們有了脆弱的恐懼或廣大的願望的時候，那就有所說的這種心理上的顧慮與煩擾了。在那時知識已經不是乾的〔純粹的〕光明，——深奧的赫拉克利特（Heraclitus）關於這點曾說過「乾的〔純粹的〕光明就是最好的靈魂」一句話，但是已變爲溼的〔摻雜的〕，或是被浸軟了的，被浸漬於各種病症之溼氣中的光明。至於第三點，那卻應該稍加論列，不可輕於略過。如有人以爲對於凡可以感知與有實質之物加以觀察與考察，即可得到這種光明，而且因此就能夠明瞭上帝之性質與意志，那麼它眞是爲虛誇的學問所掠奪了。因爲思量上帝所造之生物與所成之工作，如果屬於生物與工作方面，那是可以產生知識的。但如屬於上帝方面，那就不能產生完全的知識，卻只能產生驚異（不完全的知識）。因此，柏拉圖學派中某人〔按：此爲 Philo Judaeus，耶穌降生前二十年生於亞歷山大城（Alexandria）其意在調和希臘之哲學與摩西的著作〕說得最好：「人的官能，很像太陽，可以燭照大地，同時卻隱蔽住了星光。同樣的，人的官能能夠發現自然之物，但是卻把那神聖的遮蔽了。」所以其結果是有好些的大學問家，當他們要想以官能這樣的蠟質羽翼飛達上帝之神祕時，他們已都入於異端了。至於說到知識太多就會教人傾向無神論，與不了解次級的原因將使人更專一的信倚那爲初級原因的上帝那些話，我們先要同約伯（Job）一樣的問：「你們是因要見好於上帝而爲他撒謊，和一個人爲要見好於他人而爲他撒謊一樣嗎？」上帝在自然中工作，除用次級的原因外，顯然的更無別法。如果要想叫人信爲不然，那無非是欺騙，彷彿這樣就可以對上帝表示一種好感似的；也就是對於創造眞實之上帝，來貢獻謊語這一種不清潔的犧牲。但是少量或浮淺的一點學問可使人心偏於無神論，而再向前進，卻又能將他的心引回到宗教，這卻是經過證明的事實與根據經驗的結論。因爲人開始研究學問的時候，他的心理看到了與他的官能最接近的次級原因，如果即留止於此，那是可以使最高的原因隱晦的；但是當其繼續前進，去尋求各種原因之互相依倚，那麼，照著詩人的比喻，他是很容易相信自然之鏈之最高的一圈，是一定得附著在朱比特（Jupiter）大神的椅子腳上的。最後一句話，凡人不要因他對於節制的意義了解不充分或是誤用了中和，認為人能搜求得過遠，或是在上帝的訓示（《聖經》），或工作（自然），即神學或科學中研究得太深；他們卻應該在這兩者中試求無止境的進步；他們只須留意把二者都應用於慈愛而不是誇大，應用於實用而不是鋪張；最後更注意他們沒有不智的把這幾種研究混雜或淆亂了。

至於學問在政治家手裡所受到的不榮譽，大概是如此：以學問足以軟化人的心理，使他們不適於用武與獲得武事上的榮譽；以他足以損害與轉移人在制御與政治一類任務上的意向：或是因為覽記太博了，使他們過於謹慎與寡斷；或是太嚴格的遵守了規則與眞理，使他們過於固執與自信；或是模仿的榜樣太高，使他們過於志大與奢望；或以所效法的時代懸殊，使他們太於現代不合；至少的說法，學問足以從活動與事務方面，把人的工作轉移到悠閒與隱退之愛好上去；並且還足以鬆懈國家的訓練，使人民喜好辯論過於服從與奉行。為了這種見解，在雅典的哲學家卡爾內阿德斯（Carneades）奉使到羅馬的時候，因為羅馬的青年為他的辯才與學問之美好與莊嚴汲汲引而群起相從，監護官凱圖（Cato）（也是自來最有智慧者中之一人），在元老院開會的時候，主張他們應該趕快的使他離去，不然，他怕要傳染與迷惑了青年們的心理與情感，不知不覺的在本國的習慣中輸入了一種改革。為了這種見解，維吉爾．馬羅（Vergilius Maro）這樣於他的國家有益而於他自己的職業有損的用著他的筆，在他那著名的詩句中，把政策與統治，和藝術與學問兩兩的分開，把前者歸與羅馬人，把後者剩給了希臘人：「啊！羅馬人呀！把統治臣服的民族作爲你指定的工作。」及其下文。同樣的，我們看到蘇格拉底（Socrates）之告發者阿尼圖斯（Anytus）以蘇氏利用他講說與論難之多端與力量，把青年引離了他們對於本國法律與習慣應有的尊重，和他自承研習以辯才與語言的力量，把壞的教人看好並把眞實抹殺這樣的一種危險與邪惡的學術，爲他控告蘇氏之罪狀。

可是這些與這一類歸咎學問的話，看去似乎嚴重，實在沒有什麼確實的根據：因爲事實告訴我們一個時代，或一人之身，常有學問與武功具備與兼長的。說人罷，我們有著那無獨有偶的一對，就是亞歷山大大帝（Alexander the Great）與獨裁者凱撒，來做一個不能再好的例證。他們一個是亞里斯多德哲學的高足，一個是西塞羅（Cicero）辯才的對手。如果人要學問家兼大軍事家而不要軍事家兼大學問家的話，那麼他可以取用底比斯（Thebes）的伊巴密濃達（Epaminondas）或是雅典的色諾芬（Xenophon）來做例子。他們一個是打倒斯巴達權力的第一個，一個是致波斯王國顚覆的第一個。至於說到時代，那是文事武功兼懋的更多了；他與一人才兼文武的比起來，那多少的比例，卻如一個時代與一個人的大小相比一樣。在埃及、亞述、波斯、希臘與羅馬，武功最盛的時代，也就是學問最發達的時代，最大的著作家與哲學家，同最大的軍事領袖與統治者，並世而生。這也是勢所必然的：一人之身，體力與智力之發達，大概同時，不過體力之發達稍早一點；同樣的，在一國之內，武事與學問，一個類於體魄，一個類於心靈，在時間上也同時或相繼的發生。

說到在政治或制御上學問有損而無補，這也是一件大未必然之事，小有經驗之市醫，普通也有他們所確信而敢於亂用的幾個得意方子，但是他們對於病原，病人的體氣，症狀之危險，與治療之適當方法，一無所知。我們知道若將身體託付於他們，是一件錯誤的事。只有些經驗而沒有學問上的基礎之律師，常常因發生了他們經驗以外之事而手足無措，致使他們所承辦的案件蒙受不利。我們知道如果倚仗了他們，也是同樣的錯誤。因此，以同一之理由，如果國家由著只有經驗而不與有學問的人熟習之政治家去處理，那也免不了是一件危險的事。可是，反過來講，卻幾乎沒有證據可說在有學問的統治者手中之政府總是不幸的。雖然政治家常輕侮學者們，把他們叫做掉書袋者，但是歷史上記載甚多幼主的政府（雖這種國家有無限的不利）勝過成年君主的政府之事例，甚至即爲了他們所嘲笑的理由，就是幼主時代的政府是在他的監護人手裡：〔按：掉書袋者（pedantes）一字，原出希臘文，其本義爲撫養孩子的人，引申爲教師，爲喜歡賣弄學問的人。培根前後同用一字而義則先從今而後從古。」例如那備受讚揚的尼祿（Nero）未成年時之前五年的羅馬政府，是在他的師父塞內卡（Seneca）手裡的；戈爾迪安（Gordianus）三世的幼年時期十許年間，在他的師父米西秀斯（Misitheus）手裡，也博得了極大的讚許與滿足；再早一點，亞歷山大・西弗勒斯（Alexander Severus）的幼年時期，在彷彿相同的情形之下——因爲那時掌握政權的是婦人〔他的母親與祖母〕，而輔佐她們的是師父們——也是同樣的有幸。不但如此，讓人去看看羅馬教皇的政府，例如我們當代的庇護・昆圖斯（Pius Quintus）與塞克斯圖斯（Sextus Quintus）的政府。他們在受任的時候，都被認爲無非是飽學而不諳事務的行腳僧罷了，而看的人卻可以知道他們是大有作爲。他們所根據的政治原理，比在受任以前曾受過政事的教育與習於朝廷儀矩的那些教皇們還要正確。雖然飽學之人，於義大利人所稱爲政治的理由，而庇護・昆圖斯聽著就不耐煩而把他們叫做反宗教與德性的法門的那稱應變適時，非所擅長，但是他們在宗教、公道、正直與德性那幾種普通立場上的無可訾議，足可以補償這種缺乏。那幾件東西如果是很好的、很注意的遵奉著，就不大要用到應付，如同結實或營養充足的身體用不著藥物一樣。一個人生活的經驗，絕不能供給他生活中所有的事情以榜樣與先例。有時碰到孫子或其他後嗣之似其祖父，過於兒子；也有許多時候，當前的事情，與古代相比，反比後來或現在的來得更爲相似。所以一個人的才智也敵不過學問，和一個人的私囊敵不過公庫一樣。

若說學問足使人的心理不適於政治與制御，即使果有其事，我們也應該記著學問所給予的藥力，比它所引出來的病症還來得大。如果它能以人所不覺的動作使人迷惑與無決斷，它卻也以明白的教訓指示人於何時與根據何種理由來決斷；不但如此，並且還指示人如何可以無害的將事情暫時懸擱到他們能夠決斷的時候爲止。如果學問使人自信與嚴格的依照規律它也叫人知道何種事情是眞相，何種是揣想，與同區別與例外之用處和原理與規律可以適用之範圍。如果它以榜樣之不稱或不類而使人誤從，也叫人知道情勢之力量，比較之錯誤，以及種種應用時應有之注意。所以在這種種方面，它的糾正實較它的誤引更爲有效，以榜樣之明晰與有力，它把這種藥物更有力的輸入了人心。讓人去看古恰爾迪尼（Guicciardini）那樣生動的描寫著克來門特（Clement）七世的過誤（基氏曾爲他的屬官），或是去看西塞羅給阿蒂克斯（Atticus）的信裡自己描畫著的過誤，他就會遠離了不決斷。讓人去看福基翁（Phocion）的過誤，他就會注意到自己固執的程度。讓人只要去讀伊克西翁（Ixion）的寓言，就不會得虛誕或涉於空想。讓人去看凱圖二世的過誤，就不會做反時代者。

至於論到學問可以使人喜歡閒逸與隱退和使他們懶惰這種意見，如果使心理習於不息的動作與激蕩之事，可以引起懶惰，那才是件奇事。但是反過來說，除了有學問的人，沒有別種人喜歡爲工作而工作。這可以斷言是不錯的，因爲他人或爲利益而愛工作，如傭工者之愛工作是爲了薪水，或是爲了光榮，因爲有事做使他們爲人看重，並可以重振他們可能將要低落之名譽，或是因爲做事使他們想到了自身的利得與給他們酬恩報怨的機會，或是因爲做事可以運用他們所自矜的一種能力，因此叫他們高興並重視自己，或是因爲做事可以於他們別種的目的有所裨益。如同人說不眞實的勇敢一樣，有些人的勇敢是只在人的眼前；這些人的努力也只是在人眼前是如此，至少他們的原意是這樣的。只有有學問的人之喜歡工作是因爲工作之合於自然之動作，因爲他之宜於心理之健康是和運動之宜於身體之健康一樣，是以這種動作之本身爲可樂，而不是因爲他可以博得之利益。所以在一切人裡面，他們是最不倦怠的，如果是對於他們所認爲夠得上注意的事情。

如果有人勤於誦習而怠於事務，那是原於身體之衰弱或精神之軟弱，而不是原於學問；如森立卡所說的：「有些人在暗處生活得太久了，他們一到了光亮裡面就感覺到困難。」很可能的，有這樣脾氣的人是往往專力於學問，但絕不是學問使人有了這種脾氣。

如說學問占了太多的時間或是餘暇，我的回答是喜愛活動或忙碌的人，在他候著事情來到的時候（除非他是延緩或是無謂的喜歡干預可以委之他人之事），無疑的也有好些空閒的時間。這時候的問題是怎樣的利用這種餘暇？用於娛樂還是用於研究？狄摩西尼（Demosthenes）的敵對者埃斯基涅斯（Aeschines）是一個喜愛娛樂的人。他嘲笑狄氏，說

「他的演說帶著燈油氣」。狄氏回答他說：「的確，你和我在燈光底下所做的事是大不相同的。」所以人不必恐怕學問驅除了事務；明確的說，他還可以保障著人的心，使他不致不知不覺的爲怠惰與娛樂所乘，使事務學問二者都受到了不利。

再說那學問可以從根本上傷害對於法律與政府之尊重這些意見，這顯然是一種毫無根據的謗言。若說一種盲目的服從習慣要比澈底了解的責任還要靠得住，那就是說一個爲人領著的盲人的步伐比一個自見的人拿著燈走還要穩當。學問使人的心理和平、寬大，容易駕馭與管理，而愚昧卻使他們粗暴、拗戾、與易生反抗，那是毫無可以辯論的；歷史上的證據，足可證明此說之確實，因爲最野蠻、粗鄙、與沒有學術的時代，也就是騷動叛亂與變動最多的時代。

至於論到檢舉者凱圖之見解，他對於學問之誣衊，後來是充分的受到了與他的過犯同類的懲處。他過了六十之年，反爲一種極度的願望所驅使去重入學校，學習希臘文字，爲的是要看希臘人的著作。這件事實可以顯出他從前對於希臘學術的非議是故示鄭重而不是由衷的意見。至於論到阜極爾的詩句，雖然他樂於把統治帝國之技術歸於羅馬人，而把臣伏之技術剩與其他的民族來與世界挑戰，但這一點是顯然的，就是說羅馬人並沒有能夠在他種技術達到高度以前，先達到這樣的帝國之高度。因爲在最初的兩個執政時代，那時統治的技術達到最大的完備，同時就生存著人所習知的那最好的詩人維吉爾．馬羅（Vegilius Maro）、最好的歷史著作家李維（Titus Livius）、最好的考古家瓦羅（Marcus Varro），與那最好的或是第二位的演說家西塞羅。至於論到蘇格拉底之被檢察，我們卻應該記著他被迫害的時候，是在那自來統治者中之最下劣、嗜殺、與毒虐的三十暴君（Thirty Tyrants）之統治下。在這種政治革命剛一完成的時候，被他們認作罪人的蘇格拉底也就被他們造成了英雄，使他的追憶上滿積了神聖與人類的榮譽，〔按：此爲培根誤記。蘇氏雖爲三十暴君所傳召而受了斥責，但其受審判與被處死刑卻在恢復民治以後〕。他那在當時被稱爲使人行爲墜落的講論，到後來卻被認爲是心靈與行爲之良藥，直至於今而無改。讓這件事情就作爲對於那些在一種任意的嚴刻或假飾的鄭重中擅將咎責加於學問之政治家之答覆。但是這種反駁（除我們不能預知我們的工作是否能夠延長到以後的時期），在現時卻沒有需要，看到了兩位有學問的君主，伊莉莎白女王（Queen Elizabeth）與陛下，如雙子座裡的凱斯特（Castor）與坡拉克（Pollux）那兩顆很光亮與有最良好勢力的星，以他們的榜樣與鼓勵在國內有地位與權力者身上所引起的對於學問之愛好與尊重。

現在我們說到了學問所受到之第三種不信譽：那是學問家自身使學問受到，也就是平常黏附得最緊的那種不信譽。這種不信譽是或因於他們處境之艱苦；或因於他們之性情與行爲；或因於他們研究之性質。上舉之第一種，非他們的力量所能左右；第二種亦出於偶然；只有第三種是應當加以討論。但是因我們並不是在論著眞實的衡量，卻只是說一般人的評判與意見，我們稍說一點前列的二者，亦非不當。因學問家之處境而使學問受到貶抑，是或因於他們之貧乏，或因爲他們生活之隱退與職業之卑下。

論到物質上之缺乏與學問家大都出身寒素，並且因他們沒有把大部分精力用於貨利與孳息，以致不能與他人同樣的易於富饒，我們大可把揄揚貧窶這個題目委給乞食僧去講論，與對於他們，馬基維利（Machia Velli）極爲推崇，說：「如果沒有乞食僧貧苦之高名，與對於他的敬意來抵消僧正與高等教士們富羨與侈汰之惡名，那麼宗教團體已早已消滅了。」我們也可以說，如果沒有學問之困窮來維持著生活之潔淨與高尚，那麼君王大人們之幸福與逸豫，也早已變成粗鄙與野蠻了。可是，這是一件可以注意的事，在自來見解平正之羅馬，在有幾個時期內，境遇之貧乏是何等爲人所敬重的一件事。我們看到李維在他的緒論裡說：「如果我是沒有爲我對於從事的工作之愛戀所迷誤的話，那是沒有比羅馬更偉大、更崇信宗教、更富於良好之榜樣的國家；也沒有貪婪與奢侈這樣不容易侵入；或是貧寒與節儉這樣鄭重與歷久的爲人所尊敬的國家。」在羅馬寖衰以後，我們也還看到那自任爲凱撒戰勝後之顧問者，在他重新整理國家的時候，以削除對於財富之重視爲所有方策中之最有效力者：「在財富不爲人所重視，和行政長官之職與其他爲一般企圖之目的物不能以金錢買得時，這種和所有一切的弊端，自然都全消滅。」現在結束這一個論題：有人很正確的說過，「慚色是德性的顏色」，即使有時他是出於罪惡。同樣，我們也可以很適當的說：「貧困是德行的命運」，即使有時他是因於政治之不良或意外的事由。所羅門覺得金錢可以用在學問上，而學問不可以用了去博金錢，確鑿的在他的意見與教訓中說過：「那趕著求富的人是不會無罪的」、「買眞實，但是不可將它賣去。對於智慧與知識，也是一樣。」至於論到學者生活之隱退與卑下（俗見如此），一種不受嗜欲與懶惰之累之私人生活，比政治生活之來得安全、自由、快樂與尊嚴，至少比後者之遠於恥辱（因爲凡是與他接觸的都是好好的待遇他的），是常爲人所稱揚的。他是這樣的易於博得人的同情與讚許。我只須再申說這麼一句：爲國家所遺忘了而不炫耀於人眼前之學者，卻似朱尼亞（Junia）出殯時的卡西烏斯（Cassius）與布魯圖斯（Brutus）的造像：塔西佗對於他們之沒有同許多他人之像同在行列，這樣的說：「就因爲他們的看不見，他們比所有看得見的像更顯得光亮。」

論到職業之卑微，那最爲人所輕視的，是童稚之管理，往往屬於學者。因這種年齡之最乏權力，就使凡與有關之事都得到了輕視。我們看到人將何物置於新器，與將何種架範置於幼小植物的四周，要比置於舊器與長成植物的四周來得愼重，就可以明白這種謗言之不當了（如果你把那些俗見化作了理智的衡量）。所以各物在最幼弱時期，常得到最好的用具與輔助。你願意聽那些希伯來教師的話嗎？「你們的少年人會見到異象，你們的老年人會得到異夢。」他們的意思是說，少年是較有價值的年齡，因爲象要比夢來得較近於上帝之眞相。這一點我們也得注意到，不論學者（教師）的生活狀況在戲場上遭到了怎樣的輕侮，如同把他們演成虐政之模仿者；與近代之弛懈或怠忽對於學校教師選擇之不注意；但是遠古最好的時代之智慧，確是總在恰當的聲訴著國家之過於留情於法令而太沒有注意到教育。古代教訓裡這種好的部分，近來爲耶穌會（Jesuits）的學校稍爲恢復了一點。雖然關於他們的迷信，我可以說：「他們越好，就是越壞。」但是關於這點和涉於人的學問與道德事項的其他幾點，我可以說，同阿格西勞斯（Agesilaus）對他的敵人法納巴祖斯（Pharnabazus）說的一樣：「你這樣的好，我竟想你在我們這一邊了。」這是論到因學者之處境而生出之不榮譽的幾點。

至於說到學者們的行爲，那是一件屬於個人的事。他們裡面，和在別的職業裡一樣，當然是具有各種的性格。但是說學術之研究對於他們研究者之行爲有一種影響，那卻並不是毫無根據的話。

但是在注意與無偏倚的考察下，我卻不能找出可以從學者行爲上發生之不榮譽，沒有因他們有了學問也必然就有的那種不榮譽，除非是下面所說的這種過失（就是大家以爲狄摩西尼、西塞羅、凱圖第二、塞內卡，還有好多人都有的過失）：因爲他們鑒於在載籍上讀到的時代常比他們所處的時代好，所教的責任比實行著的責任好，他們有時太努力想把一切處理完善，把腐敗的行爲變作純正的教訓與過於崇高的榜樣。但是在這些地方，他們自己中間也有著足夠的警示。梭倫（Solon）在有人問他是否已爲他的人民制定了最好的法律，是這樣有智慧的回答著：「是的，我已經給了他們所可以接受的了。」柏拉圖覺得他的本心不能贊同國人的腐敗行爲，就謝絕了擔任公職，說：「人是應把他的國當作父母一樣看待，就是說只能用卑和的勸告，不能用強力的爭持。」凱撒的顧問在他的警告中（見前引）說：「不要想把各事恢復到因行爲墜落得久了而爲人所輕視的原始制度。」西塞羅於致書於友人阿蒂克斯（Atticus）的時候，在凱圖二世身上立即看出了這種錯誤：「凱圖的意見甚好，但有時卻使國家受到不利，因爲他的說話像他是生在柏拉圖的民治國中而不是在羅馬平民之渣滓中。」在他說底下那句話的時候，西塞羅是同時在辯解與申說哲學家之持論太過與他們在教訓上之太嚴格：「這種德行之教導者似乎把責任之標準定得比自然所能支持的還要高：因爲要使我們於力求達到理想的標準時，可以達到適當的標準。」但是他也可以說：「我沒有能夠做到我自己的教訓。」因爲這所說的也就是他自己的過處，雖然沒有到達這樣極端的程度。

還有一種類乎此的過失，亦爲學者所常有的，就是他們把國家或主人翁之生存、利益與榮譽，看得比自己的命運與安全還重要。狄摩西尼對雅典的民眾這麼說：「如果你們去注意一下，你們就可以曉得我對你們的勸告，並不是可使我因此在你們中間顯得偉大，而你們卻在希臘人中變作渺小，卻是我提出了有時反有不利而你們遵依了總是有利的。」同樣的，塞內卡把「尼祿當國的最初五年」做成了有學問的統治者之永久的光榮之紀念，在他的主人翁在治蹟上變爲極端的腐敗以後，還是至誠與忠實的貢獻著良好與無顧忌的勸告。這是不能不然的，因爲學問使人確實的明白了他們身體之脆弱，命運之無定，和靈魂與職責之崇重。所以他們不能以自己的幸運爲他們生命與職務之眞正或正常的目的，而願以這種詞句報告上帝與在上帝之下的他們主人翁（他們所致身的君主與國家）：「你看！我爲你獲得了利益。」而不是「你看！我爲自己獲得了利益」。反之，較爲腐敗的政治家，因爲他們的思想沒有被學問確立於責任之愛好及了解中，也從沒有向外注意到一般的利益，就把所有之事都在與他們自己的關係上看，把他們自己位置在世界的中心，彷彿各方面的線路都集中於他們與他們的命運；在各種風浪中，從不管國家那艘船是怎樣，只要他們能夠在自己的命運那艘小船裡救出了自己；但是感到責任之分量與知道自私之界限的人，他們雖受著危險，也能不忝於他們的地位與責任。如果他們能夠經歷變亂而依然無恙，那是因爲在許多時候，爭鬥的兩方對於正直都能尊重，並不因爲他們行爲之善於趨避。這種學問賦給人的對於責任之敏捷的感知與切實的遵行，不論怎樣的受著命運之壓迫，與有多少人在他們腐敗心理的深處怎樣的嫌惡他，總還可以受到一種表面的讚許，因此用不到許多的反證或辯護。

還有一種學者所常有的短處，雖然你可以很好的爲他辯護，卻不大能夠決絕否認他的存在的，就是他們有時對於某種人不能適應。這種恰當的適應之缺乏，由於兩種原因：第一種是因爲他們廣大的心胸不能專用在一個人的秉性與習慣之細密的觀察或研究上；（伊比鳩魯（Epicurus）說的）「我們彼此都是足夠大的一個劇場來容納對方」是戀愛者的話而不是有智慧人的話。但是我卻承認凡是不能把心的視力縮小，同把它放射與擴大一樣的人，是缺少一種重大的官能。那第二種原因，卻不是因爲不能爲而是不願爲。因爲一個人對於他人之觀察是有界限的。只要對於他有了充分的了解，可使我們不致得罪了他，或是能夠給他忠實的勸告，或是對他可有合理的提防與注意，那就不應該再前進了。如果因要想知道可以怎樣的左右它、指揮它或是支配它而去窺探他人，這用心就是二重與分歧的，而不是誠意與坦白的，在友誼上既失了正道，對於君上或長官亦失了本分。近東的習俗，對於君上不許注視，雖在外表的禮節上爲野蠻，而這種教訓卻是好的，因爲人不應該用狡詐的窺伺來透入那《聖經》稱爲不可窺測的君主的內心。

此外還有一種常在學者身上發現之過處（我就以此點來結束這一部分），就是說，他們在行爲上常不能合禮與審慎，而在小節上有諸多過失，因此叫一般流俗就把他們小處的缺陷來評判他們的大處。不過這種推斷，常能誤人。我可以指示他們去看地米斯托克利（Themistocles）所說的那句話。他這樣的自誇固然是驕矜與無禮，但是用來說一般的情形，卻是適當與合理的。在他被邀請彈奏一種弦樂的時候，他回答說他不能撚弄弦線，但是卻能夠把一個小城造成大國。無疑的，有許多人在統治與政策這類的事務上頗見頭角，而於微細的事情上卻顯著缺陷。我還可以再叫他們去看柏拉圖說他的受業師蘇格拉底的話。他把他比作藥鋪裡裝藥的瓦罐，外面描畫著猢猻、梟鳥與怪異的圖象，裡面卻裝著特效與名貴的藥液與藥劑。他承認若依著外表來判斷他並不是沒有表面的放浪與缺陷，但是在內裡卻充滿了極好的德性與能力。這上面是說學者的行爲這一點。

但是同時我卻並不讚許有些學者使他們自己受到了汙辱的那種卑賤行徑，例如：羅馬季年那些依附巨室而實際已變作食客的餐盤哲學。琉善（Lucian）這樣可笑的描寫著那個貴婦帶了同車而一定要他抱著小狗的哲學家。貴婦的侍童看他如此的願意且拙笨的抱著那條狗，嘲笑他說，他很懷疑可以從畫廊派（Stoic，或稱「斯多噶」）變爲犬儒派（Cynic）的哲學家。許多並非不學之人，汙辱與誤用了他們的心志與筆墨，同杜巴塔斯（Du Bartas，按：杜巴塔斯爲十六世紀後半法國詩人）說的那樣，把赫庫巴（Hekuba）變作了海倫那（Helena），福斯蒂娜（Faustina）變作了盧克雷蒂亞（Lucretia）〔按：謂以老醜的婦人爲年輕貌美，以不道德的婦人爲貞淑〕。這種鄙下與顯著的諂諛，在所有其他各事之上，極度的減低了學問之價值與尊重，至於近代將著作獻於他們的支持者這種習慣，亦不足稱許。因爲著作，如欲不辜負這個名稱，是除了眞實與理智外，不應該再有支持者的。古代的習慣，是只把著作獻與個人的與平等的朋友，或是把他們的名字作爲書名。如果獻於君上與貴人，那麼一定要那人與書的本題確是相稱。可是這種和這一類的辦法，與其說是可以辯護，無寧說是可以非議。

我並不是說我不以學者之適應貴顯爲然。第根歐尼（Diogenes）〔按：此當爲阿里斯提普斯，見下文〕在人家嘲弄著問他「何以總是哲學家跟著富人而不是富人跟著哲學家」的時候，他的回答是很好的。他莊重而鋒利的回答說：「因爲哲學家知道他們缺少何物，而富人們卻不知道。」阿里斯提普斯（Aristipus）對於戴歐尼修斯（Dionysius）有所陳請而不見聽受，就匍匐於他的腳下，戴歐尼修斯這才停住聽他的陳訴並且允許他的請求。後來有人爲哲學感到屈辱，責備阿里斯提普斯，說他以私人的干求而跪於王者的腳邊，使哲學這種高尚的職業受到恥辱。阿里斯提普斯回答說，這不是他的過失，而是戴歐尼修斯的，因爲他把耳朵生在腳上。他不肯與亞得里安皇帝（Adrianus Cæsar）以口舌爭勝，也只能算謹慎而不能算是弱點，他辯解著說：「對於指揮著三十個軍團的人讓步就是理智。」這種同這一類的適應，與俯屈到必要與方便的地步，是不可咎責的，因爲他們表面雖有點卑屈，可是在正當的判斷上，他們只能算是對於事勢，而不是對於人的屈服。

現在我要來說夾在學者研究中的那些錯誤與虛誕，這是與本論有最重要與最正當的關係。我在這裡的目的，不是要籠統的爲這種錯誤辯護，卻是要加以批評並把它們分別開來，對於那好而正常的予以辯護，使其不至於被那不正當的所貽誤。因爲我們知道人是喜歡用那腐敗與墮落的來誹謗那維持著本來的狀態與性質而不失墜的，如同教徒在初期的教會裡常常以異端的過失與腐敗來責罵與誣衊耶教徒。但是我卻無意於此時去正確的考慮那些較爲隱密而爲世俗評判所不及的學問上之錯誤與障礙，只論爲一般觀察所及的。

有三種研究上之虛誕，是使學問最受謗毀的。因爲凡是虛僞或瑣屑，既非眞實，又無用處的東西，我們是確認爲虛誕的；而輕信與過細的人，我們亦以爲虛誕。過細是或在材料上，或在文字上。所以在思考和經驗上，我們發見了學問的三種病症：第一，怪誕的學問；第二，爭辯的學問；第三，細瑣的學問。即是虛誕的臆想、虛誕的論難、與虛誕的矯飾，現在我先說最後的一項。馬丁．路德（Martin Luther）無疑的受著一種較高的指導〔按：謂聖靈〕，但是運用著他的理智，發覺他所擔任的反對羅馬教皇與教會的墮落習慣之工作是何等的重大，並且發覺他自己的孤立，不能在同時人的意見中得到一點輔助，是被迫著去喚起古人，叫過去的時代來爲他聲援，合成了一黨與現代對抗。因此在圖書館中久已無人過問的宗教與人文方面的古代著作家，都重新普遍的爲人所誦習與討論。爲求更完全的了解這些著作家，與更有利的主張與實行他們的教訓，結果是不能不對於他們所用的原文詳加研究。因這種研究，再生出對於他們文體與辭句的欣賞，和那一類文章的好尚。提倡這種古舊而看來似乎新穎見解的人，對於經院學派（Schoolmen）的敵視與反對，更推廣與促進了這種古文辭的愛好，因爲經院學派大都是立於與他們相反的地位，他們的著作有著完全不同的作風與形式；他們隨意創造學術上的新名詞來表現他們的意思與避免語言之糾繞，絕不顧及文句之是否純正、可愛、與（我可以說）合於規律。還有，那時最重要的工作是對於平民方面，說著他們，那猶太教裡的法利賽人（Pharisees）是常說「那些不知道法律的不幸的群眾」這句話的。爲勸誘他們起見，辯才與說話的變化是當然最爲人所重視與需要的，因爲這是達到一般民眾智力的最相宜與最有效的途徑。所以這四種原因，對於古代大著作家之愛好，對於經院學派之厭惡，語言文字之認眞的研究，與宣講的效力，聯合起來就引起一種對於語言之便捷與流暢的熱心的研究。這種研究，也就在此時開始興盛。但是不久就流於過度，因爲人漸漸的對於文字之搜求比材料更來得注意，他們馳騖於詞語之揀鍊、句讀之琢磨、節奏之諧美與辭藻之繁飾，更甚於材料之重要、題目之價値、議論之健全、想像之生動與見解之深切。在那時候，葡萄牙的僧正奧莎利斯（Osorius）的流暢而空疏的文筆就漸漸的爲世所重。在那時候，高年的斯特米烏斯（Sturmius）對於雄辯家西塞羅與修辭學家海莫澤尼（Hermogenes）和他自己論句法與模擬和這一類的著作，是這樣無限制與注意的用功。在那時候，劍橋（Cambridge）的卡爾（Car）與阿沙姆（Ascham），以幾乎要與西塞羅與狄摩西尼抗衡的演講與著作之聲名，誘致了所有勤學的青年來鑽研這種矯飾與優美的學問。在那時候，伊拉斯謨（Erasmus）乘機對他們發出了那嘲笑的回聲：「我在西塞羅的誦讀上浪費了十年的光陰。」而得到了一個用希臘文的回答：「你這驢子。」〔按：伊氏語中西塞羅一字拉丁原文之語尾，與希臘文之驢字拼法正同，故用以反嘲。〕在那時候，經院學派的學問始極端的爲人輕視而認爲鄙野。總結著說，那時候全部的傾向是對於文字之流利而不是對於材料之重要。

人只研究文字而不研究材料，這是學問的第一個病症。雖然我舉出了幾個近代的例子，但是這是往古以來多少總有一點的一種通病。這種病症，怎樣會不影響到學問之失去信仰？就對於俗人的智力來說，都是如此。他們看到了這種學者的著作，如同看到了一張君主的授權證，或是飾以繪畫的書上的第一個字母一樣，那上邊雖然加著許多的花飾，細看來還不就只是一個字母？在我看來，那畢馬龍（Pygmalion）的瘋狂是這種虛誕的一個好象徵或寫眞〔按：畢馬龍戀著他自己所製成的刻像。〕，因爲文字不過是材料的影像，除非他們有著理智與想像的活力，和他們戀著是同和一個畫像戀著完全一樣。

可是，把哲學本身的隱晦上，加了那使人容易感覺與愛賞的一種辭說的衣裝，是不可輕率斥爲不當的，因爲這裡我們有著色諾芬、西塞羅、塞內卡、普魯塔克（Plutarch）那些卓越的榜樣，就是連柏拉圖，也有點這樣；這種衣裝，並且還有著很大的用處。固然他於沉研眞理與深入哲學是一種障礙，因爲他使人心過早的得到了滿足，在我們達到適當的結論以前，已把更進一步去搜討的志願消滅了。但是一個人如果要想在公共的事務上應用這種知識，如同在會商、建議、勸誘、講論等等的時候，他就可以覺得這一派的著作家已經把他所需要的知識預備得齊全且可以應用的了。不過這種學問的裝飾要是太過了，是這樣的該受著輕視，如同赫拉克勒斯（Herculcs）在神廟裡看見維納斯（Venus）女神的愛人阿多尼斯（Adonis）的雕像的時候，以輕蔑的口吻說「你不是神」一樣，學問上的赫拉克勒斯的從者，就是說，那些較爲認眞與努力的眞理研究者，〔按：赫拉克勒斯爲希臘神話中之力士；所以把在尋求知識時不避艱險的人，稱爲他學問上的從者。〕是沒有不輕視那種確實沒有神的資格的矯飾的。這上面是說學問的第一種病症。

跟著要講的第二種，它的性質卻比第一種還要壞。因爲材料之實質，要比文字之美好來得重要，所以反過來說，虛誕的材料比虛誕的文字還要壞。在這裡我們覺得聖保羅的責言，不但在他的時代是對的，就是對於他以後的時代，也具有預言的性質；不但關於神學是如此，就是關於一切的學問也無不如此。他說：「避掉那些不神聖的新名詞和謬解爲學問的反對論。」他在這句話裡指出了這種臆想的與虛僞的學問之兩種標幟：一種是名詞之新奇；一種是議論之武斷。後面這一種，必然要生出反對，因此就有了問題與爭論。如同自然中有許多堅實的物體會得腐爛而生蟲，良好與確實的學問當然也會腐化而分解爲許多的精微、無用、不健全與（我可以說）同蟲樣蠕動的問題；固然他們確有一種精神上的活力，但是毫無實體上之可靠與性質上之優點。這種退化的學問，在經院學派中確是最有勢力：這派的學者，有著銳利與強健的智慧，甚多的閒暇，和種類無多的讀物；因他們的智慧被關鎖於幾家的著作中（其中最重要的是他們的指揮者亞里斯多德），同他們的身體被關鎖於修道院與學校中一樣，既沒有多少歷史的知識，不論他是自然的或時代的，他們就在無多的材料之分量與無限的智慧之激動中，織出了我們可以在他們書裡看到的那種大費經營的學問之網來。因爲人的心智，如用在實物上（就是用來審察上帝所造的各物），是依著材料工作，當然受著材料之限制；但是如果用在他們自己身上，如同蜘蛛結網一樣，那就沒有窮盡，只會得生出一張張學問的蛛網，他的絲與工作之細固是可愛，但是沒有一點實質和用處。

這種無益的精細有兩種：或是在他們論題的本身上，如果那僅是一個不能產生結果的揣度或辯論（此類在神學與哲學中的例子很多），或是在他們治學的方法上，如下面所說的那樣。他們對於每個論題，都要提出辯駁，再對於每個辯駁，提出解答。這種解答，大半都不是將錯誤駁倒，而是另爲一種區別。一切科學之力量，同〔《伊索寓言》（*Aesop's Fables*）裡說的〕老人的一束柴一樣，是都在那束上的。因爲一種科學裡面各部分之調和，每一部分支持著其他，才是，並且應該爲一切次要的非難之眞正與簡括的駁斥與鎮服。但是，反過來說，如果你把每個命題逐一提出，如同束中的柴枝一樣，你就可以隨意的同他們爭辯，使他們彎屈、斷折。如同人說塞內卡那樣，「他以口舌的微妙來把事實的重量破散了」，人也可很正確的說經院學派：「他們以所提問題之瑣細來破碎了科學的堅實與連貫。」因爲人在寬大的室內點起一個大燈，或在一個分枝的燭架上點滿了蠟燭，不是要比拿著一枝小燭到每個角上去照探來得更好嗎？他們的方法，不是基於以辯論、權威、比較與榜樣來證明的眞實證據，卻是基於每個小節、詭辯與異議的辯駁與解答。大都是一個問題剛解決又生出另一個問題來；同剛才所說的譬喻那樣，你把蠟燭去點入一角的時候，其他的角上都黑暗了。息拉（Scylla）寓言彷彿就是這種哲學或學問的一個活脫的影像：他的上半身是個美女，而他的下半身卻是四面環生著怒吼的怪物。經院派的概論有一會兒功夫是好而包含甚廣的，但是到你降落到它們的區別與判斷上去，那卻不是一個可以孕育人生的實用與利益之具，而僅是怪異的爭論與喧鬧的發問。所以這種學問是不能免於一般的嫌惡，因爲人看到了爭論，是容易把眞理輕視而以爲這種相爭者都是迷失了道路而不會再相會合的。在他們看到關於細故與無用或無關緊要之事的這種頑強的爭鬥，他們很容易沿用錫拉庫薩（Syracusa）王戴歐尼修斯的判斷：「那種都是沒有事做的老人們的話。」

如果這種經院派學者在他們眞理之熱心的尋求與智慧之不倦的運用上，加以誦習與思考之多端與普遍，他們一定可成爲極好的光明，使各種學問與知識得到巨大之進步。但是照他們的樣子，他們確是大工作家，因在黑暗中閉鎖著而益加猛烈。在研索神聖的眞理上，他們的自矜偏向著離去上帝之語言而消失於他們自己的創見之混亂中；在研索自然上，他們也總是離開了上帝之工作，而尊奉著他們自己的心理或幾個崇信的作家或原理之不平的鏡面向他們映出之誤人與失眞的影像。這是論學問之第二種病症。

學問之第三種病症，欺詐或不眞實，是所有各種病症中之最壞的；因它毀滅了知識之要素，那就是眞實之表現：因爲存在之眞實與知覺之眞實是合一的，兩者的差別，沒有比直接的光線與反射的光線來得更大。這種壞處，歧分著成爲兩類：就是喜歡欺人，與容易受欺；欺詐，與輕信。雖然這兩種壞處之性質似乎不同，一個由於狡詐，一個由於簡單，但是他們的大部分仍是會合在一起的。如同〔賀拉斯（Horace）的〕詩句上說的：「避掉多問的人，因爲他們就是多說的人。」凡是喜歡多問的也是喜歡多說的，以相類的理由，一個輕信的人也就是欺人的人。我們在謠言的傳布上可以看出來，凡是容易聽信謠言的人，也是容易在謠言上加添他自己的材料的人。這種情形，塔西佗在說下面這句話的時候，是很有智慧的看到了他說：「凡是容易造謠的人，也是容易相信的人。」想欺人與容易受欺，是這樣密切的聯繫著。

這種輕信，與接受或承認僅有薄弱的權威或保證之事，照著題目分，共有兩類：即是歷史，或是依著律師們的說法，實事之信受，與技術或意見上的事件之信受。關於第一類，我們在宗教史上就看到了這種錯誤之經歷與不利。宗教史太容易的接受與記錄了殉教者，隱居的修士，或沙漠中之僧侶與其他聖徒所顯之奇蹟之傳說與故事，和他們的遺物、神龕、神祠與神像。這種傳說，雖然因一般人之愚昧，一部分人之迷信的眞誠與又一部分人之策略上的優容，把他們當作無非是神聖的詩詠〔謂宗教上之虛構〕而流行一時，但是過了幾時之後，那迷霧漸漸的散了，他們也就爲一般當作無非是老婦之詭談，教士之僞作，鬼神之幻象與反基督者〔謂惡魔〕之標記，使宗教蒙受很大的謗訕與不利。

同樣的，在自然歷史之研究中，我們也看出沒有用那該用的選擇與判斷；如在普林尼（Plinius），卡爾達諾（Cardanus），愛爾伯圖斯（A1bertus），與好些阿拉伯人的著作裡，我們看見都是充滿不可信的事，有一大部分不但未經證實，並且是著名的靠不住的，因此使自然科學對於持重的人們大失了信用。在這些地方，亞里斯多德的智慧與忠實是值得注意的。他編成了這樣盡力與審愼的一部生物史，卻不大有虛幻或想像的材料混入；而把他所認爲應該記錄的各種異常的故事另外編成了一書，很明白的看出了凡是顯然無疑的事實，在那上面可以樹立起觀察或規則來，是不可與不甚可信之事相混，而使他減少了力量，而同時也不可把稀有之事與看去似乎不可信的傳說抹煞了，使他們無聞於後世。

對於技術與意見之輕於信受，亦有兩種：就是對於各種技術之本身崇信太過，與對於某種技術中之幾個作家崇信太過。技術本身與人的臆想相比，與他的理智更來得接近的有三種：占星術，自然的魔術、鍊金術。這幾種技術之目的或假託，是高尚的。因爲占星術自稱能找出天體與地球之相應與關連。自然的魔術自稱能把自然科學從理想之繁變中引回到工作之偉大上。鍊金術自稱能把在自然狀態中合爲一體之物之裡面的不同部分析出 。但是達到這種目的之路徑與方法，在理論與實行上，都是充滿了錯誤與虛幻。這種技術中有名的專家常用了隱晦的詞句來掩護這類虛幻，並用口授與那一類的祕密方法來救濟這種詐僞之信用。但是鍊金術應該有同伊索（Aesop）作爲寓言的那農夫相比的權利。那農夫死的時候，告訴他的兒子們說他有金子埋在葡萄藤底下。他們把整個葡萄園挖遍了還找不到一點金子。但是因爲葡萄根邊的泥土挖鬆了，第二年葡萄的收成極盛。同樣的，因爲要想鍊成金子，也得到了許多很好、很有效果的發明與實驗，同時宣洩了自然的祕密與供給著人生的實用。

至於對於科學著作者之過分的信任，使他們成爲絕對的權威——他們的話不容有辯論的餘地——而不是貢獻意見之參議者，科學因此受到之損害是無限的，因爲這是使他們不能發達或進步之主要原因。在機械的技術上，最初的發明者所造最淺，時間久了，才漸漸的增進與完成；而在科學上，最初的著作者所見特遠，時間久了，反致失墜與歧誤。如砲術、駕駛術、印刷術與這一類的技術，起初都是很粗率的；等時候久了，才能夠得到適應與改進。但是，相反的，亞里斯多德、柏拉圖、德謨克利特（Democritus），希波克拉底（Hippocrates），歐幾里得（Euclides），阿基米德（Archimedes）們的哲學與科學，卻是最初最爲炳盛，時候久了，反而退轉與變壞。其中的緣故不過如此：起初是有許多人的智慧與工作用在一個題目上，到了後來，卻是許多人的智慧與工作都去用在另一個人的智慧上，而且把這個人的工作弄壞的時候，比著把他發明的時候更來得多。如同水之不能上升到比源頭更高的地位，從亞里斯多德那裡得到的知識，剝奪了對他審查之自由，是不能再上升得比亞里斯多德的知識更高的。所以雖然「我們學習的時候，我們應該相信」這句話是對的，但是還得要下面的這一句來補充——「在我們學了之後，我們應該判斷。」因爲學徒對於師長只應暫時信任和把他們的判斷懸繫著到他們受完了教導以後，而不是絕對的放棄自己的地位或是永遠的受著束縛。結束這一點，我除下面這層意思外，也不必再說別的了：就是說讓著名的著作者得到他們之所應得，但是不可叫時間——那可以說是著作者中之著作者——失卻了他之所應得，就是一步一步的前進去發明眞理。

我已經把學問的三種病症都說到了。此外還有幾種，可說是不健康的狀態而不是已成的病症，但他們可不是這樣的隱蔽與在內的，而是爲一般所共見，因此不能置之不論。

這裡面的第一種是極度的愛好兩個極端：一個是古舊，一個是新奇。在這種地方，時間之子是很像他父的性情與狠毒的。〔按：培根此處是用希臘神話中克羅諾斯（Kronos——時間）接續的吞食他新生的兒子那個故事。此故事是象徵時間之經過。〕因爲同他吞食他的兒子一樣，他的兒子中間，也是這一個想吞食那一個。一方面古舊對於新添出來的東西懷著嫉妒，一方面新奇對於僅僅增添還有所不慊，卻還要把舊的都抹去。那預言者之勸告眞是這種事件上的正當指導：「立在老路上看那一條是直而好的路，就在那上面走。」古舊是該受到這種敬意的。人應該立在那上頭去找出哪一條是最好的路，但是到他已找著了新路，就該依此前進。正確的說，「古代是世界的幼年時代」，到了現在，世界已經老成。所以世界之老成時期是現代，而不是從我們倒數上去那樣計算的古代。

還有上述愛古的習慣所引起的一種錯誤，就是不信現代尚有可以發現之事而向來如此之久均爲人所忽遺，這好像是要對於時間提出那琉善〔按：實是塞內卡。〕對於朱比特與其他的神所提出的疑問：他覺得這些神們在邃古時代，誕育子女如此之多，而在他的當代卻再不生育，甚爲可怪，因此發問是否因爲他們現在老了，所以不能生子，還是因那反對老人結婚的法律〔按：實是獎勵未達到某種年齡者之結婚。〕使他們受了拘束。照這樣看來，彷彿人是在憂慮著時間已到了衰老的境界而不能再生育，而在實際上，我們卻常看到人的判斷之輕率與多變。當一件事情沒有做到以前，總對於這件事情之可以做到抱著懷疑；到了做到以後，又怪著何以不早就做到。如我們在亞歷山大遠征亞洲這件事情上看出來：起初人都以爲這是一件極大而不能實現的事，但是到了後來，李維卻以爲對於此事，只說著這麼一句也夠了：「他無非敢於蔑視一切無謂的恐慌就是了。」哥倫布（Columbus）之西航，也遭遇到相類的事，而在心智的事件上，這是更爲普通。如同在歐幾里得大半的問題上可以看出來的那樣，在這種問題未經證明以前，我們覺得是這樣的難於承認他們；但是證明了以後，我們的心智就用了（律師們所說的）那種追溯的方法來承認他們，彷彿我們是早已知道他們似的。

還有同上面所說有點關聯的一種錯誤，就是以爲從前的這些意見或學說，經過提出與審查之後，最好的總還是保持著他的勢力而把那其餘的壓伏了。所以如果有人要去做重新搜討的工作，他往往不過止集在已經爲人吐棄，且因爲被吐棄了，就爲人所忘卻的意見上。這種錯誤，好像是以爲多數的人，或是最有智慧者爲迎合多數人之心理，是不容易接受那爲一般所喜愛與淺近的，反而會去接受那實在與深奧的。而眞的事實卻是如此：時間是同江河的性質差不多的，他把那些輕而飽含著氣體的流了下來，而把那重與堅實的沉了下去。

還有一種和上述各種情形不同的錯誤，即是太早與隨意的把知識應用於技術與編成了完備的著述。從這個時候起，科學大概就不能再得到如何的充實了。好像年輕人到了肢體發育完全以後，就不會再長，而知識在簡括的陳敘與解說之階段，是尚在生長的；但是等到容納在確定的詳盡之著作中，雖或尚可再加琢磨，顯明，而使它適於實用，它的容積與實體卻是不能再增長的了。

還有一種繼續著剛才所說的那種而發生的錯誤，是人在把各種學術分散了以後，就不再理會各種學術之共通性，或基本的哲學，如此把各種進步都停止了。人在平地上是不能得到一個廣大的視界的；同樣的，在任何學問上，如果你始終站在這一種學問的平面上而不升到較高的學問去，你也不能窺見這種學問的深遠之處。

還有一種錯誤，是因對於人之心靈與了解力之過分的崇敬與愛重而發生的，因爲如此，人就太離開自然之考察與經驗之觀察，而僅在自己的理智與意見中顚倒上下。赫拉克利特對於這種爲一般所認爲最卓絕與神聖的哲學家之唯智論者，曾加以下述之適當的批評：「人在他們自己的小世界中，而不在那大而共同的世界中尋覓眞實。」因爲他們鄙視在上帝工作之記載中（按：謂自然。）去拼成字形，這樣一步一步閱讀它的內容，卻是相反的，用著不斷的思索與智慧之激動去驅迫與責成他們自己的心靈來猜測而給予他們徵兆，在這種地方，他們應該是被迷誤了。

還有一種與上述略有關聯之錯誤，是人常用了他們所最喜之見解或最常研究之科學來點染他們的思考、意見與理想，把所有東西都加上一層這種見解或科學之顏色，完全與其不合與不稱。柏拉圖是這樣的把他的哲學與宗教混合著；亞里斯多德與論理學；新柏拉圖學派之普羅克洛斯（Proclus）與其他的人與數學。因爲這都是他們所最喜愛的學問。同樣，鍊金術者以幾個爐火的試驗造就了一種哲學；吉爾伯圖斯（Gilbertus）以幾個磁石的觀察造就了一種哲學，西塞羅在陳述關於靈魂的性質的幾種意見的時候，說到一個音樂家以爲靈魂無非是一種調和，他很詼諧的說：「此人確是忠於其所學。」但是亞里斯多德說到這種見解的時候，是很嚴正與有識的，他說：「只考量幾件事體的人是覺得容易發表意見的。」

還有一種錯誤是不耐懷疑，沒有經過適當與充分的容與就匆忙的下斷語。思考兩條路徑是與古人常說的行爲的兩條路徑相像的：一條是起初的時候平坦，到末後就不能通過；還有一條，開始的時候是不平與討厭的，但是過了一會就平坦了。在思考上也是這樣：如果一個人從確定人手，他終究要到懷疑爲止；但是如果他肯從懷疑入手，他終究是可以達到確定的。

還有一種錯誤是因於傳授知識之方法，這種方法大半是命令式與專斷的，而不是有技巧與忠實的，是要使所傳授之知識能夠最迅速的爲人所信受而不是最容易的爲人所審察。如果是在一種爲應用計之簡略的著作中，這種方法是無可厚非的；但是在知識之正式的處理上，人是一方面不可以同快樂主義者維萊攸斯（Velleius）那樣，「最怕是他對於一件事情似在懷疑著」，但一方面也不可以同蘇格拉底那樣的對於一切事情都裝痴作呆的表示懷疑；卻是要照在他自己判斷上認爲事情確定成分之多少，就用多少的肯定來眞誠的提出。

還有在人認定他們應該努力的目標上之他種錯誤。凡是較爲忠實與熱心的專門學者，應以推進他們所治的科學爲本志，但是他們卻把努力移轉於希冀獲得幾種次級的獎品：如成爲一透澈的疏解或注釋者；一機敏的擁護或防禦者；一有系統之分析或刪節者，使知識這一種社會的遺產有時雖也得到些改良，但是很少的能夠得到增廣。

但是所有各種錯誤中之最重要者，是認錯知識之最後目的或置於錯誤的地方。因爲人之尋求學問或知識，有時是爲了一種天賦之好奇心與尋究的嗜欲；有時是爲要供給他們的心靈以變化與娛樂；有時是爲了妝點與聲名；有時是爲了使他們能夠在機智與辯駁上得到勝利；

而大半的時候是爲可以得到利益與生計。很少有眞誠的把他們所有理智的人才來盡力於人類之利益與實用：彷彿是要在知識中找出一個可使勤求與不息的精神得到休息之牀榻；或是可供遊行變動的心靈往來瞻眺之壇地；或是可使矜傲的心靈得以高目標置之高塔；或是可助競爭或抗衡之堡壘或高地；或是可事營業與售賣之店鋪，而不是要找一個可以爲造物之光榮與資人類狀況之改善之豐富的儲庫。但是，如果能把思想與動作比自來更接近與密切的聯合起來，如同把兩個最高等的行星，那主休息與思考之土星與那主政治社會與動作之木星聯合起來一樣，這卻眞能使知識之身分提高。可是，我說實用與動作的時候，我卻不是指上面所說把知識應用於利得與生計的那種目的；因爲我並非不知這種情形可以如何的移轉與妨礙知識之追求與增進，如同在亞特蘭大（Atalanta）面前擲下的金球那樣，當他走到旁邊，停住去拾起來的時候，這競走是已受了阻礙；〔如奧維德（Ovid）所詠的〕「他離開了他的路線去撿起那滾動的金球。」我的意思，也不是同人說蘇格拉底那樣，要把哲學自天上喚來人間。就是說，把自然哲學丢開，只把知識應用於道德與政治。但是，因爲天與地對於人類之實用與利益都協同有所助力，所以我們的目的應該從自然哲學和道德與政治哲學裡，把無謂的臆測與凡空虛的東西都拋棄，而把凡是實在與有結果的東西保留而予以增加，叫知識不致同外婦般僅供歡娛與誇耀，或同女奴般求得財利以供主人之用；卻同配偶般擔任生育與給予安慰。

前面我已經敘述了那些不健康狀態，並且如同用一種解剖術，把那裡面尤為重要的都剖開了。這些不健康狀態，不但阻礙學問之進步，還引起對於學問之非毀。如果我在上述的敘述上太直白，我們應該記得〔《箴言》（*Proverbs*）裡面的這句話〕：「朋友所加的創痕是忠實的，但是敵人所給的吻是詐僞的。」我想，因爲我在批評的時候這樣的毫無諱飾，那麼到了我稱讚的時候，也該更爲人所取信。可是我卻無意來頌揚學問或對於久失了人的敬禮的司學問的女神繆思（Muses）獻進讚美之辭，我的立意是要不加文飾與誇張，公公正正的把學問之優越與其他事情一同在天平上權衡，用神聖與世俗的憑證來估量其價值。

我們欲知學問之優越，最初應向原始型，即上帝品性與動作之顯示於人而可以沉靜的觀察到的那裡面去尋求。在這裡我們不可以學問之名求之，因爲所有學問都是獲得的知識，而上帝之知識卻是天生的，所以我們一定要從另一個名稱裡去尋求，那個名稱，就是《聖經》裡所說的智慧。

在創世的工作中，我們看到上帝身上發出兩種能力：其一屬於力的方面，其二屬於智的方面；其一顯露於物質之造成，其二顯露於安排之完美。這樣假定著，我們可以在創造史裡看出天上地下混亂之物質，乃造成於俄頃，而此項物質之安排，卻費了六日的工作；上帝在力量的工作與智慧的工作上喜歡加上這樣一種區別的標記。恰恰與其符合的，是在前一類的工作上，並沒有看到《聖經》上記著上帝曾說「要有天與地」那些話，如同在後一類的工作上記著的那樣。但是，實際上，上帝是造成了天與地。第一類的工作，似乎造作；第二類的工作，似乎法規、命令或支配。

再前進到下一級，從上帝到天使，我們看到，如果我們相信那相傳爲雅典元老院議員戴歐尼修斯（Dionysius）所撰的聖秩譜，最高的地位是給愛的天使，叫做撒拉弗（Seraphim）；第二級的位置是給光的天使，叫做基路冰（Cherubim）；第三位以次，給寶座、王國與其餘的，那些都是權力與職務的天使。知識與光明的天使，他們的位置是在職分與權力的天使之上的。

從神靈與心智的物類下降到可感覺與有實質的物類，我們知道那最早造成之物是光，它在自然中與有體物裡面，是和知識在神靈中與無形物裡面類似與相當的。

在日子的分配上，我們也知道上帝休息與審察祂工作的日子，是在祂實行與完成工作各日之上得到了賜福。

書上記著，在創世的工作完畢以後，人是被安置在園中工作。向他指定的工作，無非是思考。就是說，那時工作之目的，無非是運動與試驗，而不是爲了生活的需要。因爲那時人還用不著努力與額上流汗，因此他的工作當然亦只是在試驗中獲得愉快一類的事，而不是爲需要而勞動一類的事，並且人在樂園中最初所做之事，就是知識中的兩個主要部分：觀察眾生，與給它們定下名稱。至於論到那使人墮落的知識，我們在前面已經說過，那並不是關於生物之天然的知識，而是辨別善惡之道德的知識。在這一點上，那時的假想是上帝之命令或禁約，並不是善與惡之本原。他們的起源，另有所在。人企望要知道這個，因爲這樣可以完全離開上帝而只靠他自己。

再往下講，在人墮落以後第一件發生的事件上，我們看到，（《聖經》包含著無限的隱蔽，但是毫不損及敘事或文字上之眞實，）兩種生活狀況之影像，就是思考的狀態與活動的狀態，分別在亞伯（Abel）與該隱（Cain）兩個人身上，與兩種最簡單與最原始的生活職業上表現著：一種是牧人的職業，（他因爲閒暇，在一個地方休止著與住在天空之下，是思考的生活之一個活現的影像）一種是農人的職業。在此處我們又看到了上帝之偏愛與選擇是屬於牧人而不屬於耕夫。〔按：謂上帝接受該隱的貢獻而不接受亞伯的貢獻那一件事。〕

同樣，在洪水前的那個時期，存留在那有數遺文中的神聖的記載，以爲値得提及與致敬於發明家、音樂家與金工製作家之名氏。在洪水後的那個時期，上帝對於人的野心第一個懲罰是語言之淆亂，這樣一來，學問與知識之無限制的交換就受到最大的障礙。

再往下講到摩西，那立法者與上帝之第一枝筆〔按：謂聖書之最早著筆者。〕，《聖經》用了這種稱號與讚揚來崇飾他，「他諳習一切埃及人的學問。」我們知道埃及是世界最古學校之一，因爲柏拉圖這樣的說起那向梭倫這樣說的埃及祭司：「你們希臘人總是幼童，你們沒有關於古代的知識，也沒有傳自古代的知識。」你只要看摩西關於儀式的法律；你就可以在預示基督之言行外，看出上帝的民族〔按：謂猶太人。〕之標誌，服從之使用與執行，與那裡面的別種神聖的用途與結果。最有學問的猶太法律專家中，有幾個曾經在許多這種儀式與命令中，很有結果與深切的努力著去看出自然或道德的意義與引申。如同關於癩病的法律說：「如果白癜蓋滿了皮肉，這病人可以出外，作爲潔淨；但是如果還有完全的皮肉留存，應該把他關起來，作爲不潔。」有的在這上面看出了一個自然的原則，就是腐爛在達到成熟期以前要比以後更易傳染；有的看出了一個道德哲學上的定理，就是甘心爲惡之人對於一般人的行爲之惡影響，反而沒有半善半惡的人那樣厲害。這樣的，在法律裡面的這一處與其他多處，在神學的意義外，可以找出有許多哲學混入。

同樣的，在那卓越的《約伯記》（*Book of Job*）中，如果我們勤加檢討，就可以知道當中充滿了自然哲學，例如：宇宙形體誌與地體之圓形，「它把北面在空際鋪展開去，而把地體懸於太虛」。在此處，地體之空懸，北方之地極，與天體之有限與凸圓，多顯然的說到。

又如天文學上之事；「祂用祂的神靈裝飾了天空，祂的手造成了那屈曲的長蛇。」在又一處，「你能把金牛座中閃爍的六星聚在一起，或是把牧夫座中列星分散嗎？」在那裡星體之位置，總隔著相等之距離，很美觀的爲人所注意。又在一處，「誰造成了牧夫座、獵戶座與金牛座中之五群星，與南方的祕密？」在此處他又看出南極之窪下，稱其爲南方之祕密，因爲南半球的星是在看不見的地帶。又如生殖之事，「你沒有把我同牛乳般的倒出來，同乳餅般的凝攏來嗎」諸如此類。又如礦物之事，「銀一定有它的苗，金在他們找到它的地方，也有它一定的位置。鐵是從地中取出來的，銅是從石頭裡鎔化出來的」，與同其他的在那一張書內。

在所羅門王的身上，我們也同樣的看出智慧與學問之給予，在所羅門之請求與上帝之應允上，都認爲比一切世間的福利來得更好。因爲得了上帝這種的賜予，所羅門不但能夠著作關於神聖與道德哲學的那些極好的喻言或箴言，還能夠編纂一部自然史，植物自山上的杉樹敘述到牆上的青苔（那無非是介於腐爛與草類之間而具有二者之性質的一種東西），動物則包括一切能呼吸或行動的物類。不但如此，同一的所羅門王，雖然他有寶藏與富麗的宮殿，船舶與航業，服役與伺應，令聞與令望和這一類的光榮，但是他並不以有這些光榮自居，卻以爲他只有獲得眞實這一種光榮。因爲他顯然的說：「上帝之光榮是在隱藏一件東西，但人君的光榮是在找出這件東西。」彷彿同兒童天眞的遊戲一樣，上帝喜歡把祂的工作隱藏起來，爲的是要想它們被人發現；也彷彿做人主的是不能得到比在那種遊戲中做上帝的一個遊伴來得更大之榮耀，祂們支配著這麼多人才與財富，因此是不至於還有不能察知的事情。

到我們的救主降生以後，上帝之處分方法並沒有改變。因爲我們的救主自己，在以奇蹟顯出其征服自然的能力以前，先以與祭司及法律大師們的討論來顯出其征服愚昧的能力。而聖靈之來臨，也是大半在語言之同一與其使用能力之賦予上表現出來，因爲語言無非是知識之媒介。

上帝在選用傳布教義之工具時，也是如此，雖然祂起初曾用除受著聖靈的感動以外全無學問之人，更明白的顯現上帝直接的勢力，與貶黜所有人類的智慧與知識。但是一經實行了祂的意志，祂就接著把祂神聖的眞理輸送到人間，連著別種學問，如同跟隨了男女的僕從一樣，因爲我們看到使徒中唯一的有學問者聖保羅是這樣的著作《新約》裡面的大部分。

我們同樣的知道古代耶教的主教與神父中，有許多是對於異教的學問博覽與精通的，他們之有資於異教的學問到了這種程度，致使朱立安那（Julianna）皇帝禁止耶教徒參加學校講演或學問之訓練的諭旨，是被認爲比所有在他以前列屆皇帝的酷虐的檢舉還要有害的一種反耶教機構。羅馬的主教格雷戈里（Gregory）第一之欲求勝人與嫉妒，也從不能得到虔信與誠敬的美名，卻是相反的，即在聖徒中，都得到了輕率、惡意與怯懦的批評，因爲他想要消滅異教悠久的歷史與典籍之遺留。可是，同這相反的，在斯基泰人（Scythians）從西北與撒拉遜人（Saracens）從東方大股侵入的時候，還是耶教在其神聖的襟懷中保存了異教的學問之珍貴的遺物。那些東西，要不是如此，是早經消滅如同向來不存在一樣。

我們眼前看到，在我們自己與祖父的時代，上帝叫羅馬教會對於他們腐敗的習慣與儀式，和各種可憎的與用來支持這些惡習的教義，負起應有之責任；同時命令要把一切他種的知識統予革新。而別一方面我們卻看到耶穌會教徒，以他們自身之努力與他們的榜樣所激起的爭勝，給予當時的學問狀況以生命與增加了他們的力量。我們看到他們對於羅馬教會有了這種卓著的盡力與修繕。

結束這一部分，讓我們注意，哲學與屬於人的學問對於信仰與宗教，除供裝飾與資顯明以外，還有兩種主要的任務與用處。一個是因爲它們有效的使人對於上帝之光榮歡欣鼓舞：《詩篇》（*Psalms*）與《聖經》中之其他部分常使我們去思量與稱揚上帝之偉大與奇妙的工作。但是我們如果就止於其外表之觀察，如同我們的感覺最初發現它們那樣，我們對於上帝之偉大之觀測，是會同只看到了一家豐富的珠寶鋪所陳列的東西，就去斷定它的內容一樣的錯誤。又一個是因爲它們給予一種防止不信仰與錯誤之特殊的助力與防腐劑，我們的救主說：「你們錯了，因爲不知道《聖經》與上帝之能力。」祂在我們面前放下了兩本書，叫我們去研究，如果我們要想不致於錯誤，一本是《聖經》，顯示著上帝之意志；一本就是那表現上帝之能力之各種生物。第二本是第一本的鑰匙，不但可以開啟我們的了解，讓我們能夠用理智的普通觀念與文字的規律想出《聖經》的正確意義，尤可以引我們去適當的思量上帝之全能——那大半是刻印在祂的工作上的——來開啟我們的信念，以上都是學問眞正的崇重與價値之神聖的證明。

至於人事上的證明，其範圍如此之廣，在這種簡短的論文中，我們當然只能選擇幾個來用，不能兼容各類。在古昔異教時代，第一等人事上的敬禮，是奉以爲神。耶教興起以後，只准崇奉一神，所以這種習慣是同禁嘗的果實一樣的被禁止了。但是我們此刻是只說人事上的證明，照著那個來講，那希臘和羅馬人所說的神化，就人能夠加於人之最高的敬禮；尤其是以內心的承認與信念，而不是同在羅馬皇帝間那樣以國家正式的誥令來賦予這種資格。因爲這種敬禮如此之高，所以下面還有一個中間的階級。在人世的〔最低級的〕敬禮之上，還有英傑的與神聖的敬禮。在這幾種敬禮之分配上，我們看出古代的習慣是保守著這種的區別：凡國家與都市之創建與聯成者、立法者、僭僞之剷除者、人民之慈父〔按：此爲拯人民於危險者之稱〕，與其他政事上有勳績之人，是只受到人傑或準神之稱號；如赫拉克勒斯，忒修斯（Theseus）、米諾斯（Minos）、羅繆勒斯（Romulus）〔按：此爲希臘克里特

（Crete）與羅馬之建國者〕與這一類的人。而創造者，人生新技術，才能與物品之發明者是總被尊爲神靈而與諸天神並列：如克瑞斯（Ceres）、巴克斯（Bacchus）、墨丘利（Mercurius）、阿波羅（Apollo）〔創造穀物、酒、語言與音樂者〕與其他。這是很公正的，因爲第一類人之功績只限於一個時代或民族之範圍以內，有如有利孳生之陣雨，雖然有益與美善，是只在那一個季節和他所降落的地帶裡是有用的；而其他的一類人是眞同天降的福利一樣，永久而普遍。並且第一類人還常與競爭與擾亂相關，而第二類人則眞有上帝來臨之風度，乘微風而來，沒有聲響或激動。

學問能夠抑制人類互相煩擾這一種好處，當然也不比前述之救濟從自然發生之缺乏那種好處差得多。這種好處，古人在奧菲斯（Orpheus）的劇場之假想的敘述上很清楚的說著。在那裡，各種鳥獸集合在一起，忘卻了牠們各個的天性，有的是猛鷙害物，有的喜歡跳弄，有的喜歡爭鬧，大家都很友好的站立在一處，靜聽那立琴之音調與和聲。琴聲一止，或爲較高之他聲所掩，每種畜生就立刻恢復了牠的本性。在這種敘述上是適當的描寫著人的性質與情狀，他們充滿了兇暴與未經馴制之欲望，關於利益的，關於淫欲的，關於報復的。但是只要他們肯聽取那書籍、宗教的陳說、激動演說之詞辯與勸誘之諧美的調聲過的箴規、法律與宗教，社會與和平就得以維持。要是這種樂器一旦無聲，或是誘惡與擾亂，使他們不能爲人聽見，那一切就都化爲紊亂與紛擾。

但是這在人君自身，或他底下掌權之人，或民主國家中之別的統治者是有學問時更來得顯然。雖然說下面這句話的人可以說他是偏徇自己的職業，「在君主自己是哲學家或哲學者做了君主的時候，然後人民與國家才會得快樂」。但是經驗卻證實了在有學問之君主或統治者之下，總實現著最好的時代，因爲無論君主們在他們的情感與習慣上有著如何的缺陷，只要他們受到學問的燭照，就會有這種宗教、政治與道德的觀念來保持與拘制他們，使不致有可致毀滅與不可救藥的過失與適分；在顧問與臣僕屏息不敢說話的時候，學問總在他們耳旁低語著。議員或顧問們也是這樣，只要他們有學問，自然要比只有經驗之人能夠依據更爲安全與實在的原則進行。前一類的人能夠遠離危險，而後一類的人，非到危險就在目前不能覺察，到了那時，也只靠他們機智之敏捷來抵禦或避免他們。

有學問之君主統治下的時代之幸福（仍舊守著簡短之原則，只用最顯著與揀選出來的事例）在從圖密善（Domitianus）皇帝之死到康茂德（Commodus）當國的時候（按：自九六至一八〇年）這個時期裡最看得出來。包括著接續的六個君主，個個都有學問，或者都是贊助與推廣學問之人。這時代在世俗的立場看起來，是羅馬帝國（在那時可代表全世界）所曾享到之最幸運與興盛的時代。這種情形，曾在圖密善被戕之前夕，向他於夢中顯現與預示過，他覺得在他後面肩膀上長出一個金的頭與頸來，這個夢就在他身後的黃金時代裡應驗了。爲這幾代的君主，我們應該存些紀念。雖然這些事情是大家都知道的，並且可以將其視爲一個頌揚的演說資料，比用於這種簡括的論文更爲相宜，但是，因爲它與現在所講的事項來得貼切，「而且阿波羅並非總把他的弓張著的」，與僅僅提到他們的名字是太空泛與簡略，我不願將他完全略去。這些君主裡面的第一個是涅爾瓦（Nerva），他的政府之極好的執中態度，塔西佗曾以片語爲之傳神：「在那時候，那神聖的涅爾瓦調和了向來不能並立的兩件事情，權威與自由。」可以紀念他的學問的，我們所記得的他那短促的當國時期裡最後的一件事，是給予他的義子圖拉眞（Trajan）的一封信，從他對於時代之負義之內心的不滿裡發出，包括在荷馬（Homer）的一句詩裡面：「啊！菲培（Phoebe）呀！用你的箭來爲這些眼淚責償。」

繼位之圖拉眞，他自己並不是有學問的，但是如果我們肯聽我們救主的說話，「凡是把先知當先知接待的人，應該得到先知所得的賞賜」，他是有資格在最有學問之君主中占一席的：因爲沒有比他更大的學問愛慕者與獎助者。他是一個著名圖書館之建立者，一個不斷的把學者引入仕途，和常與積學之專門家與教師爲侶的人，在那時，這些人是以最受朝廷尊重著稱的。至於圖拉眞之德性與政府如何的爲人所愛慕與著名，那是沒有嚴正與確實的歷史之敘述能夠比下述之傳說更來得生動。羅馬的主教格雷戈里是以他對於一切異教的優點所懷之極度的嫉視著名的。但是，有人這樣傳說，他因對於圖拉眞之德性之愛好與尊重，曾向上帝誠摯與熱忱的禱告，求把圖拉眞的靈魂度出地獄〔按：天主教不認非耶教徒可以升入天堂〕並且得到上帝之允許，不過附加一個條件，就是他不許再有同類之陳請。在這位君主的時候，對於耶教徒之檢舉，亦爲少減。這是據普林尼（Plinius Secundus）的證明，一個學問很好而爲圖拉眞所提拔的人〔按：普林尼爲比第尼亞（Bithynia）之行政長官，曾請示圖拉眞應如何處置耶教徒。〕

亞得里安（Adrian），他的後繼人，是自來最喜歡尋究的一個人，亦是一個最普遍的調查家。他尋究之興味這樣的普及，致人以他的欲親攬各事而不保留其精力以從事於最有價值者，爲他的心靈之一種過失。這是犯了同從前馬其頓王腓力（Philip of Macedon）一樣的毛病，他在同一個很好的音樂家辯論音樂而執著要反駁與屈服他的時候，經後者很適當的回答，說：「上帝不許你的命運至於如此之壞，致你關於這類事情之知識勝過於我。」同樣的，上帝也喜歡利用這位皇帝之喜歡尋究來增進那時他的教會之安寧。因爲他很敬重基督，不是把他當作一個神或救主，卻是當作一件驚異或新奇之事，把祂的畫像同（第一世紀中之奇蹟顯示者）阿波羅尼奧斯（Apollonius）的畫像一起懸掛在他的藏畫室中（在他虛謗的臆想中，他自謂與阿波羅尼奧斯有些相似）。但是他愛慕基督卻有緩和當時對於耶教的極度憎恨之功效，因此教會在那時期得到了安寧。至於論到他的政事方面，雖然在武事之光榮與裁判之無偏上還不及圖拉眞的政府，但是在獲得人民之幸福之功績上，他卻勝過了圖拉眞，圖拉眞建築了許多著名的紀念物與屋宇。與他爭勝的君士坦丁大帝（Constantine the Great）常稱他爲牆花，因爲他的名字被記在許多牆上。但是他所建造的房屋與工程多半爲表示光榮與成功，而不是爲了實用與必需，而亞得里安則把他和平的當國時期之全部用於巡視羅馬帝國，一路命令與指示重建頹壞之都邑城堡，開掘河道，建造橋梁道路，以新的法令管制都市與法團，給予新都市以市政之獨立。這樣，他執政的全部時間恰成了一種歷來錯誤與廢壞之改正與重舉。

他的後繼人安敦寧．畢尤（Antonius Pius）是很有學問的君主，並且有經院哲學者那麼耐煩與精細的心智。在日常的講話中（那是不肯留著一種德性不去批評的），他被稱爲蒔蘿子之刻鏤或分剖者（蒔蘿子是植物最小的子之一種）。他有這樣的耐心與定力去深探那最微渺與最精密之原因上的差異。這當然是他心靈之異常寧靜的結果。因爲他是自來秉國或生存之人中，以有最純粹德性著稱的一個人，一點沒有虛僞或做作，所以他的心靈中完全沒有恐懼、悔恨或猶豫，能夠常是敏捷與不亂。他與基督教之接近也比從前的君主更進一步。如同亞基帕（Agrippa）對聖保羅說的那樣，已是一個「半耶教徒」了。他對於耶教徒的宗教與法律都有好感，不但停止對他們的檢舉，並且讓他們前進。

繼承他的是第一批被奉爲神聖的兄弟二人。〔按：當時制度，皇帝有輔政一人。〕他們是義兄弟。一個是康茂德（Lucius Commodus Verus），伊立留（Æluis Verus）之子；後者是很喜歡較爲輕易的學問而常稱詩人馬歇爾（Martial）爲他的維吉爾。還有一個是被稱爲哲學家之馬克·奧理略（Marcus Aurelius Antonius），他的聲名遠出他同僚〔按：謂皇帝〕之上，壽命亦比他長得好多。他不獨在學問上，並且在君德之完備上，都超過了其他的君主。尤利安皇帝，在他嘲弄所有在他以前的皇帝的那部諷刺書《凱撒記》（*Caesares*）裡面，假託諸神請他們宴會息侖奴（Silenus），那個調謔者，坐在食案之下端，每一個羅馬皇帝進來，他都給他一句嘲謔的話。但是到了那被稱爲哲學家之奧理略進來的時候，息侖奴不知所措，不知道向那裡去找他的碴，除了到末後，他略略暗示著他對於他妻室的忍耐〔按：奧理略之妻以不道德著稱，即前見之福斯蒂娜。〕這一個君主之美德，繼續著他前皇之美德，使奧理略這個名字這樣的神聖，雖然他在用這個名字的康茂德卡拉凱拉（Caracalla），與希遼格巴勒（Heliogabalus）身上受到了極端的玷辱，可是在亞歷山大·西弗勒斯因爲他向與此族無關，不願接受這個名字的時候，元老院全體一致的喊著說，「讓奧理略的名字同奧古斯都（Augustus）的名字一樣。」這兩個君主的名字在那時候是如此之著名與爲人所重，致使他們要把他永遠作爲所有皇帝之稱號中的一部分。在這個皇帝秉政期內，教會在大半的時候是安寧的。〔按：此說不然，耶教徒在此期受到了點苦痛。〕在這六個君主之嬗遞上，我們確實看到統治權與學問聯合著幸運的結果，在世界最大的圖畫裡描繪出來。

但是如果要求一張小點的圖畫（我不敢冒昧稱說當代的陛下），我的意見以爲最好的就是不列顛這一部分陛下的前王，伊莉莎白女王。如果普魯塔克現在還活著來撰那比較的傳記，我想他要想在女子中找出一個可以相比的人，恐怕是很難了。這位女主所有的學問，不獨在她的性別裡可說無對，即在男性的君主中也怕少見，不論我們論到學問，語言古今的科學，神學或世俗之學。直至她一生最後的一年爲止，她常指定著一定的時間來讀書，可說是沒有在大學中的青年學生比她來得更有恆心。至於論到她的政府，如果我肯定的說這個島上的這一部分從沒有過比這再好的四十五年，我敢說我並不誇大。但這不是因爲時候的平靜，是爲了她統治的智慧。如果我們在一方面想到宗教的眞理之建立，歷久的和平與寧謐，法律執行之完善，君主特權行使之適度，既不鬆懈，亦不緊張，學術之盛，與這樣好的一個獎勵者恰恰相稱，王室與人民的財富之適宜的狀況，服從之習慣，與不滿之減少；在那一方面又想到宗教之分歧，鄰國之擾亂，西班牙之野心，羅馬〔教皇〕之敵對；再看她是孤立而無偶。我說，把這些情形都想到了，我不能找到這樣近與適當的一個君主之學問與人民之幸福切合的例子，也不能找出一個比這還要迴出與顯著的例子來。

學問亦不是只在民政的優良與道德的品性，與和平的技術或處置與和平的政府上才有影響與功效，卻是於使人獲得武事上的德性與勇敢，亦有相同之能力與效驗，如同可以亞歷山大皇帝與獨裁者凱撒的榜樣來顯著的代表。這些從前雖曾說過，但是現在可以適當的重提。他們在戰爭上的德性與行爲，不必再述，因爲那是（無人不知的）世上這一類事情中之奇蹟，但是關於他們對於學問之愛好與學問之成就，是應該多說一點的。

亞歷山大受大哲學家亞里斯多德之教育，後者著作中有多種是題獻給他的。他有卡利斯提尼（Callisthenes）與其他有學問的人爲他的侍從，這些人在他所有的遠行與征伐中，都跟著他在營幕裡。他如何的看重學問是可以顯著的在三件事情上看出來：第一，在他所曾表示的對於阿基里斯（Achilles）之妒羨上，因他有荷馬這樣好的詩歌來播揚他的榮名。第二，在他關於從大流士（Darius）的珍寶中找出來的珍貴寶箱所表示的意見與解決上，這裡發生了什麼才配放在那裡面的問題，他決定是荷馬的著作。第三，在他於亞里斯多德發表了物理學之著作以後與他的信上，他對他的發表哲學上之隱祕有所抗議，叫他知道他自己把在學問與知識上勝過他人看得比在權力與帝國上勝人更來得重。他所得到學問的益處，是在他所有的講話與答覆上表現或輝煌著，因爲那是充滿了各種科學與科學的應用。

在此處，人家以爲重述人人皆知之事是一件賣弄學問而多少有點無謂的事，但是因爲我的持論引我到了這個地方，我很喜歡人家知道我是願意貢諛（如果他們用這個字）於那死了幾百年的一個亞歷山大，或一個凱撒，或一個奧理略，同我於現在生存著的一樣：因我要做之事是顯示學問在統治者身上之光榮，不是營求一種播揚任何人的榮名之突發的臆想。注意他說第根歐尼的那句話，看那是否可爲道德哲學上最大問題之一之確當的解決，就是究竟享用外物，還是賤視他們，才是最大的幸福。因爲他看到第根歐尼對於所有東西如此之少還是如此完全的滿足，他對取笑第根歐尼的人說：「如果我不是亞歷山大，我願意做第根歐尼。」但是塞內卡卻是反過來說：「第根歐尼拒而不受的東西，比亞歷山大能夠給人或享受的還要多呢！」

再注意他常說的這一句話，「他只在兩件事情上覺得他是不能免於死亡的凡人，就是睡眠與欲念」，看這是否從自然哲學之深處抽引出來的一句話，更像是出於亞里斯多德，或德謨克利特（Democritus），而不是出自他的口中。

再看那句涉於人情與詩意的話，在他創中出血的時候，他把常說他有神聖的尊榮的那些獻諛者中之一人叫過來，說：「你看，這明明是血，不是荷馬所說的從維娜斯（Venus）手上，在他爲狄俄墨德斯（Diomedes）刺穿的時候，所流出來的那種液質。」

再看他在有人訴說卡山德（Cassander）的父親安提帕特（Antipater）的時候，同卡山德說的那句話裡的詰難辯論中微妙之點之敏捷。亞歷山大偶然講到：「你想這些人如果沒有眞正的苦痛，會來那麼遠的地方來告訴嗎？」卡山德回答說：「是啊，就是爲了那麼遠，因爲他們知道他們是不會得到反證的。」亞歷山大笑著說：「你看亞里斯多德的機敏，對於一件事可以兩頭著手，贊成與反對。」〔按：安提帕特爲亞里斯多德之弟子，亞歷山大之留後。〕

再注意他要詰難的時候，如何適當的利用同一方法來達到自己的目的。在他因爲卡利斯提尼反對崇拜他的新禮節，對他暗懷嫌恨的時候，有一天晚上舉行宴會，卡利斯提尼亦在座中，晚餐完畢之後，有人爲了娛樂，提議請卡利斯提尼，因爲他是一個能言的人，自己選定一個題目來說幾句話。卡利斯提尼就依著辦，以稱揚馬其頓爲題，說得酣暢淋漓，聽者都爲之大悅。那時亞歷山大卻不高興，說：「這樣好的題目，是容易講得好的。」他又說：「改變你的論調，讓我們聽聽你能夠怎樣的毀謗我們。」卡利斯提尼又立刻照辦。他說得這樣的尖刻與生動，亞歷山大止住了他，說：「在前是題目之好使他能夠逞詞，現在是怨恨在使他饒舌了。」

如果要找修辭上的比喻，可再看他用來批評安提帕特的極好的隱喻。安提帕特是個傲慢與苛虐的統治者。他的一個朋友在亞歷山大面前稱讚他的中和，因爲他不同亞歷山大其他將領那樣的墮落到波斯式的自尊，穿著紫色的衣服，卻仍舊用著馬其頓古來通行的黑衣。亞歷山大說：「是的，可是安提帕特肚裡是完全紫色的。」或者看這一個：帕米尼俄（Parmenio）到阿貝拉（Arbela）平原來見他，向他指出他敵軍人數之眾多，尤其是在無限的燈火中看出來，彷彿是另外的一天星那樣，因此勸他趁夜間去襲擊。他說：他不願偷取勝利。

如果要找政治上的事件，那麼且權衡他在他兩個朋友，赫菲斯汀（Hephaistion）與克拉特魯斯（Craterus），身上辨出來的這種無論哪個時代都承認的有意義的區分。他說：「一個是愛亞歷山大，一個是愛王。」說明了人主最好的臣僕之重要的不同，就是有的是在情感上愛君主這個人，有的是在責任上愛君主這個職位。

再權衡他對於君主的顧問們常犯的一種錯誤之極好的批評，就是說他們每照著自己而不照著他們主人的心理與地位來勸諫他們的主人，帕米尼俄看到了大流士極盛的貢獻，說：「如果我在亞歷山大的地位，我一定要承受這種貢獻。」亞歷山大說：「我也是這樣，如果我在帕米尼俄的地位。」

最後，權衡他這種迅捷與敏銳的回答：在他把這麼多東西贈給他的朋友與臣僕的時候，有人問他留了什麼給自己，他回答說：「希望。」你且權衡看他有沒有把這種帳算對，因爲凡是決意要做大事的人，他分到的資產只有「希望」。凱撒初到高盧（Gau）的時候，他的財產也只有希望，他眞實的產業都已充了軍賞。那個很好的君主居伊茲（Guise）的公爵，不論怎樣的受了野心的驅動，他的財產也就是這個。人常說他是法國最大的放債者，因爲他把全部的財產都變作了人家對他的銜惠。

末了的話，如同幾個批評家常誇大的講：「如果所有的學問都亡失了，可以在維吉爾裡面把它們找出來。」我們一定也可以很正確的說，向來傳述下來的亞歷山大的那幾句話裡面，有著學問之特徵：對於他的愛慕，並不是把他當作亞歷山大大帝看，而是把他當作亞里斯多德的弟子看，使我講了這麼多。

至於論到凱撒，他的學問之好是不用從他的教育、伴侶或講話方面去推測的，那是更進一層的在他的著作裡表露著。他的著作，有些見存，有些不幸已經亡佚。現在還留著的，第一，是記他自己的戰績的那部很好的史書。他把它叫做《史話》（*Commentary*）。在那裡面，一代一代的讀者都欣賞著那事實之重要，動作與人物之逼眞的描寫與生動的影像，用了自來最適當的字句與最明白的敘述來表現。這種之不是天才的，而是學問與教訓的結果，可以稱之爲《比論》（*De Analogia*）的那種著作來作證。這部書是一種文法的哲學，他竭力要把習慣語法變作正確語法，把語言之慣例變爲語言之適切，彷彿從理智之生活中脫出文字的影像來。

我們又從他這裡得到那可以為他的能力與學問之紀念的當時之修正的曆法，很明白的表示，他以觀察與了解天行之規律，同給世人以法律一樣的認為自身偉大之光榮。

又在他那一本叫做《安提卡托》（*Anticato*）書裡，我們很容易的看出他要想在智能上，同在戰爭上一樣的得到勝利。在那裡，他擔當起一個對於當時最大的著作權威，就是那雄辯家西塞羅之抗爭。

又在他纂輯的那部格言裡面，我們看出他以為專事記錄他人之名言警語，要比叫人把他自己的片言隻字都作為格言或神讖，同那喜諛誇誕之主所要做的那樣，更來得榮耀。但是如果我要列舉他所說種種的話，同我舉出亞歷山大的話一樣，他們可真是同所羅門那句話裡所注意到的那樣：「有智慧人的話，是像有刺的棒與釘得很深的釘子。」我在這類中只擬舉三個例子，不是因為他們之高雅而有趣味，而是因為他們之有力量與實效而可愛。

第一，凡是能夠以一個字平定他軍隊之叛變的，當然可說是一個善於用字之人。事情是這樣的：羅馬人凡是將領對軍隊講話，稱呼他們用「兵士」這個字；但是行政官對百姓講話，稱呼他們用「市民」這個字。那時候軍隊是正在囂亂著要求解散，並不是他們真要如此，實在是想要用這種要求來脅迫凱撒承諾別的條件。但是凱撒決定了不讓步，在沉默了一會之後，向他們說：「市民們。」這個詞算是承認他們已經解散了，於是他的軍隊大為駭異，感到不知所措。他們不讓凱撒繼續往下說，馬上取消自己的要求，並且請求他仍舊稱自己爲「兵士」。

他的第二句話是這樣的：凱撒極想得到王號，有人一定要在他經過的時候叫大眾歡呼著叫他王。但是他覺得這呼聲微弱而單薄，就這樣的以一句笑話來把它撂過一邊，彷彿當作他們是叫錯他的姓氏一樣——「我不姓王，我姓凱撒。」如果我們去思索這一句話，他所含的生氣與意思之豐富是幾乎不可盡述的。因爲第一，這句話是不領受這種名號，但口氣仍不是嚴正的。其次，這句話表示一種無限的自信與豁達，彷彿他把凱撒這個字看作較爲尊重的稱號，這一層因爲他本身的價值，居然實現了，到現在還是如此最要的，這句話是打算來實現他的希望，他彷彿是表示著國家同他爭持的不過是一個空名〔因爲他久已握有王的實權〕，一個微賤之族都能夠使用的名稱，因爲羅馬人裡是有姓王的，同英國一樣。

我所要提的最後一句話是對梅特盧斯（Metellus）說的：其時凱撒〔對於龐貝（Pompey）〕已經宣戰，占據了羅馬城。在他進入內庫去提取積帑的時候，梅特盧斯是當時的民選行政官，阻止他提取。凱撒向他說，如果他不罷休，就當場擊殺他。說著又停住了，再說：「青年，我說這句話比實行還要來得難。」這一句話聯合了口舌所能宣示的最大之恐怖與最大之寬仁。

顯然的，他深知自己學問之優越，並且以此自居。這是在下述的這件事情上看得出來的：有人說起西拉（Lucius Sylla）很奇怪的決定了要辭去他獨裁者的地位，他嘲笑那人，顯得他知識上優越的地位，說：「因爲西拉不認得字，所以不曉得怎樣的口授。」〔按：原文「Dictate」一字有二義：「口授」與「獨裁」，譯語則無雙關之可能。〕

到此應該可以不必再講關於武事上的德性與學問之會合那一點了（因爲在亞歷山大與凱撒那兩個榜樣以後，還有哪個人能夠加上去而仍得到光彩？）要不是爲了我在另一個例子裡找到的從極端的輕侮忽然變到極端的駭詫的那一種稀有的事情。這是關於那哲學家色諾芬的。他從蘇格拉底之學校出發到了亞洲，參加小居魯士（Cyrus the Younger）征伐阿塔薛西斯（Artaxerxes）之遠征隊。色諾芬當時年紀還很輕，從沒有過戰鬥之經驗，也沒有統率過隊伍，不過因爲對他的朋友白洛森奴（Proxenus）的感情和喜歡同他結伴，就自願去投效入伍，在居魯士陣亡之後，他們只剩下少數的人，深陷在波斯境內，離本國隔著許多大河和幾千里的路程。那時法林奴（Falinus）從波斯王那裡向希臘人傳達口諭，他也在場。那口諭的內容是叫他們繳出軍械，任憑波斯王處置。在沒有正式答覆以前，軍中有多人常與法林奴討論這口諭。色諾芬在眾人中間偶然講了一句話：「法林奴，現在我們只剩下兩件東西，就是我們的武器與勇敢；如果我們繳出了武器，我們怎樣還能夠用我們的勇敢？」對於這句話，法林奴笑著回答說：「如果我沒有錯誤的話，青年，你是個雅典人。我相信你是學哲學的。你的話說得很好。但是你錯了，如果你以爲你的勇敢可以抵抗波斯王的勢力。」這是輕侮，以下是駭詫了。這個青年的學者或哲學家，在全部的將校受詐在開會的時候被殺以後，率領了那一萬的步兵，縱有波斯的全部軍隊阻擋著，依然穿過了波斯內地，從巴比倫安然的回到希臘，使世界爲之驚詫，並且給希臘人一種鼓勵，使他們後來能夠引兵侵入波斯。如後來那帖撒利的傑生（Jason the Thessalian）之動議，斯巴達的阿格西勞斯之試行，馬其頓的亞歷山大之成功，都是那個青年學者的行動激發起來的。

現在從政治與軍事的技術之諳練講到學問在個人的品性與行爲上之影響：第一，包含在下面所引的詩裡的是一種無可致疑的眞實：「無疑的，文藝之忠實的研習可化人性爲柔和與仁慈。」他可以袪除人心之兇暴與鄙野，但是我們應該注重忠實這個詞，因爲少量的膚淺知識頗有相反之結果。他之豐富的暗示各種疑點與困難與使心靈熟習於權衡兩方之理由，擯棄心中最早發生的意念與不接受未經考慮與試驗的事情，袪除了各種的浮躁、鹵莽與傲慢。他袪除了對於任何物的虛矯的愛慕，那個一切弱點的根苗。因爲所有各物之爲人愛慕都是爲了他們之新奇或偉大。對於新奇，凡曾深究學問或經過深湛思考之人，心裡都印著這一句話：「世上沒有新的東西。」，看木偶戲的人，凡曾探首幃幕之後，明白了那裡面的動作的，也就不會再覺得稀罕。對於偉大，亞歷山大，在他習慣了大兵與在亞洲廣大地域內之大征服之後，得到希臘送來的戰報，那裡面說的大都是爭奪一條河，一個堡塞，最了不得也不過是一個城池。他說：看起來好像人在告訴他蛙與鼠的戰爭，同那故事裡說的那樣。同樣的，如果人常想到自然之全部的構造，這個世界，連在那上頭的人，（除了他們靈魂之神聖，）看來也不過像一個螞蟻巢，那裡頭有的螞蟻背著穀，有的背著他們的小的，有的空著走，大家來來往往於一堆塵土中。學問可以祛除或減輕對於死亡或阨逆的命運之恐懼，這種恐懼是德性之最大的障礙之一，也是行爲之最大的缺陷之一。因爲如果一個人曾經熟慮萬物之終歸毀滅，便很容易與埃比克泰德（Epictetus）有一樣的意見。埃比克泰德有一天出去看到一個女人爲了她打碎的瓦罐在那裡哭；第二天他又出去看到一個女人爲了她死去的兒子在那裡哭。他說：「昨天我看見一個脆的東西之碎，今天，一個人之死。」〔按：意謂兩者同爲事所當有。〕所以維吉爾很確當與有深意的把關於原因之知識與一切的恐懼之征服連在一起，作爲連屬物：〔他的詩說，〕「曉得一切事物的原因的人是快樂的：他靜穆的立著，在一切恐懼、不可變易的定命，與那在下面怒吼著的永無厭足的大壑之上。」

如要逐一指出學問對於心理上各種病症之治療是太繁瑣了：有時他傾洩惡穢，有時開通障礙，有時輔助消化，有時增進胃納，有時去腐生新，諸如此類。因此，我就以那含有全部之要素的來結束這一點，就是說，那使人的心理不致膠固在他自身之缺陷裡，卻是總能夠生長與改善的。因爲沒有受過學問之訓練的人是不曉得自己省察，或對他自己責善，或感到那一種自己覺得一天天變好的愉快的生活之樂趣。他所秉有的好處，自然會曉得把它們充分的表露著與精巧的運用著，但是不會很曉得怎樣的增進它們，他所有的壞處，也曉得怎樣的遮飾它們，但是不會很曉得該如何改正它們。同一個不善除草的人一樣，他總是削著，不曉得磨利他的鐮刀。但是有學問的人就不同了，他總是把他的心理之改正與運用混和著。豈但如此，總匯起來講，眞與善之區別，不過同印章與印泥一樣，因爲眞就可以印出善來，而情欲與激動之暴風雨，是在錯誤之雲裡降下來的。

講了學問在品性上之影響以後，讓我們再講它在能力與權威上之影響，並且考量在適當之時，是否可與學問之衣被與冠冕人之天性相比。我們曉得權威之身分是與受這權威支配的東西之身分相稱的。對於牲畜有著權威，同牧人那樣，是可輕賤的；對於兒童有著權威，同教師那樣，亦沒有了不得的榮譽；對於操船之罪囚有著權威，不但不算榮耀，並且還是一種恥辱。暴君對於已經棄掉了他們高尚的情緒之人民之權威亦不比這好得多少，所以向來是這樣說的：在自由的王國或民主國裡任職，要比在專制國裡更爲有味，因爲在那裡，權威是多半及於人的意志，而不僅限於他們的行爲與勞役。因此，在維吉爾竭力把人世最大之光榮歸於凱撒的時候，他是用這種字句來說的：「他一路去征無不服；照他的意思對於願意接受的人民頒布法律；在人世最可稱述的事蹟裡劃定了他到天上之路線。」但是學問之權威是比對於意志之權威還要再高，因爲那是對於人的理智、信念與理解之權威，這幾種都是心靈中最高的部分，可以指揮意志：因爲世上除知識與學問外，沒有別種能力能在人之靈魂，和他們之思考、想像、意見與信念上立起一個莊嚴的寶座。因此我們看到了那些大異端者、假先知與欺騙者在他們覺得能夠左右人的信仰與良心的時候爲極端與可憎的快樂所激蕩的情形。他們所感之快樂如此之大，只要一次嘗過滋味，任何的殘刑與虐待都不大能夠叫他們放棄它。這就是《啟示錄》（*Bevelation*）之著者所稱爲撒旦（Satan）之深奧；照著反對論法來說，憑了（依正確的解釋）眞理之力量在人之理解上所有之正當的權力，是與神的統治相去最近的了。

至於論到幸運與地位之提高，學問之惠澤並不是這樣的狹隘，以致它只予國家以幸運而不並及於個人。人很早就注意到荷馬給予人的生計，比西拉、凱撒或奧古斯都曾經給人的更多，雖然他們有鉅額的賞賚與贈與，和把土地分給這許多的軍團。當然，這是很難講的，畢竟軍隊還是學問提高了更多人的地位。至於論到權力，如果兵力與世襲的權力獲得了國君的地位，學問也獲得了祭司的地位，信個是一向和皇權有些相競的。

還有，知識與學問之愉快亦遠駕其他的愉快之上。情感之愉快是否應該這樣度越官覺之愉快，同一種欲望或勝利之達到度越一曲歌或一餐飯一樣？同樣的，心智或理解之愉快，是否應該度越情感之愉快？在所有其他的愉快裡，我們知道都有一個滿足點，在我們得到了這種愉快若干時以後，它們就見得不新鮮了。這是很可以證明它們是愉快之幻覺而不是眞的愉快，那使我們愉快的是因爲它之新鮮，而不是因爲它的本質。所以我們看到了逸樂的人去做丐僧，富有野心的君主變爲抑鬱。但是知識之愉快卻沒有滿足，充分的享受與嗜愛，卻是永遠的可以互換的，照此看來，簡捷它自身就好，並沒有誤謬與意外的情形。那種愉快對於人心之效果與可給其的滿足，也不在小處。詩人盧克萊修（Lucretius）很好的描寫著這種愉快：「在海邊站或走著看船在風浪中顚簸，或在一個有防禦的高閣裡看在平原上的兩軍相接，是一種很愉快的景象，但這與人的心靈之安頓與穩占在眞理之確定中，從那裡察出與看到別人的錯誤、慌亂、努力與倀倀往來那種愉快，還是不能相比的。

最後，姑且不論那些普通的見解，如說有了學問，人可勝過他人，如人之勝過畜類；有了學問，人可上升到他的軀體所不能到的天上而觀察那裡的運動，與這一類的話。讓我們以人之天性最所希冀的一點來結束知識與學問之優越的討論，就是永生或繼續的存在。因爲生育與成立家族；建築，設立公益機關與紀念物；紀念與聲名之獲得之企望；究其實際，所有人類之企圖之力量，都是以這個爲目的。在這裡我們看出才智與學問的紀念物要比權力與手所造成的紀念物經久得好多。荷馬的詩句不是流傳了二千五百年以上，連一個半個字都沒有亡失，而同時無限之宮殿廟宇、城堡、都邑都頹敗與遭到了毀滅。現在要得到居魯士、亞歷山大、凱撒之眞的畫像或雕像，是不可能的了；就是再後好些時候的君主或大人物之眞像，也不可得，因爲原本不容易久存，而摹本總不免失了神氣與眞相。但是人的心智與知識之影像常留於書冊，受不著時間之傷害，卻能夠永遠的更新，並且還不應該稱其爲影像，因爲它們總是能夠產生，下種子於人的心裡，在後繼的時代裡激起與生出無限的行動與見解。所以，如果船舶之創造是被認爲可貴，因爲它們能把財貨與物品轉運各地，聯合了相距最遠的地方來共享它們各別的收獲，那麼，文字能夠同船舶一樣渡過時間的大海，使相距如此之遠之各時代共享它們的智慧、光明與發明，他的可貴不是更要擴大多少倍嗎？不但如此而已，我們看到有幾個極端的非神聖的，專恃官覺與大都不承認靈魂之永生的哲學家，卻仍都承認這一點，就是凡是人的精神能夠不恃身體上之機構來做的任何種動作，他們以爲在死後依然可以存在，這種都只是理解的動作而不是情感與嗜欲的；知識在他們看起來是這樣一種永不滅亡與永不毀壞的東西。但是我們，以聖靈之顯示，知道了不但是理解，連淨化過的情欲，不但是精神，連改變過的身體，都可以上升到永生的地位，是否認這種官覺說的初步原理的，但是在這最後的一點，也許有同樣的必要在其他的地方，我們應該記著，爲證明知識與學問之優越，我開始即把神聖的證明與人類的分開，而且始終用著這種方法，把那兩種分別著論列。

但是我並不假託，我知道我也不能，不論我怎樣的祈求，試圖翻轉伊索的雄雞的意見，他覺得大麥粒子比寶石強，或是密丹斯（Midas），他由司文藝的九個女神之領袖阿波羅與司羊群之神潘（Pan）舉他做評判，贊成那部下多的；或是巴黎斯（Paris），他贊成美與愛而反對智與力；或是阿格里庇娜（Agrippina）〔尼祿之母〕，他說：「讓他殺他的娘，只要他做皇帝。」他對於皇權，無論附帶著怎樣可憎惡的條件，總是喜歡；或是尤利西斯（Ulysses），「他覺得一個老婦比永生好」，這是那些覺得習慣比任何好處還要好的人們之一個比喻，或是許多相類的普通見解。因爲這種情形之在將來，同他們在以往一樣，是一定要繼續下去的。但是那個自來爲學問所倚恃而總是靠得住的東西，也是繼續的存在著：「智慧是因他的產兒得到認許的。」〔按：謂智慧之勝過一切，是在有智慧人之優越上看出來的。〕

第二篇

大王陛下

在我們看起來，子女眾多而關於他們後嗣之永存具有遠見的人，對於將來的狀況之美善亦應該更加注意。這似乎是很當然與正當的一件事，因爲他們曉得他們最寶貴的質物是要遺傳與交付給那個時代的。但是實際上，卓越的君主，卻往往不是如此。伊莉莎白女王，論到她的未婚生活，在這個世界上是一個暫止的寓客。她對於她的時代是一種天賜的幸福。但是她的統治之影響，除了留著她美滿的遺念外，卻並非沒有一些遺惠及於她的身後。而陛下則天賜了許多子女，將來繼世相傳，自足以永遠的代表著陛下。所以陛下不但應該留心於優良的政治之暫時的部分，並且還很應當注意到那有永久性的事務。在那裡面（如果我沒有爲過分的熱心所迷誤的話）我覺得是沒有比再進一步的以正確與有用的學問給予世界更爲可尙的了。因爲何以只應該有幾個爲人所公認的作者如赫拉克勒斯之柱那樣的矗立著，〔按：此借喻爲學問之止境。赫拉克勒斯之柱是西方經典中，形容直布羅陀（Gibraltar）兩岸邊聳立海岬的短語，相傳赫拉克勒斯之西遊至此而止。〕過此以往，就不該再有航行與發現，尤其是我們有著同陛下這樣一顆光亮與有益的星來引導與使我們成功呢？現在再回到我們上面所未講到的地方，我們還應該再檢討自來君主與他人，爲增進學問所曾做的工作，究竟是怎樣的。

讓我們先假定這個原則，就是說，所有工作都是因爲報酬之豐厚，採用方法之適當，與工作之聯絡而成功的。以上的第一點，增加了工作；第二點，防止了錯誤；第三點，補充了人力之不足。但是這裡面最重要的還是方法之選用，因爲「總在路上走著的跛，會趕在那總是離開了路的健跑者之前的」。所羅門很好的說在那裡，「如果那鐵器是不快，那麼要多用力氣了，但智慧就是那見效的東西」，這顯出方法之發明與選擇是比較努力之鼓勵與團結更爲有效。我所以要說這個的緣故，是因爲（並非想要貶損對於學問之狀況曾經宣力之人之高尚的志願）我仍看出他們的工作與行爲往往是壯觀的，與意在爲他們的獎助者留名的事情，而不是前進的運動與進步的事情。他們的趨勢是在很多有學問的人裡面去增加學問之總積〔按：謂將已有之學問傳布於人〕，而不是訂正與擡高學問之本身。

於學問有功之工作與行爲，是關於三件事情的：求學問之場所，講學問之書籍，治學問之人。因爲同水那樣，不論是天上的露水或是地下的泉水，如果不收集在器皿裡，在那裡，因爲聚集了就可以支持自己，總是散開了失掉在地裡的。爲這個緣故，人的勤勉做成與供給了水源、水槽、水櫃與水池。這種東西，人是慣於用著壯麗與莊嚴的配置和那實用與必要的同樣來妝點的，這種知識之優異的液體，不論是出於聖靈的感動或是出於人的感覺，如果不是在書籍、傳說、校勘，與同大學、學院與學校這一類專為接受與獎勵知識而設的地方保存著，不久就會絕滅而消失於人之遺忘中。

關於學問場所之工作有四：屋舍之建造，經費之籌措，特權之授予，管理之制定。以上種種都足以使生活安靜與隱退，免去了憂慮與煩擾，很像維吉爾為收容蜜蜂的場所所規定的那樣：「第一步，為你的蜜蜂覓一個安靜的場所，把牠們收容在避風的地方。」

關於書籍之工作有二：第一是圖書館，這好比是神龕，在那裡面，一切古代聖賢之遺物，充滿了眞實的好處，沒有幻想與欺騙，都保存與儲藏著；第二是名著之修正發行，使他們的印本更加正確，譯文更加確切，字義的解釋更加切當，評注更加審愼，與同此類。

關於學者本身之工作（在對於他們一般的獎掖與優遇外）有二：在已有之各種科學中資給與指定講演之人，與在學問中任何未曾得到充分的努力與從事的部分，資給與指定著作與研究之人。

這些約略就是與許多很好的君主和其他可敬的人之功績有關的工作與行為。至於要特別紀念哪一個，我記起西塞羅在他（從放逐中被召回國）向大眾申致謝忱的時候所說的話：「要把個個都提出來是很難的，遺落了任何人都是失禮的。」讓我們同《聖經》所說的那樣，看著還在我們前面的那一段賽跑，不要再去回顧那已經走過的部分。

第一，在歐洲建立的許多大規模的大學裡，我覺得有這種的可怪情形，就是它們都是專爲幾種職業而設，沒有一個是留著爲一般的文藝與科學之研究的。如果人以爲學問應該注意應用，它們是不錯的。不過在這裡它們卻陷於那古寓言裡所說的錯誤，在那寓言裡，人體之其他部分都以爲胃不做工作，因爲它既不同四肢般的主導運動，又不同頭腦這樣的掌管感覺。可是消化了食物，把它們分配給其他各部位的，就是這個胃。所以如果有人以哲學與一般的原理之研究爲無益之事，他是沒有想到各種專門的職業是都得到了他們的效力與供給的。所以我以爲這種情形是阻礙學問之進步之一大原因，因爲這些基礎的知識在那裡只受到粗略的研究。如果你想要一棵樹結的果實比從前要多，你在它的枝幹上加工是沒有用的，必須將土翻掘與在根邊加上壤土，才能見效。這也是一件不可忘卻的事，就是這樣的把屋舍、經費專用於關於幾種職業的學問，不但是對於科學之發達有那（同行星運行時的）不利的地位與影響，並且於國家與政府亦屬不利。因爲如此君主們就不能多得才能之士在國家的事務上爲他們效力。這是爲了缺少高等的普通教育，在那裡天才適宜的人可以致力於歷史、現代外國語、政治與政治哲學的書籍，與同其他可使他們適於爲國家服務之學問。

因爲學校之創立者是種植，而講演之創立者是灌溉，接著講公開講演之缺陷，秩序是很不錯的，那種缺陷，就是在多半的地方指定給他們之薪水或報酬之微細與可輕，不論他們是文藝或專業的講演。欲求科學之進步，他們的教師必須是要最有能力與最能勝任的人，因爲他們是以產生與增殖各種科學爲職務而不是以他們之傳達爲職務的。這種情形是辦不到的，除非他們的景況與資給足以使最有能力的人願意把他們全部的力量終身用於這種任務與勤勉。因此，他們的酬報必須與從事高等職業者之中常收入相當。所以如果你想要科學發達，就一定要遵照大衛（David）的軍律，「看守輜重的所得，應該與參加戰鬥的相等」，要不然，就沒有人肯好好的看守輜重了。教授科學之人，眞是科學軍儲與糧餉（實行家都從這裡得到供給）之守護者，所以應該同他們有相等之報酬。不然的話，如果科學之父是那最孱弱的一類，或是沒有受到好的給養，「父的弱點將要在子身上重新出現」。

我還發現另一種缺陷，在那裡，我將需要一個叫人賣了書來造爐子的鍊金術者來幫助我；棄絕了密涅瓦（Minerva）〔司智慧之女神〕與司文藝之諸女神，因祂們是沒有生育的處女，而倚恃武爾坎（Vulcan）〔火神〕。但這是十分的確的，多種科學之有結果與效驗的研究，尤其是自然科學與醫學，並非以書籍爲唯一之工具。在這些書籍外的工具之供給上，人的資助亦並不完全缺乏。因爲我們看到書籍之外還有渾天儀、地球儀、量星器、地圖與這一類的儀器作爲天文學與宇宙誌之附屬品。我們又看到有些研究醫學的地方得有附設種藝各種藥草的植物園之便利，與能夠得到屍體來供解剖。但這些只是關於有數的幾件事情的。照一般的情形論，除了對於實驗有指定之費用外，不論這種實驗是關於武爾坎或代達洛斯（Daedalus），爐子或機械，或別稱東西，在發現自然的祕密上，就不會有什麼重大的進步；同君主與國家的祕密事務官與間諜對於他們得來的情報要報銷費用一樣，你也得讓自然之間諜與報告者送進他們的帳單來，要不然，你就不能周知一切了。

如果亞歷山大拿了許多錢給亞里斯多德去分給獵戶、捕禽者、漁人等，因爲這樣可以完成他的自然史，那麼從事於〔開啟〕自然之技術的是更應該得到獎助了。

還有一種我所發現之缺陷，是任大學之管理者之疏於商討，與君主或其他在高位者之疏於視察。去審查這些起自古代流傳至今的閱讀，練習與其他關涉學問之習慣之制定，究竟是否妥善，再以這種審查爲根據來糾正或改定那未善之處。因爲這是陛下自己的最有智慧與適合國君身分之名言之一：「在各種習慣與先例中，應該體察其最初發生之時期；如果那是微弱與愚昧的話，就可以減少習慣之權威而使其爲人所懷疑。」因爲各大學裡大半的習慣與辦法都是起於不甚著名的時代，它們更有重受審查之必要。在這一類裡面，我可舉出一兩件最顯而易見與人所共知的事情來爲例。一件，雖然是很早就有而且是很普通，但我仍以爲是一種錯誤：這就是在大學的學生，太早與未成熟就去學習論理學與修辭學。這些學問是於畢業生，比於兒童與初學，更爲相宜。因爲這兩種學問，如果能夠正當的了解，是各種學問中之最重大的，因為它們是學術中之學術，一種關於判斷，一種關於裝飾。它們是如何提出與安排材料之規則與指示：因此，叫空虛而沒有裝載著材料，和沒有預蓄了那西塞羅所稱為各種的材料之心靈去從這兩種學術入手（彷彿同人去學秤、量與繪畫風一樣），是只有這樣的結果的：就是把這種學術之偉大與普遍的能力弄得幾乎使人鄙賤，而墮落到幼稚的詭辯與可笑的做作，並且因為學習這兩種學問之過早，就生出這種科目的教授與論著之膚淺與沒有實益，眞令它們適合了兒量的能力標準。還有是我在大學中所用之練習（辯論）上發現的一種缺陷。這種習慣太把敏捷與記憶分離了。因為他們的演說或是預先準備好的，用著一定的字句，在那裡果無所用其敏捷，或是即席而成的，在那裡記憶亦沒有如何運用的機會。而實際生活與行為上，專用著這兩種之一的時候極少，那常用著的卻是先期之準備與臨時之敏捷，略稿與記憶之混合物。因此練習與實用，影像與眞相，就不相合了；而練習之正當規則，是總該把它們做得與應用時之實際情形愈近愈好，因為要是不然，它們確可以把心靈之動作與能力引入迷途，而不是使它們得到準備。在學生到了從事於他們的職業或別種公共生活中之活動時，這種眞實就會顯明，到了那時，他們自己不久就會發現這種準備之缺乏，而別人之發現這些，卻常比他們自己還早。這個涉及大學之規制與辦法之糾正的部分，我可用凱撒與奧皮烏斯（Oppius）與巴爾布斯（Balbus）的信上的一句話來結束：「關於如何可使這事實現之方法，我略有些見解，我們可以找出許多方法來，我請你在這件事情上也想想。」

還有一種我所注意到的缺陷，是要比前一種更重要一點。因爲學問之進步大都是由於同在一國內的各大學之辦法與規則，所以如在歐洲的各大學間有著比現在更多的溝通與合作，學問還可以更加進步。我們看到許多團體，雖然是分隸於各別的主權與地域，但是彼此間仍有一種採取共同步調之約定、友愛與相同之點，甚至於各地的社長外還有一個共同的總社長，如同自然在家族中成立了兄弟的關係，機械的技術在他們的協會中結成了兄弟的關係，上帝之授予聖職在君主與主教們中間加添了兄弟關係。當然的，在學問與光明中也不能沒有一種類於兄弟關係之結合，因爲上帝被稱爲光明之父，爲人所認爲在父的地位的。〔按：培根以學問爲光明（因爲它能破除黑暗），上帝既爲光明之父，凡世界各處有學問（光明）之人，應彼此視爲弟兄。〕

我所要說的最後一種缺陷，就是至今還沒有——即有亦是很少的——對於知識中似尚未經充分探討的部分，由公家來指定著作或研究人。因爲這個緣故，將學問中的哪幾部分已經有人從事，哪幾部分尚未爲人注意，加以審查，是一件很有用的事。因爲人人以爲足夠了，這就是發生缺乏之一種原因，而書籍之繁多，卻是表現著贅剩而不是缺乏。可是這種的過多，是不應以停止著書來救濟，而是應以多著更好的書來救濟，更好的書，好比摩西〔按：實是亞倫（Aaron）〕的〔杖所化之〕蛇，是可以吞食那些幻術家的〔杖所化之〕蛇的。

消除以上列舉之各種缺陷，除去最後一種，但仍連最後一種裡面的積極部分（指定著作人），都是一個君主之工作。對於這些，一個私人之努力，如在歧路口的一個影子，只可以指著那路而不能前進，但是那裡面的預備部分（審查學問），是可以由私人的工作去推進的。因此我現在將要試做一個學問之普遍的與忠實的檢閱，附帶的考察哪幾部分還是無人注意與荒蕪的，沒有藉人的勤力而得到改良與適於實用。記著這種說明，可於公家指定研究人的時候供給一點光明，並且還可用來激起私人自動的努力。可是我現在的用意是只注意向來之遺落與缺點，不是來非難錯誤與不充分的努力。因為來指出什麼地方還沒有經過開墾是一件事，在已經開墾的地方來糾正不良之耕作又是一件事。

在處理與擔當這種工作的時候，我並非不知現在我想要做的是怎樣的一件事，也非不知道我自己的力量不夠來支持我的企圖。但是我的希望是，如果對於學問極端的愛好使我太過，我可以諉過於我的愛情，因為「人是不許把愛情與智慧兩者兼而有之的」。但是我深知自己除了讓他人來評判外，不能再有別種評判的自由。我在這一方面，是一樣的願意或由我自己來盡，或從他人那裡領受，那種人類的責任，就是「向迷途者指示不錯的路徑」。我也預先料到我所要論到而作為缺陷或遺漏來記下的事情，一定有許多人以為有些是已經有人做過且現時還存在著的；再有些無非是罕物與無關緊要的；還有些是有著太大的困難，幾乎沒有達到與做成之可能的。但是對於前面的兩個，我只就各事個別論；對於第三，講到不可能，我以為凡是雖非人人能做，卻是有人能做；雖非一個人能做，卻是有了許多人就能做；雖非一個人的一生所能做，卻是幾代繼續著就能做；雖非私人的努力所能做，卻是由公家指定了人就能做的事情，都是應該作為可能的。但是雖然這樣說，如果有人寧願同所羅門所說的那樣，「懶惰的人說，路上有隻獅子」，而不是同維吉爾所說的那樣，「他們能夠，因為他們以為他們能夠」，那麼，即使我的工作叫人看作無非是一種好一點的願望，我也滿足了，因為是要有點知識才能提出一個並非不切當的問題，也是要有點智慧才能懷著一個並非無理由的願望。

人的學問之分部，是與他的理解之三部分相當的，因為理解是學問之所從出，即是：歷史，相當於他的記憶；詩詠，相當於他的意象；哲學，相當於他的理智。神聖的學問也可以同樣的分類，因為雖則顯示是與經驗不同，而人的心靈卻總是同一的。因此神學亦包括教會的歷史、寓言的歷史，這個就是神聖的詩詠，與神聖的義理或誡命這三種：因為還有一部分似乎沒有計算在內的，預言，無非是神聖的歷史，它比人的歷史有這樣一種超越之處，就是敘述可在事實之後，亦可在事實之前。

歷史可分爲自然的、政治的、宗教的與學術的：我以爲前三種是現在已有的，唯第四種，我覺得還是缺乏。因爲還沒有人自認依著時代的順序來敘述學問之一般情形，同有許多人敘述自然之工作，和政治與宗教的情形那樣。少了這種學術史，我覺得如同玻里菲默斯（Polyphemus）的雕像少了他那隻眼睛，最能表現人的精神與特性的部分是缺欠了。但是我並非不知在有幾種學問裡，如法律學、數學、修辭學與哲學，是存在各個學派、著者與書籍的小史，同那關於技術與習慣之發明的簡陋記載。但是一種包羅各種知識之古代狀況與起源，和其分派、發明、傳授方法、研究與應用之計畫與規制，他們的興盛、爭辯、衰墜、不振、爲人所遺忘與地域之移轉，連同致此之原因與理由，和一切其他關於學問之事，從最早的時候到現在，這樣一種學問之全史，我可以很正確的肯定說現在還沒有。這種著作之用處與目的，我覺得並不是專爲迎合那些愛好學問的人之好奇心與使他滿足，卻是大部分爲了一個更要緊與重大的目的，就是因爲這種歷史可使有學問的人更有智慧的來運用他們的學問。因爲能使人成爲一有智慧的神學家的，不是聖奧古斯丁（Saint Augustine）與聖安波羅修（Saint Ambrose）的著作，而是觀摩熟透了的宗教史，關於學問亦是這樣。

自然的歷史有三種：關於自然之正常的狀態的、關於自然之異常的狀態的、關於自然之改變的狀態的，就是生物的歷史、怪異的歷史與技術的歷史。這裡面之第一種，無疑的現在已經有了，而且是很好的；但是關於後面兩種之論著，卻是這樣的軟弱與不實用，所以我要把它們作爲缺乏論。因爲我沒有看到有自然現象之充分或適當的收集，那裡有離開孳生與動作之常態而旁涉其他的，不論它們是某一地方所特有，或是時間與偶然所構成的異常之事，或是尚未爲人所知的性質之結果，或是規則以外之事例。這是的確的，我知道有好些提及不可置信的試驗與神祕的書，和爲娛樂與新奇而造作之輕妄的詐騙，但是沒有一種自然之不規則狀態之正確的收集，尤其是沒有對於妄談與一般的錯誤有著正當駁斥的。照現在的情形，如果一種自然中之虛妄能夠一朝流布，一半因爲怠於研究與崇信舊說，一半因爲在語言之比喻與辭藻上沿用這種見解，是從來沒人反駁的。

這種有亞里斯多德著作裡存著先例之光榮的工作，其用處並不在給予好奇與虛妄的人之喜嗜以滿足，如同奇事之記載那樣，卻是爲了兩個原因，都是很重要的：一個是糾正往往僅根據於普通與習見的事例的通論與意見之偏頗，還有一個是因爲在自然之奇異中，最容易覓得技術上之奇異（按：謂師法自然來爲技術上之發明）：因爲只要於自然在遊行之時緊緊跟著它的蹤跡，將來就能夠把它重覆引回原處。在這種奇事的歷史上，我也並不以爲妖術、夢、預兆，與這一類事情之託於超自然力之記載，是都應該完全排斥的，只要能夠擔保與確鑿的證明實有其事。因爲現在我們不能知道究竟在哪些事件裡與到什麼程度，向來以爲出於超自然力之結果，有一部分是實在出於自然的原因。所以無論這種事情之習用應受如何的嚴責，從它們之推究與考慮上卻可以，不但對於這種過犯之正當的判斷，並且在進一步的打開自然之謎上，都得到光明。人亦不應該爲了要求眞實而去研究這些事情懷著遲疑，如同陛下在自身的榜樣上所顯著的。陛下有了宗教與自然哲學那兩隻明亮的眼睛，曾經很深透與很有智慧的看入這種黑影中，而仍舊證明自己是有同太陽那樣的性質，穿過了汙穢，自己還是同從前一樣的潔淨。但是我以爲應該把這種牽涉超自然力的記載自成一類的歸類，不要與那純粹與完全自然的記載相混。至於關於那些不可思議之事與宗教上之奇蹟，它們或者不是眞的，或者不是自然的；所以與自然之歷史無關。

經過改造之自然的歷史或機械的歷史中，我知道曾經有人收集過關於農業與手工技術之資料，但是往往把人所習知與普通的實驗棄而不載。因爲人以爲涉於機械的事項之研究與思考是足以降低學問之身分的一件事，除非是可使人認爲祕密、稀罕與特別精微的事情的那一類工作。這種虛矯與驕傲的自尊心理是很正當的爲柏拉圖所嘲笑，〔在他的一種對話集裡〕，他引入了希庇阿斯（Hippias），一個自誇的辯士，來同蘇格拉底，一個眞誠不虛的眞理之探索者，互相辯難。他們論難的題目，是關於美的。蘇格拉底照著他常用的那種泛涉的歸納法，先舉一個美女來做例，然後再舉一匹美的馬，然後再舉一個釉水很足的美的罐子。到了這時候，希庇阿斯就很不高興，說：「要不是爲了禮貌，我很不屑與舉出這種下等例子的人辯論。」蘇格拉底回答他，就用「你有理由……，這是與你很相稱，你這樣一個衣著修整的人……」與這一類的語氣來一路的譏誚他。但是實情是，給我們最可靠的知識的，並不是那些最高尚的例子。這種情形，是可以很好的在人常說的那個哲學家的故事裡表現出來的。當他仰觀星象的時候，他跌到水裡去；如果他望下看，他或者可以在水中看出星來，但是望上看，他卻不能在星裡看出水來。常有這樣的事，在小事情裡看出大的，比在大事情裡看出小的更爲容易。所以亞里斯多德所見到的是很不錯的：「無論何物之性質，最容易在它最小的部分裡看出來」。因爲這個緣故，他要研究國家之性質，就先去研究家族，那個每個村舍裡都有的父母、夫婦與子女，和主僕的簡單關係。就是這個世界之性質與同他的管理方法〔按：謂自然之規律〕，也一定要先在低級的共同性與細小的部分裡去尋覓的。所以那一種自然之祕密，就是與磁石接觸過的鐵之旋向北方，也是在鐵針，不是在鐵棍上看出來。

但是如果我的意見不是無足重輕的話，機械的歷史對於自然哲學之用處是在各種歷史中爲最重要的，這說的是那種不會在精微、高尚或有趣之煙霧中消滅，卻是於人類之生活確有利益的自然哲學。機械的歷史不但能夠目前在各種職業中給予與提示許多的巧妙方法，把一種技術裡的觀察連貫與移轉到別種技術之應用上去，如果幾種職業之經驗是會集在一個人的考慮之下，並且還能夠給各種原因與通則，以比從前所能得到的更爲眞確之闡明。如同一個人的脾氣，非遇到了扼逆不會知道其眞相，和伯羅替司（Proteus）〔海神〕非等到受了困惱與執獲不會改變其形狀一樣。自然之動作與變化，在自由之狀態中亦不會同在受到了技術之折磨與煩惱的時候一樣的充分表露著。

政治的歷史有三種，很可以同三種的圖畫或影像相比。圖畫或影像中，有些是沒有完成的，有些是完全的，還有些是有缺點的。歷史亦有三種：記事錄、全史與古事記。記事錄是未完成之歷史，或是歷史之初稿或粗稿；古事記是受到毀損的歷史，或是倖免於時間之沉沒的歷史之殘存。

記事錄，或是預備的歷史，共有兩類：一類可稱爲略記，一類可稱爲記錄。略記是只記著連續之事蹟，不及動機或企圖、計謀、談話、借端、動作上之機便與別種的處理。這是略記之本來面目，（雖然凱撒在他與偉大相參之謙遜中，把他所著世上最好的歷史稱作略記）。記錄是法令之編集，如參事院之議定、司法之程序、政府之公告、演說辭與這一類的東西，沒有敘事線索上之完全的連續。

古事記，或歷史之殘存，同前人說過的那樣，是「像破船的板片」。這是勤力之人從古代紀念物、名氏、文字、俗語、傳說，私人的記載與證蹟，故事之斷片，非故事的書中之章節，與同這類的東西裡面，以嚴密謹慎之勤勉與觀察，從時間之洪水中拯救出來與恢復的一點東西。

這幾種不完全的歷史，我並不以爲有缺陷，因爲它們是「不完全的材料做成的」，所以缺陷無非是它們的屬性。至於那敗壞了歷史與爲它之蠹的節本，是應該禁用的，因爲所有鑒裁恰當的人都以爲它們磨損與腐蝕了許多好的史書，把它們視作低下與無用的渣滓。

歷史，就是那可稱爲正當與完全的歷史，照它提出之目的或所表現之事物，是有三種：因爲它或表現一個時代，或表現一個人，或表現一件事。第一種，我們叫做編年史；第二種，傳記；第三種，敘述。這三種裡面，雖然第一種是最詳備與完美的一種歷史，並且是最爲人所重視與最有光榮，但是卻不及第二種之有益與適用，亦不及第三種之正確與純粹。因爲一個時代的歷史只表現事業之偉大和人與公眾的關係上之態度與行爲，把人與事的次要的進行與動作都略而不論。但是上帝之工作方法是把最大的重量懸在最細的線上，所以這種歷史實在只鋪陳了事業之宏大而沒有說出眞實與內在的原因。但是傳記，如果做得好，各提出一個人來表現，在那人身上大小公私的事情都混合著，卻必然的含著一種更爲確實、逼眞與生動的表現。還有，行動之敘述，如伯羅奔尼撒戰爭（War of Peloponnesus）、小居魯士之遠征、喀提林（Catinine）之陰謀，也一定要比一個時代的歷史更純粹的與更嚴格的忠實，因爲他們可以選擇一個爲著者之學識所及的題目；而撰述一個時代之歷史的人，尤其是那個時代綿長的話，是一定不能避免許多的空缺，那種空缺，他只能用自己的聰明與猜度去補充。

論到記述一個時代的歷史（我的意思是說政治史），上帝之先見已經把它分類好了。因爲上帝喜歡指定了世界上的兩個模範國，使它們在武功、學術、德性、政治與法律上顯著著：就是希臘與羅馬。這兩國的歷史，正占著適中的時代：在它們以前有那可以一概稱爲世界古代記的各種歷史；在它們以後有那可以概稱爲近代史的各種歷史。

現在講到它們的缺點，關於世界異教時期的古代，那是用不著去說它們有缺點的。它們有缺點是無可疑的，因爲那裡面大半都是神話與斷片。不過這種缺點，無法補正。因爲古代是同謠諑〔人格化〕一樣，「他把他的頭藏在雲裡」，他的頭是掩蔽叫我們看不見的。至於那兩個模範國的歷史，現在是很完整的在那裡。並不是說我不希望有希臘自洗西厄到菲洛皮門（Philopoemen）（在那時希臘之事蹟沉沒於羅馬之事蹟中），羅馬自羅茂拉斯到查士丁尼一世（Justinianus），他可以很正確的說是「最後的羅馬人」，那兩個時期之完全的歷史。在那兩期敘述之層次中，希臘的修昔底德（Thucydides）與色諾芬之著作，與羅馬的李維、波利比烏斯（Polybius）、薩盧斯特（Sallustins）、凱撒、阿庇安（Appianus）、塔西佗、希羅狄愛奴（Herodianus）諸人的著作，都該全部保存，不加刪節，只加續補。但這是一件鋪張的事，可以讚許而不一定是需要的，而且我們現在是說學問的補充部分而不是說分外加功。

至於近代史裡面，雖略有幾種很有價值，然大半均在中等以下。把外國的歷史留給外國去講，因爲我不要做一個干涉他國事件的人，但我仍不能不向陛下聲說英國史書全部之無價值，與我所曾見蘇格蘭史書中最近最大的一種之偏頗不公。我以爲如果把這個大不列顛島，同他現在之連成了一個王國永不再分一樣，在已往的歷史上也聯合起來，照聖史記述猶太的歷史那樣，把他們的十民族與二民族作爲兩個孿生子，這也足爲陛下之光榮，而且是很可留爲後來紀念的一件事。如果怕這種工作太龐大不容易做好，那麼英國史裡有一段很好的較短時期，就是從兩色玫瑰之聯合到兩個王國之聯合。照我的意見，這個時期內變化之多是爲自來世襲的王國在相同之世數內所不能比的。這個時代，以併用武力與繼承權取得王位開端，以戰勝而入國，以婚姻而穩定。所以在同這個開始的時候相稱的後繼時期內，同暴風雨後的海水那樣，雖然沒有極大的風浪，卻還是波浪洶湧。但以領港者之智慧，（那領港者是所有君主中最有能力的一個），得以安然過去。此後接著一個君主之統治，他的動作，不論他的辦法是怎樣，與歐陸的事件總有許多牽涉，不同的，或使他們得到平衡，或左右著他們。宗教狀況之大改革，一件不大為人注意的事情，亦在他的時代發端。接著，是幼主當國。然後，發現了一種篡奪的企圖（雖然那不過是同短期的熱症一樣），然後是一個與外國人結婚的女王當國，以後是一個獨身不婚的女王，但是她的政府卻十分的剛性，所以她對於外國所有之勢力與影響，比所受到的外國勢力與影響還大。現在最後，這件最幸運與光榮的事情，就是這個不列顛島，雖與全世界分離，但他的自身卻是聯合著。那一種給埃涅阿斯（Aeneas）叫他休息的神諭——「去尋你的老母」，居然在現在實現了，在英、蘇兩國上得到了應驗，他們現在用著老母的名氏不列顛重新聯合，作為一個各種不安與猶夷之完全的結束。如同重大的物體，在他們穩定之前總有若干的震動與搖蕩，所以天意亦使這個王國在陛下與陛下之後嗣身上安定之前（在他們身上，我希望這個王國是已經永遠的安定）有這些先驅的變動與變化。

論到傳記，我對於現代之輕視時代之優點，以致傳記之撰著如此寥寥，的確覺得可怪。雖然現在沒有這麼多的君主或專斷的將帥，而且小邦大都已聯成了王國，但是總還有許多可記的人物，不應該只得到那麼一點分散的記述與空泛的頌辭。在這裡，近代詩人中之一之假設是很適當的，而且可以增加那古代寓言之趣味。因為他設想每一個人的生命之線或網的盡頭有一個小的紀念章，那上頭有著那人的名氏。時間之神窺伺著那剪刀，一等到這線剪斷，就接著那紀念草，把它送到利西（Lethe）〔忘憂〕河去。那河的岸邊有許多鳥在上下飛翔，他們常來接去這些紀念章，把它們銜上一回，然後讓它們掉落水裡。那裡只有不多幾個的天鵝，如果得著了一個名氏，就把它送到一個神廟裡，在那裡，這個名氏就變爲神聖了。雖然有許多人在他們的欲望上比在身體上還要凡俗，卻以爲喜歡出名與留名無非是一種虛驕，「那些不喜大名的人」。這種見解是可以這樣解釋的，「人在沒有停止做可以稱讚的事情以前，是並不輕視讚譽的」，但這仍不能變易所羅門的意見，「公正的人遺留下來的聲名是得到稱讚的，但是惡人的名氏要朽爛」：那裡面一個繁榮著，還有一個或毀壞於立時的遺忘中，或變成了一種惡臭。所以在用於所紀念的人名之後的那種向來爲人所喜與用著的字樣上，「留看幸運、虔敬與美好紀念的」，我們的確看出那西塞羅借用著狄摩西尼的話來說——「美名是死者之正當所有」，這種所有，我在現代不能不注意到它是荒廢了。這裡是一種缺陷。

關於一種事件之敘述，我們也希望有較大之勤勉，因爲沒有一件大事是會得沒有好的筆墨來記載的。一種良好史書的著作之才是不可多得的，這在這種書籍之稀少上很可以看得出來，但是如果每件可以紀念的事情，當經過的時候都詳細的記載著，那麼遇到有適當的著作家興起的時候，就更容易希望有一種各時代的全史之編成。因爲這些敘述之彙集，好似苗圃，等到適宜的時候，就可以把它們分種成一個美麗與壯觀的花園。

還有一種塔西佗所用的歷史之分類是不可忘記的，就是編年史與日記，尤其是他加上來說明這兩種之區別的那些話。他把國家的事務歸於第一類，把較不重要的事情歸於第二類。他對於一個壯麗的建築只不過略略的提到，接著說：「這是適於羅馬民族之尊嚴的，就是說，把歷史留著來記偉大的事業，而把這種細務留給都市的日常記錄。」所以我們有同政治上之徽識學一樣的一種思想上的徽識學。如同沒有別的事比混亂了品級更有損於國家之尊嚴，把關於凱旋、禮儀或新奇之事與國家之事相混，亦頗可以降低一種史書之權威，但是日記之用處卻不限於記錄一個時代之歷史，他亦用來記錄個人之歷史，尤其是事蹟之歷史，因爲古代的君主爲了要示信一種策略，常置著起居注，記載逐日之事。我們知道在阿哈隨魯斯（Ahasuerus）不能得到睡眠的時候，在他面前朗讀的編年史裡是包含國家之事的，但那卻都是在當代或稍前一點的時代裡發生的事情。可是亞歷山大的家庭日記裡卻載著一切的小事，並且及於關於他個人與宮廷的事情，不過日記也常用於記載可以紀念之大事，如軍隊之出征、航行與這一類的事，把每天經過的事情都記著。

我也並非不知道有幾個持重與有智慧的人所曾用的一種記錄方法，包含他們以爲值得保留在紀念中的事蹟之散碎的歷史，連同政治哲學上的論議與意見：並不夾雜在歷史中，卻是分開著，在他們的意思裡認爲更重要的部分。這種帶著論事的歷史，我以爲置於政治書中

（關於這點我們以後還要論到），比在史書中更爲相宜。因爲歷史之正常任務是表現事實之本身和與它們有關之謀議，把對於它們的意見與結論留給每個人的見解之自由與能力。但混合物是不規則的東西，沒有人能夠給它們一個界說。

還有一種包含著多種題材的歷史，就是備記宇宙現象之歷史：那裡面包括自然的歷史，關於地上的各區域；政治的歷史，關於人民之住所、政體與風俗；數學，關於各區域與在那裡可以看見之星座。這部分的學問，在近來於各種學問中最有進步。因爲我們可以很正確的講，（這樣的叫現代得著光榮並且正當的與古人競美），世界這偉大建築，直到我們與我們祖父的時候，是從來沒有鑿開過透光的窗戶的，因爲他們雖知道有對蹠點，（同維吉爾在田家詩裡詠著的）「當朝晨在我們身上吹動著那活的光，紅色的金星在那裡燃著夜之燭」，但那或者是用著論證而不是根據事實，如果要實際旅行，那是要繞地球半圈。但是同天體一般的環行地球，是直到近來才有人嘗試做到。所以現在這個時代如要採用格言，不但可以很適當的比古代的「不能再進」那句話更進一步說「再進」，與比古代的「我們不能學雷電」那句話，（連他的批評）「虛驕的愚夫，模擬那天上的電光云云」，更進一步說「我們可以學雷電」，並且還可以說「我們可以學天」，看到這許多同天星一般旋繞著地球之可紀念的航行。

這種航海與發現上的進步，可以使我們希望一切科學都跟著進步與增大，因爲他們好像是由上帝指定了爲同時發生之物，就是說，在一個時代中會合。先知丹尼爾（Daniel）說到近代的時候，是這樣的預言：「有許多人要跑來跑去，知識要增多。」彷彿這個世界之發現與他的通航，同知識之增加是指定著他在同一時期的，同我們看見他大部分已經做到的那樣：近時之學問，比從前兩個學問發達或復興的時期並無多讓，一個是屬於希臘人，一個屬於羅馬人的。

宗教史可以同政治史一樣的分類，但是依它的性質，還可以分爲教會史，把這個作爲一個通稱：預言史與神意史。第一種敘述鬥爭的教會，無論它是搖動的，如諾亞（Noah）之方舟；或是行動的，如約櫃在曠野中；或是靜止的，如約櫃在神廟中：就是說教會被檢舉，在移動中，與享和平的狀況。這一部分，我無論怎樣都不能認爲缺欠，只是我願它的優良與確實可與它的容積與數量相稱。但我現在要處理的問題，卻不是批評，而是遺漏。

第二種就是預言史，包含著兩個相關之事：預言與懲罰。這種著作之性質，應該把《聖經》裡每個預言與它在世界各時期的應驗之事歸在一起，爲的是使信仰更易得到徵驗，與關於預言中尚未應驗之部分可以使教會知道應該怎樣去解釋，但仍容許與神意之預示相宜，且爲它們所應有之寬限。因爲這是合於它們的作者〔上帝〕之性質的，在它看來，千年不過同一日一樣；所以不是準時的一次應驗，而是（同樹木之發芽到長成那樣）要經過許多時間才應驗，雖然它們最高度與最完全的應驗，可以只在一個時期。這是我覺得有缺陷的一種工作，但是應該有智慧、沉著與有敬意的去做，不然，還是不做的好。

第三種，那是神意之歷史，包含著上帝顯示的意志與其隱祕的意志之完全的符合。雖然其隱祕的意志是這樣的深藏著，不但大部分爲平常人所不能看出，甚至有很多時候，連那有《聖經》的光明來輔助的人都看不出來。但有時候上帝爲要堅定我們的信仰，以及給世上不信有上帝之人以駁正，喜歡把它們這樣的明白表示出來，使同《箴言》上說的那樣，「那一路跑著的人都可以看得見」。就是說，那種專徇嗜欲的人，在上帝的懲罰面前急急的走過，從不審視它們，在它們經過與趕著走的時候，也不能不看出來。這些就是上帝之懲罰、糾正、拯救與賜福的顯著事件與實例。這種工作是有許多人做過，所以我不能把它作爲遺漏。

此外還有別種學問之附屬於歷史的。人的一切外面的行爲無非就是語言與行事。歷史是很適當的把行事接收著保存在記憶中，如果那還帶著語言，那麼一定是因爲這些語言是行事之先聲與端緒。但是另外還有專適於語言之保存與接收的別種書籍與著作。這類書籍亦有三種；就是演說辭、書札與簡短的話論。演說有祈請、勸導、讚揚、毀謗、辯解、非難與儀式上的演說。書札是依著種種不同的事體，如報告、勸告、指示、提議、申請、推荐、諍誡、道歉、致恭維、表愉快、發議論與一切其他事務之處理。

凡是有智慧人所作之書札，據我的意見，是所有語言中之最好的，因爲它們比演說要自然，比談話要審愼，而且處理或參預一件事體的人所寫關於此事之書札，是歷史之最好的教授資料，並且對於勤讀的人，那些書札的自身也就是最好的史書。凱撒所編輯的那部格言，遺失了是很可惜的，因爲他所著的歷史與遺留下來的幾封信，和他自己所製成的格言，都勝過一切他人之所著，那麼我想他所集成之他人的格言也一定要比別人所集的好。至於別人所集的格言，不是我不喜歡這類東西，就是他們的選擇還未恰當。但是對於這三種著作，我並無所堅持，因爲我沒有可以對於他們提出之缺陷。

以上這些是關於歷史的，那個學問中應著人心之一個房室、住所或職掌的部分，就是說記憶。

詩詠是學問中這樣的一部分，它在字之韻律上，大半時候是受著拘束，但在別的方面卻非常自由，而是眞的屬於意象的。詩詠因爲不受物質規律之束縛，可以隨意把自然所分離的東西聯起來，或把它所關聯的分開來，做成事物之不合（自然）規律的聯結與分離，「畫家與詩人（是被容許有相當的假設的）」。詩詠是有著文字與材料方面的兩種意義：在第一種意義上，它無非是文章之一種，屬於藝術與語言，而與我們現在所說的無關。在第二種意義上，它是（同從前有人說過的那樣）學問的主要部分之一，實在就是想像的歷史，可以用無韻和有韻的文章同樣的來記述。

這種想像的歷史之用處是在事物之眞相不能使人心得到滿足的地方，給它一些滿足的影子，因爲這個實物的世界是比較劣於靈魂。因爲這個原故，想像的歷史上有比在事物之本性上所能找到的更廣大，更正確的良好與更完備的變化，可與人的精神相契。因爲在眞實的歷史上，事蹟之偉大往往不如人心之所想望，所以詩詠就想像出更大更英雄的事蹟來。因爲眞實的歷史所述之行爲之結果常與善與惡所應得的不合，所以詩詠就想像它們在報應上更爲公道並與顯示的神意更加相合。因爲眞實的歷史表現較爲正常與少變化的事蹟，所以詩詠就賦予它們以格外的稀罕，和更出意外與更繁多的變動。所以詩詠似乎是有裨於寬大、道德與愉快。因此人常以它爲具有多少的神格，因爲它把想像的事蹟與人物來應人心之希冀，使它振起與挺直，而理解卻把人心屈折來遷就事物之眞相。我們知道，它這樣的潛入，與合著人的天性與所喜，再加以它與音樂之調合與關聯，在未開化的時代與地方，別種學術遭著擯棄，它卻可以進身與得到重視。

最合於詩詠性質之分類（除了那種與歷史和歷史的附屬物相同的分類，如以想像的紀事、想像的傳記屬於前者，而以想像的書札、想像的講說與其他屬於後者）是敘事詩、表象詩與隱喻詩。敘事詩無非是歷史之模擬，帶著那在前已經提及之過分的寫法，它的選題常是戰鬥與戀愛，很難得的涉及國政，有時甚至是娛樂或諧笑。表象詩（戲劇）是同看得見的歷史一樣，它是動作之一種影像，彷彿他們就在眼前，如同歷史是過去的動作之眞相。隱喻詩是專用來發表一種特別的目的或意思的敘記這一類設喻的智慧，在古代極為盛行，如伊索寓言、〔希臘〕七賢之短句與象形文字之使用上可以看得出來。其原因是在那時凡比一般所能了解的更為警敏與微妙的理解，是必須以這種樣子來表示的，為的是那時的人還缺乏證例之繁複與識解之精微。如同象形字之在字母以前，寓言亦是在辯論以前。就在現代與不論任何時代，它們總保持著好些生氣與力量，因為理解是沒有這樣易曉，舉證亦沒有這樣的適合。

但是隱喻詩另外還有一種與我們剛才所說相反的用處：那種是傾向於指出或顯明那所說的意思的，而這種卻傾向於掩蔽它，就是說，在寓言牽涉到宗教、政治與哲學之祕密與玄妙的時候。在聖感的詩詠〔文字〕裡，我們知道這種方法之使用是得到認可的。但在異教的詩詠裡，我們看到有時寓言之解釋卻甚為適切。如說巨靈與天神交戰而遭滅亡，他的母親大地為報復起見，誕生了謠諑：「大地憤恨著天神，生出了斐末（Fame）〔謠諑〕，巨靈種族裡的最後一個。他是開施（Caeus）與恩塞拉多斯（Enceladus）之妹」。這個寓言的意思是君主們平定了實在與公然的叛逆之後，人民之惡意（那是叛亂之母）就生出對於國家的誹謗與責備。這些與叛逆是同屬一類的，不過柔弱一點罷了。還有，諸天神合謀要綑縛朱比特，帕拉斯（Pallas）叫了那百臂的布里亞雷烏斯（Briareus）來幫助。這個寓言的意思是君主們只要以智慧維繫住民心，不必怕強臣來削奪他們的大權，因爲人民會出來援助他們。在阿基里斯是那半人半獸的怪物奇隆（Chiron）撫養大的那個寓言裡，他的寓意經馬基維利聰明但很不道德的解釋說，君主們的教育與訓練，應該叫他們知道同在修德行仁的時候做人一樣，在兇暴的時候做獅子，與在譎詐的時候做狐狸。但是，在許多和這些相類的事例中，我總覺得是先有了寓言然後再想出解釋來，不是先有了命意再去製成寓言的。因爲我曉得這是克里西普（Chrysippus）的一種舊有的虛驕，使他費了大力把堅忍派的主張去繫在古詩人之假設上。但是，說詩人所有的寓言與假設之命意都爲娛人而不是有所借喻，我對此卻不欲參加意見。當然的，在現在遺著尚存之各詩人中，就連荷馬自己（雖然他在希臘的後期學派中已被認作爲一種的聖經），我可以毫無遲疑的說，他的寓言，在他自己的命意上並沒有叫他們含著這樣神祕的意思的。但是在他們較近原始的傳達上究竟有無這樣的意思，就不容易肯定的講，因爲那裡有許多寓言並不是荷馬自己創造的。

在學問第三部分——詩詠，我不能說有缺陷。因爲是地球本有的力量裡產出之一種植物，並無普通的種子，它發生與散布開比別種的植物還要廣。但是如果要把表示戀愛、強烈的情感、腐敗，與習慣所應得的酬報歸於詩詠，那麼我們應該致感於詩人是要比對於哲學家之工作爲尤甚，如把機智與辭辯所應得的酬報歸於詩詠，我們對詩人應該致感亦不甚亞於我們對雄辯家之演說。但是在舞臺上逗留得太久是不相宜的，現在讓我們更鄭重的走近與察看那人心主判斷的部分。

人類之知識是同水一樣，有的是從上面降下來，有的從下面湧上來。一個是用我們天賦的官能獲得的，一個是受聖靈的顯示啟發的。天賦的官能是由心靈所發出之意念，與覺官所傳遞之感覺相合而成。人從他人之教訓所獲得之知識是遞積而不是本來的，如同水在自己的源頭外，還受著別種源泉與支流的灌注。所以依照兩種不同的來源，知識第一步可以分爲神學的哲學。

在哲學中，人之思想是或深入於上帝，或周環於自然，或回折於他自己。從這幾種不同的研究中生出了三類知識：神聖的哲學〔神學〕、自然的哲學〔自然科學〕與人生的哲學〔倫理學與政治學〕。因爲一切事物上都印著這三重印記：上帝之能力、自然之歧異與人之使用。但是因爲知識之分類不像會合在一個角度的幾個線條那樣，而像一株樹的枝條在本幹上會合著，它那本幹，在歧分爲若干枝條以前，是單個與延續的，所以，在我們還沒有研究到知識之分類以前，是應該成立一種概括的學問，叫做基礎的哲學，原始的與概要的哲學，作爲在我們未到各個分歧的支路以前之公共大路。我頗懷疑我究竟應否把這種學問認爲缺陷，因爲我看到有自然的神學與論理學之各部分，自然的哲學之關於原理，和關於靈魂的部分的一種紊亂的混合物，所有這幾部分都很奇異的交混與攪亂在一起。但是加以審察之後，我覺得它們是從它種學問裡剝奪來的一些東西，加上了高深之辭說，而不是什麼自身堅實有物的東西。可是我並非不知有這種流行的區別，就是同一的東西可以從各方面來觀察。如同這個例：論理學是把許多事物照它們在思想上之狀態來研究，這種哲學，照它們在自然上之狀態，一個照它們的形象，一個照它們的實在，但我覺得雖有這種區別，卻沒有怎樣的依著去做。因爲若以哲學家之立場，已經在自然中研究了數量、類似、不同與物的那些其他的外面狀態，研究是一定要比現在大不相同，在論數量的時候，裡面有說過聯合的力量能夠怎樣的增加效力的嗎？有人說過何以自然中有些東西是這樣的多而量是這樣的大，別的東西是這樣的少而量是這樣的小嗎？在論類似與不同的時候，有人說出何以鐵與鐵同質而不相引，卻被引於非同質之磁石的緣故嗎？何以在物之種種的不同中，自然中有著具有兩類性質之物，連它們究竟應該屬於哪一類都成爲疑問？但是關於物的那些普通的附屬性在自然中之本性與運動，只有完全與深沉的緘默，僅在語言與辯論中複述著它們的力量與用處。因爲我在這一種著作中要避去一切的微妙之論，我關於這本原的與總括的哲學的意思，用明白與概括的話從消極方面來說明，就是這樣：「它應該爲一切不在哲學或科學中之任何特別部分範圍以內，卻是更爲普遍與屬於更高的一個階級之有用的觀察與原理之容器」。

這一類的原理之多，是無可置疑的。如同「如果把等量加於不等量，其結果是不相等的」這一條規則，是否在公道上亦是一個原理，同在數學上一樣？在積累的與分散的公道，和數學的與幾何的比例之間，是否有一個眞實的符合？還有那一條數學的規則，「與同物相等者，彼此亦相等」，是否在論理學上亦是這樣的重要，因爲一切的三段論法都建造在這上頭？這一種觀察，「一切的物都有變動，但沒有一物是毀滅的」，不是一種哲學中的原理，說自然之量是永遠不變的嗎？不是一種自然的神學中的原理，說先使無爲有，再使有爲無，是需要同一的全能的嗎？照《聖經》說：「我知道，上帝無論做什麼事體，那都是永遠不變的，沒有人能夠在那上頭加一點，亦沒有人能夠從那裡拿出一點來。」馬基維利很有智慧與詳盡的闡說關於政府之原理，說建立與保存它們的方法，是把它們復歸於最初的狀態，不是在宗教與自然中，同在政治的管理上一樣的是一條規則嗎？波斯的幻術不就是把自然的原理與構造化作與同符於政府之規則與政策嗎？那音樂家的格言，從不調和或刺耳的聲音落到調和或悅耳的聲音，不是在戀愛上亦一樣的對嗎？音樂上用來避免平常結束的尾聲，不是同那修辭學上使人不能預料的結語一樣嗎？音樂在停頓時的顫動之可樂，不是同光在水面上的閃爍一樣嗎？「海在閃爍的光下輝耀著」。感覺的官能不是同反射的物體一樣嗎？眼睛同鏡子，耳朵同洞穴或山谷，都有著固定的外圍。類似亦不盡於此，同觀察狹隘的人所想像的那樣，卻是自然之同一的足跡踏或印在幾種物體上。所以我可以正常的說，這種學問（如我所了解的那樣）是有缺陷的：因爲我有時看到那種較爲深邃的學者在處理一個特別問題的時候，常從這個井泉中汲取桶水來應他們的急需，但是那水的源頭，我覺得還沒有人去看過那是對於發現自然與疾速的得到實用上之結果都是這樣有用的。

先把這種學問同那在天上誕生了這樣多的子女，「一切天上的居人，一切上層空氣中之居住者」的貝瑞辛西亞（Berecynthia）那樣的作爲一個共同之母，我們可以回到從前說過的那三種哲學之區分：神聖的、自然的與人生的。神聖的哲學或自然的神學，就是從觀察上帝所造之物可以得到的那種關於上帝之知識或知識之萌芽。這種知識，在與它的目的之關係上，可以正確的稱爲神聖，但是在它所給予的光明上，卻可以稱爲自然。這種知識之限制是其足夠駁正無神論，但是不夠使宗教得到指導。所以上帝自來沒有用奇蹟之示現來使無神論者感悟，因爲人之天賦的官能已可以使他信有上帝。但是奇蹟之示現卻常用來使崇拜偶像者與信超自然力者感悟，因爲單藉天賦之官能是不能斷言上帝之意志究竟何若，與正當的崇拜應該是怎樣的。同各種工作之可以顯示工作者之能力與技巧而不能顯示其影像一樣，上帝之工作亦只顯示著祂的全能與智慧，但不是祂的影像。所以在這裡異教的見解就與神聖的眞理不同，因爲他們以爲這個世界就是上帝之影像，而人是這個世界的精要，或影像之要略。但是《聖經》卻從來沒有保證把這種光榮歸於世界，就是說，以它爲上帝的影像，卻只說它是「上帝之手所造成的」，《聖經》亦沒有說過上帝除了人以外還有別的影像。所以以觀察自然來使人想到與確信上帝之存在，和指證祂的能力，智慧與仁慈，是一個很好的議論，並且有許多人很好的用過。但是，在相反的方面，要從自然之觀察，或人的了解之公理上，使人得到關於信仰事項之任何眞理或確見，照我的見解是不妥當的：〔因爲我覺得應該〕「把屬於信仰的東西給予信仰。」就是異教徒在那個很好與神聖的金鍊之寓言裡的結論，亦大略如此：「人與天神不能把朱比特拖下到地上來；卻是相反的，朱比特能夠把他們拉起到天上去。」所以我們不該去嘗試把上帝之神祕拖下到我們的理解上，或使祂受我們理解之支配；卻是相反的，應該把我們的理解提高與上進到神聖的眞理。所以在這一部分關涉神聖的哲學之知識上，我不但沒有看到任何缺陷，並且還看出一種過分：我旁涉到這一點，是因爲宗教與哲學兩者爲了相混都得到，或可以得到，極端的不利，因爲照這樣一定會造成一種異端的宗教和想像與虛誕的哲學。

論到天使與精靈之性質，那個神聖的與自然的神學之附屬物，這情形就不同了，祂們的性質既非不可測，對於祂們的研究亦非禁止的。因爲《聖經》雖然說：「不要讓人把涉於崇拜天使的高論來欺騙你，這些人是在講他自己還沒有了解的事情……」但是，如果你把這種訓誡看清楚了，你可以看出那裡只有兩件事情是禁止的，就是崇拜祂們，和對於祂們有著怪誕的意見，或是稱讚祂們到超過一個被造物（造物之對語）之地位，或是稱讚人關於祂們之知識超過了那種知識所有的根據。但是可以從《聖經》文字，或自然之上進的階級上生出來的有節度與有根據的探究，是不受限制的。對於墮落與背叛的精靈，與祂們的性質、祂們的能力、祂們的幻象之研究或了知，不論是用《聖經》或是理解，卻都是宗教上的智慧之一部分。因爲使徒是這樣說的：「我們並不是不知道祂的戰略。」研究惡的精靈之性質，沒有比在自然中研究毒物之力量，或在道德上研究罪孽與惡行之性質更爲不合。這涉於天使與精靈的部分，我不能以爲有所欠缺，因爲有好多的人曾從事於此，我還可以在論這種事體的許多著作者中說祂們是虛僞與怪誕。

放下了神聖的哲學或自然的神學（卻不是神學或聖感的宗教學，那種我們要留在最後作爲人的一切思想之避風港與安息日），我們現在可以來講自然的哲學。如果德謨克利特說的：「自然之眞實是藏躲在幾個深礦或洞穴裡的。」這句話是眞實的；如果那些鍊金術者所諄諄告論的那句話，說伏爾坎是第二個自然，很精巧與扼要的模仿著那自然以迂迴的方法與延長的時期來做的事情，亦是眞的；那麼很可以把自然哲學分爲礦與爐，把自然哲學者分隸於兩種專業或職業，有些去做礦工，有些去做鐵匠，有些去挖掘，有些去冶鍛。我的確是最贊成這種分類，雖然改用比較習見與有學術氣息的名稱。就是說，把這兩個作爲自然哲學之兩部分：原因之研究與結果之產生；考察的與運用的；自然的科學與自然的實際智慧。同在政治的事件上有推究的智慧與指揮的智慧一樣，在自然的事件上也是如此。在此處我要提出一個請求，就是說，爲後面的這一種（或者至少是它的一部分）可以許我恢復那個曾被誤用與濫用的名詞，自然的魔術，這個名詞照眞實的意義來講，無非是自然的智慧，或自然的實際智慧，照它的古義用，擯棄了虛誇與迷信。雖然我也深知原因與結果之間確有一種的關聯，所以考察的與運用的這兩種學問之間有著重大的聯繫，但是因爲所有眞實的與有效果的自然哲學都有一個雙重的梯子，一個向上，一個向下，從實驗向上升到原因之發明，和從原因向下降到新的實驗之發明，因此我以爲極應該把這兩部分分別的考慮與討論。

自然的科學或理論，是分爲自然科學與超自然科學〔形上學〕，在此處，我希望人家可以看出我把超自然科學這個名詞作爲與它向來通行的意義不同的一種意義用。同樣的，我敢信有識見的人可以很容易的看出在這裡或其他我與古人意見不同的地方，我仍舊很勤勉的想保存著古代的名稱。因爲很想以我所提出的事情之秩序與明顯的表示，使我免於爲人所誤會；我在別的方面卻很願意與切望，在名詞或意見上，與古人相去愈近愈好，只要能夠與眞理和知識之進步不相矛盾。在這裡我對亞里斯多德卻感到一點詫異，他以對於全部的古代立異與齟齬的精神前進，不但以隨意制定學術的新名詞自任，並且還摧毀與消滅所有古代的智慧，甚至從來沒有提起過一個古代的作家或意見而不加以駁詰與咎責，爲榮譽與吸引從學者，他走的路是選得適當的。因爲那在最高的眞實（《聖經》）裡記述與說過的，實在是有的，而且在人生的眞實上有著他的地位：「我奉我父的名來，你們並不接待我，若有別人奉自己的名來，你們倒要接待他。」但是在這句神聖的格言裡（考量他是用來說什麼人的：他說的就是魔鬼，那個最高級的欺騙者），我們可以看得出來，那奉他自己的名來的，和古代或父系都沒有關涉，即使他有著同你所要接待的人那樣的命運與成功，也不是眞實之可靠的標識。但是論到亞里斯多德這個卓越的人，我以爲他這種脾氣是從他的弟子（亞歷山大）那裡學來的，同他，他好像是相競著；這一個要征服一切的意見，同那個要征服一切的國家一樣。卻是在這點上，他許在性情苛刻的人手裡得到與他的弟子同樣的徽號：「一個幸運的盜取國土的人，他是世界的一個壞榜樣……」，照這個樣子，「一個幸運的盜取學問的人」。但是在我，切望著在古代與進步之間盡我的筆墨之力來建立起一種社交，以爲最好是在不致破壞較高的責任之範圍內遵循著古代；保存著古代的名詞，即使我有時變易它們的用法與定義；照著民政上的那種中庸辨法，那裡即使有些變動，但是那塔西佗很有智慧的說過的還是有效的，「行政區域的名字是不改的」。

回到超自然科學這個名詞之用法與意義，如我現在所了解的那樣，從已經說過的裡面，我們可以看出我想要把那向來誤合爲一的基礎哲學（就是概要的哲學）與超自然科學，分爲不同的二事。一個，我已經把它作爲一切學問之母或共同的祖先，另一個，我現在拿來作爲自然科學之一或後嗣。同樣的，我們可以看出我已經把混亂不分，同屬於幾種學問的原理劃歸爲概要的哲學，我又把研究實物之相對的與外現的特徵之運用的部分劃歸了它，如數量、類似、不同、可能與其餘的。但是附帶著這種區別與條件，就是應該照它們在自然中所有之功能，不是照著論理學的方式來處理它們。同樣的，亦可以看出我把那向來與超自然科學併爲一談的自然的神學，也劃清了它自己的界限。所以現在的問題就是還有什麼東西留給超自然科學，在這個問題上，我可以毫無流弊的保存這許多的古代思想，就是說，自然科學應該研究物質的東西，因此是一時的；而超自然科學應該研究那抽象與固定的。並且，自然科學應該處理那假定自然中只有存在或動作的東西；超自然科學應該處理那假定自然中還有理智、理解與型範的東西。但是這種區別，明白的表示了以後，是最平常與有理由的，因爲我們普遍把自然哲學分爲原因之研究與結果之產生，同樣的，我們可以把關於原因之研究的那一部分，照向來所信從與可靠的原因分類法來再區分。自然科學那一部分，研究與處理物質的與有效的原因；超自然科學那一部分，處理要素的與最後的原因。

自然科學處於自然歷史與超自然科學之間的地位。因爲自然歷史是說物類之繁變，自然科學，說它們的原因，但是變動或相對的原因；而超自然科學卻是說固定與不變的原因。「火把這個黏土做的像燒堅，而這個蠟做的卻見火就熔化了」。火是堅化之原因，但卻對於黏土是如此；火亦是熔化之原因，但只對於蠟是如此。但是火並不是堅化或熔化之不變的原因，所以自然的原因只是有效的與物質的。自然科學有三部分，那裡頭兩部分關於集合的自然，第三部分研究分散的自然。自然或是集成一個全備的總體〔宇宙之全體〕，或是集成相同之元素或原子。第一種說法是關於物之組織形態，「關於世界或宇宙」。第二種關於物之元素或本原。第三種關於物之一切種別與個別性；或是關於不同物體的，或是關於它們之不同性質的，那些不必列舉，因爲這一部分無非是自然歷史的正文之解釋。關於這三種，我不能說有何缺陷。至於他們處理到了怎樣的眞實或完備的程度，我現在不下任何斷語，但他們可不是無人致力的那幾部分學問。

我們把要素的與最後的原因之研究劃歸了超自然科學，這種劃定，在對前一種原因之關係上看來，似乎是徒然的，因爲向來有一種爲人所確信而難改的見解，以爲人之探究是不能找出要素，或眞實的差別的。從這種見解上，我們至少可以推想要素之發現，是在所有各部分的知識中最值得努力的，只要是能夠把它們找出來。至於論到這種可能，凡是在除了大海以外不能看到他物時就以爲沒有陸地的人，都是拙劣的發現家。但這是很明顯的，柏拉圖在他對於心範（謂構成於人心的凡物之型範）之見解上，才智之高儼如置於高巖之上，確曾看出要素是知識之眞正目的，但他失去了他的見解之眞的結果，因爲他把要素認爲絕對的自物質上抽象出來而不是爲物質所限定，因此把他的見解移到神學上去，使全部的自然哲學都受了影響。但是如果有人嚴密的注意於動作、運用與知識之應用，就可以知道與覺得何者爲要素，這對於人類之狀況是能產生效果與頗關重要的。物質之要素（只除出人，關於他，〔《聖經》〕這樣的說過：「上帝把地上的土做成了人，把生氣吹入他的鼻孔。」而不是同別種生物那樣：「讓水生出，讓地生出」），我上面說，因爲它們現在以併合與移植而增多，是如此繁雜，使人無法可以研究，同那想要知道全部組成文字之聲音，那些，因爲字母之併合與移換，是無限的，一樣的不可能與無用。但是，如果只研究構成單純的字母之聲音之要素，那卻是容易包舉的，知道了這種以後，就可以引到與顯出一切文字之要素，因爲那些都是以字母的聲音組成。同樣的，如果要研究一頭獅子，一棵橡樹和一塊金子的要素，不單如此，就是要研究水和空氣的要素，也都是無益之舉。但是研究感覺、自由的運動、生長、顏色、重力與浮力、密度、稀薄、冷熱與一切其他性質之要素，那些是同字母一樣並不多的，而且一切被造物之要素（爲物質所支持著）亦就是那些，研究這些性質的眞實要素就是我們現在所限定的那一部分超自然科學。自然科學對於相同性質並非不加以研究與考察，但是其研究只關於物質的與有效的原因，而不是關於要素。例如：如果研究雪或沫為白色之原因，而定它為空氣與水之微妙的混和，那已經是很不錯的了，但這是白之要素嗎？不是，這是有效的原因，無非是要素之傳遞者。超自然科學裡的這一部分，我沒有看到有人致力做過，但我卻並不以此為異，因我以為這不是向來所有之發現方法所能發現的，看到人（那是一切錯誤之根苗）太早放棄與太遠離去了物之個別性的研究。

但是超自然科學裡我認為有缺陷的這一部分之用處，在兩點上是所有各部分中最為卓越的：第一，因為一切知識之本分，與其價值之所在，就是短縮無限之個別經驗，到眞實之觀念所容許為度，與救正這種不滿之言，「生命短而學問長」，這是把各種學問之觀念與概念聯合起來可以做到的。因為知識是同金字塔一樣，那裡面以歷史為基礎，所以自然哲學之基礎是自然歷史；再上一級是自然科學；在尖頂以下的一級是超自然科學。至於那尖頂，那個「上帝自始至終所做之工作」那個自然之簡律，我們不曉得是否人之研究所能達到。但這三個是知識之眞的階級，而對於那墮落的人們，是並沒有比巨靈之山好：「把山又疊在山上到三次，要想爬上朱比特的峻壘。」但是對於把一切的事情都歸於上帝之光榮的人們，他們就是那〔天堂上在禮拜的時候所用之〕口號，神聖，神聖，神聖！在他的工作之廣大上是神聖的；在他們之互相連絡上是神聖的；在他們之在一種永久不變的規律上聯合著是神聖的。因此巴門尼德（Parmenides）與柏拉圖的臆測是極好的，雖然在他們不過是一種臆測，就是說一切的物都是依著等級上升到一體。〔按：培根對於二氏一體之說有誤解〕。所以那種含著最少的複雜性，看來似乎是超自然的知識，總是最有價值的，同那研究物之簡單的要素或差別（這並不多），和造成所有的這些變化之等差與相互的適應的那種知識一樣。那使超自然科學的這一部分有價值之第二端，是把人之能力解放到工作與效果之最高度的自由與可能。因爲自然科學模擬著自然之平常的彎曲行程，常叫人遵行狹隘與受著拘束的路，碰到許多意外的障礙。但是「有智慧的人到處可以找到寬的路」，智慧，那個古代釋爲「對於神聖與世俗的事項之知識」的，是總有方法可以選擇。因爲自然的原因，能夠給予同樣物質上之新發現以光明。但是凡知道任何一種要素的人，就知道把這種性質加於任何物質上之極度的可能性，所以在運用的時候受到較少的拘束，不論是對於物質的原因之基礎，或是對於有效的原因之情態，這一類的知識，所羅門也曾，雖在更神聖的意義上，很好的說過：「你行走，腳步必不致狹窄；你奔跑，也不致跌倒。」智慧之路徑是不大會受到特殊的事態或意外的情形所影響的。

超自然科學之第二部分是最後的原因之研究。這種研究，我要說是錯置了地方而不是遺落。但是，如果這不過是一種秩序上的錯誤，我也不會說起它來，因爲秩序是一種表明的方法而不是關於各種學問之實質的，但是這種位置之錯誤卻生出了一種缺陷，或者至少也足使各種學問大不進步。因爲最後的原因之處理，如果與自然的研究之其他部分相混，就阻斷了所有眞實的與自然的原因之嚴格與勤勉的研究，給人一個在這些可以使人滿足與寬廣的原因上逗留的機會，使進一步的發現得到嚴重之阻礙與不利。因爲我不但看到柏拉圖，他總是停泊在那岸邊的，並且連亞里斯多德、卡倫（Galen）與其他人亦是如此，他們往往亦依賴這種不可恃的原因之窪地。因爲「睫毛爲目光之藩籬」；或是「畜類皮之堅韌是爲保護牠們不受嚴寒盛暑」；或是「骨骼爲生物肉體所憑以構成之梁柱」；或是「樹葉是爲保護果實」；或是「雲是爲潤溼土地」；或是「地體之堅實是爲供給生物以住所」，與同這一類的說法，在超自然科學裡都應該研究與推論到，而在自然科學裡卻是不相干的。不但如此，它們還是使這個船不能再向前進的多種障礙，它們還有這種結果，就是說，使自然原因之探索不爲人所注意而被沉默的越過了。所以我以爲德謨克利特和幾個人的自然哲學——他們以爲物之構造裡面沒有心靈或理智之存在，卻以爲那裡面的要素能夠對於自然之無限制的試驗支持他們自己（這種試驗，他們稱爲運數）——（據我就流傳的記載與他們著作之殘存所能評判的），我以為他們的自然哲學，在自然原因之各別的指定上，要比亞里斯多德與柏拉圖的自然哲學來得更為眞實與深透，因為他們兩個都把最後的原因與自然的原因混雜了，一個以前者為神學的一部分，一個為論理學的一部分，這兩種是他們所各別喜嗜之研究。（我非議他們）不是為了最後的原因，在他們自己的範圍以內，是不眞實與不值得研究，卻是為他們擅自進入了自然的原因之界限，反在那個地域內生出了荒蕪與寂寞。要不是如此，（最後的原因）謹守著他們的疆界，那麼如果人以為他們與自然的原因之間有著什麼敵對或衝突，他們是十分錯誤的。因為提出的這個原因，「睫毛是保護目光的」，並不是辯駁「生毛同分泌液體之管孔有關」那個原因的；（如維吉爾在他的《牧童歌》裡面所說的），「有苔的泉水」云云（按：謂同有水泉的地方有苔一樣，有分泌的地方也生毛。）這個原因，「皮之堅韌是為對於嚴寒盛暑保護肉體」，亦不是辯駁「管孔之收縮，同表部與外物或不類之物之切近有關」那個原因的。其餘也是這樣：兩種原因都是眞確且可以相容的，一個只是說明了一種目的，一個說明了一種結果。這對於神意亦並不發生問題或有所減損，卻很可以證實與增高它。因為在政治的行為上，凡是能夠以他人為他的意志與目的之工具而仍不使他們曉得他的用意，因此他們雖做著但仍不知他們所做的究竟為何事，這種人一定比那把他的意思告知他所用之人的為更偉大與深沉的政治家。同樣的，自然在做一件事體，而神意把它移來適合於別種用處的時候，上帝之智慧，亦是要比祂把它意思之所在示知某種生物或運動來得更爲奇妙。這些都是講的超自然科學：那裡面講最後的原因的那一部分，我確認爲現在已有，但希望它不越出它適當的地位。

但是還有自然哲學之其他部分，尋常作爲它的主要部分，而與自然科學之第三部與超自然科學並列的，那個就是數學，但是我以爲把它作爲超自然科學之一支是更合於事物之正常情態與秩序所給予之光明。因爲它的論題是數量，但卻不是不定的數量，那無非是一個相對的狀態，屬於基礎的哲學（同已經說過的那樣），而是有限制的與確定的數量，所以它似乎是物之要素之一，因爲那是在自然中可以發生好些效果的一種事情，如我們可在德謨克利特與畢達哥拉斯（Pythagoras）兩個學派裡看出來的那樣，他們一個以形爲物之最初的原子，一個以數爲物之元素與起原。它並且還是所有各種要素中（如我們所了解的要素）對於物質最爲抽象與最易分離的，所以是最宜隸屬於超自然科學，這也就是它們比其他的要素得到更精深的研究之理由，後者則是比較的更沉浸於物質中。因爲人心之本性是喜歡通論之寬大的自由，如同在曠野中一樣，而不喜歡專論之拘局（這於知識有極端的不利），數學在各種學問中是最能夠滿足這種嗜好的場地。但是關於這種科學之位置，那是不十分重要的，只不過是在這種分類中，我們想要保持一種透視，使一部分可以把它的光明照射到別的部分上。

數學是純粹的或混合的。屬於純粹數學的是那些處理有限制的數量的科學，完全與自然哲學之公理分離，一共有兩種：幾何學與算術；一個處理接續的量，一個離絕的量。混合的數學以自然哲學之幾個公理或部分爲論題，而把有限制的數量作爲附隸於它們與同它們有關的事項研究。非得數學之援助與參加，自然中有許多部分都不能很精細的發現它，或是很明顯的把它指示出來，或是很有技巧的應用，屬於這一類的是透視法、音樂、天文學、宇宙論、建築學、機械製造術，還有幾個其他的。在數學中，我不能說有缺陷，除非是人沒有充分的了解純粹數學之卓越的用處，因爲它們確實可以救治心智的能力上之許多短處。如果智力太鈍，它們可以磨礪他；如果太散漫，它們可以固定他；如果太膠滯於實物，它們可以使他變爲抽象。如同打網球自身是毫無用處的一種遊戲，而它之訓練一種敏捷的眼光與一個可以把它隨時置於任何姿勢中之身體，卻有極大的價值；在數學中，那種附屬的與間接的用處也並不下於那主要的與預期的。至於混合的數學，我只須爲這種預言，當自然之日加開發，它們的種類一定要逐次增加。這些是說自然科學的，或推理的自然那一部分。

自然之智慧，或自然哲學中之實用的部分，我們可以把它分作三部：實驗的、哲理的、魔術的。這三種活動的部分與那三種推理的部分相當相似，就是自然歷史、自然科學與超自然科學。因爲有許多的實際應用是已經發明的，有時因偶然的湊合與發生，有時因有意的試驗：以有意的試驗得到的發明中，有些是將同一試驗加以變化或推廣而得到的，有些是將幾種試驗彼此轉換與併合而得到的，這一類的發明，一個經驗家足以處理。並且，知道了自然的原因，是不會沒有許多新的特異事件之徵兆與指示跟著來的，如果人在推理的時候留一隻眼睛照管著應用與實際。但是這些都是沿海岸的航行：因爲我看起來是不大能夠在自然中找到任何根本的變換與革新的，不論是靠了試驗之巧遇與試探，或自然的原因之光明與指引。所以，如果我們已經說過超自然科學有缺陷，我們對於同它有關的自然的魔術亦一定要這樣說。因爲關於現在書上有得講起的那種自然的魔術，包括交感性與反對性、內蘊的性質和些細瑣的試驗之幾種輕信與迷信的意見與觀察，爲了隱蔽所以覺得奇異，而不是它們本身有何奇異。它在自然的眞實上，與我們所需要的知識之不同是和不列顛之亞瑟王（King Arthur）、波爾多之休（Hugh of Bourdeux）的故事，在史實的眞實上，與凱撒之略記之不同相等。因爲這是顯然的，凱撒在實際上所做之事要比人假託這些想像裡的英傑所做的大得多。但他不是照這種虛構的樣子去做，伊克西翁的寓言是這類學問的比喻，他想與朱諾（Juno），司權力之女神爲歡，可是實際與他媾合的只是一片雲，從這種混合中產出了半人半馬的怪物與獅頭羊身蛇尾的噴火怪。同樣的，誰懷著高而空虛的臆想而不去努力與持重的探索眞理，就會生出離奇與荒謬的企望與信念來。因此我們在那些包容著許多幻想與信念的學問，如同這種墮落的自然的魔術、鍊金術、占星術與這一類裡面，可以看出在他們提出的事情上，方法之敘述總比他們的假託或目的更來得怪誕。因爲這種事體之或然性，就是說，一個深知重量、顏色、錘鍊時之柔韌與脆弱，經火時之揮發或固定，與其餘這類情形的人，能夠以宜於生出前述的性質之機構在一種金類上加上了金的性質與形狀，是比一些攙入的藥物能夠在頃刻之間把大量的水銀或其他物質化爲眞金來得較大。同樣的，知道（物質）乾化之性質，受營養物吸收營養物之性質，（物之）精氣之培益與淨化之情形，精氣對於（身體之）液體與固體部分侵蝕之情形的人，能夠以飲食、澡浴、敷擦、藥物、運動與這一類迂迴的方法來延長生命與恢復一部分的青春或活力之或然性，亦要比用了幾滴或少量的藥液或藥物能做到的來得大些。所以總結起來，眞的自然的魔術，就是以要素之知識爲根據的那個極大的運用之自由與範圍，我可以說有缺陷，同與它有關（就是論要素之知識）的那一部分超自然科學之有缺陷一樣對於這一部分，如果我們是鄭重而不偏於誇誕與類似眞實的議論，除了從超自然科學裡找出那些運用之本身外，還有很有用的兩點是適切的：一個是關於準備的，一個關於預防的。第一個是應該同人的財產清單那樣的製成一個目錄，備記現時已有之各種發明（自然或技術之成績或果實），這些是人所已經獲得的；從這裡面當然可以知道還有何物現時尙以爲無發明之可能，或尙未發明：如果你再在每個著名不可能的事項上加記著現在已有何物，在程度上與這不可能的相去最近，這種目錄是製得更好與更有用，爲的是想要有這類的願望與可能，人之探索可以更注意於從原因之推究上去覓得工作之指示。第二個是不要專重視那些立時可以應用的試驗，卻應該偏重那些在發明別種的試驗上有最普遍的效果，與那些最能夠在原因之發現上供給人以光明的試驗。因爲那指示方向的航海指南針之發明，於航行之有利是不下於那給予動力的風帆之發明。

我已經這樣的遍述了自然哲學與其缺陷，在那裡，如果我的見解與古代和向爲人所信從的見解不同，因此要引起反駁，在我這方面，同我並不喜歡立異一樣，我亦無意於與人爭辯。如果這句話是眞實的，「我們怎樣唱，林木怎樣應」，那自然的聲音是會得相應的，不管人的聲音是否這樣。如同鮑爾齋（Alexander Borgia）常說法國人拿坡里（Naples）的遠征，他們是手裡拿了粉筆來號出他們的住所，而不是拿了武器來打仗的，我亦更喜歡眞理之進來，是很和平的帶了粉筆來號出能夠接受他的那種心意，而不是帶著爭鬥與爭辯。

但是現在還留著那照他研究之報告是自然哲學之一部分，而在材料與論題上是與那無關的：這部分是實驗的與考量的，就看他的研究是報告一種斷言，或是一種疑問。這些疑問或未證明事件有兩類：某一種的與全部的。論到第一類，我們在亞里斯多德之《問題集》（*Problems*）裡找到一個極好的例子，他的《問題集》是應該有人去努力爲他完成的，不過做這種工作的時候，有一點我們應該注意。疑問之記錄，有兩種極好的用處：一種因爲不把未經完全證實的事情記入斷言的部分，要是這樣，錯誤還可以再引出錯誤，卻把它們保留在疑問中；這樣使哲學避免了錯誤與虛妄；還有一種，有些事情，如果沒有疑問在前，人是不會知道的，卻不加注意的走過了；而爲了疑問之暗示與誘導，使它爲人所注意與研究，因此，疑問之記錄是像這許多吸管或海綿來引出知識之增加。但這兩種便利幾乎還抵不過一種不便，那種不便如不加以攔阻，就會擅自進入，這所說的不便，就是凡有疑問，一經爲人公認，人往往專去努力怎樣可以使它始終仍爲一種疑問，而不是怎樣去解答，因此就把他們的智力用在這個目的上了。我們在律師與學者中見到了這種情形的實例，這兩種人，如果他們一次承認了一個疑問，這以後就永遠被認爲一種疑問了。但是聰明與知識之這種用法，就是努力使可疑的事情變爲確定，是應該讚許的，不過卻不是把確定的事情變作可疑的那些用法，所以我把這些記錄疑問之目錄作爲極值得注意的東西提出，只要注意到這一點，就是當它們受了充分的整理與得到解決以後，應該就把它們從目錄上刪去，不再留著來輔助與鼓勵人去懷疑。在這種疑問或問題之目錄後，我主張再加一種同它一樣，或更爲重要的目錄，這就是一種日常的錯誤之目錄。我的意思大半是指自然歷史中的錯誤，如同那常在談話與意見中遇到，但是無疑的爲人所覺察與被認爲非眞的，有了這種目錄，可使人的知識不致爲了這些渣滓與虛謬減少了它的力量與降低了它的身分。至於論到一般的或全部的疑問或未證明事件，我知道有哪些關於自然之原則與那裡面主要各點見解之不同，這種不同生出了好多的學派，同恩帕多克利（Empedocles）、畢達哥拉斯、德謨克利特、巴門尼德與其他的。因爲雖然亞里斯多德彷彿是屬於鄂圖曼（Otoman）種族的那樣，以爲除非先把他的弟兄殺盡，否則他是不能臨御爲王的，但是那些要想得到眞實而不是得到服從的人，如果能夠看到他們面前有論到自然之基礎的那幾種意見，這似乎不能不算是一件極有利益的事情。並不是爲了在那些理論裡可以希望得到的任何確定的眞實，因爲天文學中同一的現象，可以向來流行主日週運動說與行星正確運動說的天文學，連著他們的離心圈（eccentrics）與那以中點畫成以地球爲中點之大圈的行星運行之小圈（epicycles）來解釋，亦可以主地動說之哥白尼（Copernics）的學說來解釋，而一切的計算於兩種學說都同樣的符合。同這一樣在偶然的觀察中所見之現象，有許多時候亦可以幾種不同的理論來解釋，而如要找到正確的眞實，卻需要另一種嚴密與注意。同亞里斯多德說的那樣，稚子最初見了女人都叫娘，但是到了後來，他們會漸漸依著眞實來分別。經驗，如果尚在孩提的階段，也把所有理論都認作娘，但是到了他長成的時候，他會辨出他眞的娘來。所以在經驗還未成熟的時候，能夠看到各種對於自然之解釋與見解，我以爲是很好的，在那裡，或許每人在某一點上看得比他人格外清晰，因此我希望有人很仔細與有識解的從現時存留的載籍中，把裡面所述的古代哲理全部彙集整理，這種工作，我覺得尚是缺乏。可是此處我要提出一種警告，就是說，這種學說之搜集，應該依人分列；每一個人的理想統歸在一起，不要同普魯塔克那樣，把它們依著題目捆裝與架疊在一起。因爲使一種哲學得有光明與得到信仰的是它本身的調和，如果只載著幾部分與把它分開，看來就覺得奇怪與不諧和了。如同我在塔西佗〔《編年史》〕裡讀到尼祿與克勞狄斯（Claudius）的行事，同時代的情勢、起因、發生的事件合在一起，我覺得並不怎樣的稀奇。但是我在蘇埃托尼烏斯（Suetonius Tranquillus）〔《羅馬皇帝傳》〕裡讀到這些行事，照看它們的性質分作若干部分而不是照著時間的順序，它們看起來就覺得怪誕而不可置信，那麼一種哲學之整個記錄與分割爲若干條款，也是這樣。我並不擯斥近代的見解，使它不得同樣的列入這種哲學派別的目錄中，如同帕拉塞爾蘇斯（Theophrastus Paracelsus）的哲學，經丹麥人塞維利努斯（Severinus）的筆墨把它很好的編成了一種系統；蒂萊修斯（Tilesius）同他的弟子杜紐斯（Donius）的那種田舍風的哲學，充滿了實際的智慧，但是不很深奧；弗拉凱斯托里烏斯（Fracastorius）的哲學，雖然並未創立一種新的哲學，卻是對於舊的學說用著他自己獨立的批判；我們本國的吉爾伯圖斯（Gilbertus）的哲學，他重述色諾芬的見解，卻是帶著修改與證明，與同其他一切值得許他加入之系統。

這樣的，我們現在已經討論了人類知識的三根棟梁裡的兩根了。就是直接的光線，這是說自然的；折射的光線，這是說上帝的，而且因爲媒介物之不勝任，是不能正確說明的，現在還剩反射的光線，這是人用來觀省自己的。

我們現在來講那古代的神諭所指示給我們的那種知識，就是關於我們自身的知識；這種知識，應該照它於我們關係之切近的程度，得到比現在所有更精密的處理。這種知識，在人的意見上是自然哲學之目的與極限，在自然之範圍內卻只是自然哲學之一部分。尋常我們可以把這個作爲一種規則，就是知識之部分只可認爲界線與脈理，不能認爲割裂與離析；知識之連貫與完整，依然還要保存著。因爲相反的情形曾使各個科學在不能從公共的源泉上受到營養與支持的時候，變爲沒有結果、淺薄與錯誤。因此我們看到那雄辯家西塞羅這樣指斥蘇格拉底與他的學派，說他是把哲學與修辭學分開的第一個人，這樣一來，修辭學就淪爲一種空洞的與口舌的技術。同樣的，我們可以看到哥白尼對於地球自轉之意見，非天文學自身所能糾正，因爲它與任何現象都不相矛盾，但是自然哲學卻可以糾正他。我們亦看到，醫學如果爲自然哲學所棄絕，就沒得比一種根據經驗的實際應用好多少。保留了這一點，我們就進論人生的哲學或人生學，這個有兩部分：一部分研究分離的人，或是對人個別的研究；又一部分研究集合的人，或是對人在社會中的研究。所以人生的哲學或是單純與個別的，或是聯合與社會的。個別的人生學所包含的各部分，與人身所包含的各部分相同；就是說，關於人身的學問，與關於人心的學問，但是在我們沒有散布到這種程度以前，應該先綜合一下。因爲我的確以爲人的天性之一般的研究，是應該受到解放而使它自身成爲一種學問，這倒不是說人的可貴，他的不幸，他的地位與生活，和他共同與整個天性之這類附屬物的那些可喜與美好的議論；卻大半是爲了他關於身心間的感應與合一之知識那些事情，因爲是混和的，所以不能很適當的劃歸專說這裡面一部分的那些科學。

這種知識，分爲兩支，因爲凡是聯盟與修好卻無非是相互了解與相互裨益，所以這種心與身的聯合亦有這兩部分：就是這個怎樣的顯出那個，和這個怎樣的影響那個，發露與感動。這兩個裡的第一個生出了兩種技術，兩種都是預言或預知一類的，這裡面一個是有著曾爲亞里斯多德所研究之光榮，一個爲希波克拉底。雖然他們在近來是常同迷信的與怪誕的方技混合，但是把它們淨化了與回復到它們的眞實狀態，這兩種卻都在自然中有實在的根據，在人生上有有利的用處。這裡面的第一個是相術，這是藉身體之外形來發露心靈之氣質。第二個是自然的夢境之解釋，這是藉心靈之想像來發露身體之狀況。在這兩種之第一種裡面，我覺得是有缺陷。因爲亞里斯多德曾經很顯才智的與很勤力的研究過身體構成之狀態，但是沒有研究到身體表情之姿勢，這也一樣可以技術來通曉，而且是有更大的用處與利益。因爲身體之外形確能顯露心靈之一般的氣質與傾向，但是面貌與身體各部之動作卻不但如此，並且還可以顯出當時心靈與意志之氣質與狀態。如同陛下曾經很適切與有韻致的說過：「舌頭是同耳朵說話；姿勢，同眼睛說話。」因此有好些精細的人，他們的眼睛是看著人的臉與動作的，深知這種觀察之有用，因爲他們的能力大半即在於此，而且我們亦不能否認這是虛僞之重要的揭破與辨事之重要的指示。

後面的那一部分，關於感動，還沒有集成爲一種技術，卻只受到散漫的處理，並且是與前面的那一部分同樣的又分爲兩部分，它們彼此的關係也和它一樣，不過是把方向反了過來。因爲這種研究是二重的：它或是研究怎樣，或到怎樣的程度，身體之氣質與狀態確實改變或影響著心理；或是研究怎樣，或到怎樣的程度，心理之強烈的情感或憂慮確實改變或影響著身體。在前面這一部分曾被作爲醫學之一部分與屬件探討與研究，但是更普通的作爲宗教或迷信之一部分。因爲醫師在瘋狂與憂鬱等症狀上處治療心理之方，並且還謬託投藥以快心神、增勇氣、清神智、強記憶與同這類。但畢達哥拉斯之學派，摩尼（Manichaesim）派〔耶教中之異端派〕之異說，穆罕默德（Mahomet）之法律中關於飲食之顧忌與迷信和其他的養生法，都超越了適當的界限。同樣的，在摩西的律法中之儀式，禁止食血與脂肪，在肉類上分辨獸之潔與不潔，是多而且嚴。不但如此，就是耶教本身，雖不受著儀式之雲霧之障蔽，但仍用著斷食、禁酒與別種使身體消瘦與屈辱之方法，把這些作爲眞實有用之事，而不僅是儀式上的事項。這些規定之根株與生命（除儀式外）就是看到了心理狀態對於身體狀況之這種依賴，若是判斷薄弱的人，會以爲這種心理從身體上受到之痛苦不是可使靈魂之永生發生疑問，就是可以減損他超越的地位，他可以從容易了解的事例上得到教訓，就是胎兒受母體之影響，但是仍可與他分立；而最專制的君王，有時爲他的臣僕所引導，但仍不是服從。至於相反的知識，就是心理之知解與情感在身體上所有之影響，我們看到凡是有識見的醫師，在爲他們的病人規定飲食的時候，總以爲心理的症候在增進或阻礙治療與恢復上有很大的影響：關於想像之研究，就是怎樣與到怎樣的程度，它改變想像者之身體，尤爲深邃與有重大之價値，因爲它雖有一種顯著的能力來傷害，卻並不因此也有相等的力量來扶助。如同人之不能因有可使健康的人忽然死亡之疫氣，就結論也有能夠把病人立即治癒之有效的空氣。但是這一部分之研究有極大之功用，雖然他需要，同蘇格拉底說的那樣，一個德洛斯（Delos）島的沒人，因爲困難與深奧。但是對於所有這種互相影響的，關於心身之應合的學問、研究心理之各種官能在身體之部位寓在之部分的那種探討是最有必要，這種知識，從前曾有人嘗試尋求，現時是在辯難中，但是値得更精密的探究。柏拉圖的意見，他把理解擺在腦裡，憎惡（這種他很不適當的稱爲憤怒，因爲他實在是更近於自大）擺在心裡，色欲擺在肝裡，是不該輕視的，但是更未可讚許。所以我們（照著我們自己的願望與意見）組成了關於人之全部天性的探討，作爲很正當的應該單獨處理的一部分知識。

關於人的身體的知識之分類，同關於身體的可欲狀況之分類一樣，對於後者，前者是一一相應的。人體之可欲狀況有四：健康、美好、力量與快樂。所以那關於身體的幾種學問就是醫學，或治療之技術；飾身術，或裝飾之技術；健身術，或活動之技術；快樂之技術，這種，塔西佗很正確的稱爲受過訓練的奢侈。人身是自然中所有各物裡面最容易受到治療的影響的，不過那種治療也是最容易有誤的。因爲人身同一之微妙實可產生很大的可能與很容易的失敗，因此這種探究應該更加嚴格。

說到醫藥，與複述我們已經說過的，再深入一點：古代的這種見解，以爲人是小世界，一種世界的縮影或模型，是曾爲帕拉塞爾蘇斯與鍊金術家很怪誕的伸張，彷彿在人身上可以找出與各類東西相應的若干符同與相似，如這個大的世界上所有的恆星、行星、礦物。但有這些是顯然不錯的，就是，在自然所產生之一切物體中，人的身體是最極端複雜的。因爲我們看到草木是受水土之營養；獸類大半是受草與果實之營養；而人所受之營養，是獸肉、鳥、魚、蔬、穀、果實、水，與那些東西尚未爲他的食品以前之多重改變，烹飪與調製。再加畜類有較簡單的生活秩序，與較少變動的情感來影響他們的身體，而人在他的居宅、睡眠、運動、情欲上有無限的變化，這就不能否認人的身體是所有各物中最爲複雜的質量。但是相反的，靈魂卻是物質中之最簡單的，如同一詩句裡很好的表現著：「除光明以外，那個天上光明精華以外，更無別物。」所以如果那個原則是眞實的，就是「離開了他們的地位，物之動是疾速的，但是在他們的地位，卻都安靜」，雖然靈魂這樣的安排著是得不到一點休息，亦不是一件可詫異的事。但是回到題目上來：人體這種容易變動的組織使它成爲同一種容易失準的樂器一樣，所以詩人很不錯的把音樂與醫學聯合在阿波羅（日神）身上，因爲醫學之任務無非是調整人體這個神祕的立琴而使他調和。因爲主體是這樣的容易變動，所以這種技術也就含有更多的推測性；因爲技術之多推測性，所以那裡也就更有欺詐之餘地。所有其他的技術與科學幾乎都是以他們的行事，或是，我可以說，最高的成績，而不是以他們的結果來評定他們的優劣。律師之優劣是以他辯護之好壞，而不是以案件之結果來評定。船長之優劣是以他引導航行之是否無誤，而不是以經商之成敗來評定。但是醫師，或者還有政治家，是沒有特別的行事來顯示他們的能力，卻大半都以結果來評定他們的優劣，所以這總是隨著觀察者的意見而異，因爲誰能肯定的說，一個病人之死亡或痊癒，或是一個國家之安全或破敗，究竟還是因爲技術，或是偶然？所以常有欺詐者獲得了獎賞，而眞正的好手反受到非難，豈非如此，人是這樣的愚暗與輕信以致常把江湖醫士或巫覡看得比飽學的醫師還要重。所以詩人們把埃斯丘勒匹厄斯（Æsculapius）與瑟西（Circe）作爲兄妹〔或姊弟〕，把兩個都作爲太陽之子女，是很明瞭的辨出了這種極端的愚呆，同在這些詩句裡說的那樣：「朱比特用雷電把阿波羅之子，那個卓越的醫師，打入了地獄。」還有，「現在他們在靠近瑟西的海岸的沙灘上跑著，富有的瑟西，太陽的女兒。」因爲無論在什麼時候，在群眾的見解上，巫覡、老婦與騙子是都同醫師在競爭著的。這結果是怎樣呢？就是醫師們也對自己說，如同所羅門在論一個更重要的問題的時候所說的：「如果我所得的同愚人所得的一般，我何苦要努力使我更有智慧？」因此我不能過於責備醫師說他們常對於他們所喜之他種技術或事業比他們的職業更爲注意。因爲你可以在他們裡面找出考古家、詩人、人文學者、政治家、商人、教士，並且在這些裡面的任何一種上都比在他們自己的職業上更爲擅長，無疑的是爲了這個緣故，就是他們覺得在他們這種技術裡，平凡與優越，對於他們的命運，在利得或名譽上，是沒有影響的。因爲病者之愚暗，生命之可愛，希望之性質，使人依賴醫師，不論他們是怎樣的壞法，我們所說的可是這些事情是從很少的機會、許多的怠惰與不負責裡面生出來的情形，因爲如果我們肯鼓起與喚醒我們的注意，就可以在常見的事例裡看出理解之微妙有著怎樣一種凌駕各種物質或形態的能力。世上沒有比面貌變化更多的了，但是人仍能夠記著他們無限的差別。不但如此，一個畫師以幾種的顏色，同他的眼睛之利與他的想像之習慣，能夠把凡是曾有、現有與可有的都摹畫出來，只要能夠教他看見，亦沒有比聲音變化更多的了，但是人亦能把它們一個一個的辨清，不但如此，你們還可以有一個丑角或口技人，他能夠依他意之所喜摹擬無限的聲音，亦沒有比單字不同的聲音變化再多的了。但是人已經知道把它們歸納於少數簡單的字母，所以生出這些迷亂與不能了解來的，不是人的心智之不充足與無能力，卻是它們的站立或放置得太遠。因爲如同感覺離得遠就會充滿錯誤，但是一近就正確，理解也是這樣：這裡的救藥不是把這個機構加速與加強，卻是與目標再接近一點，所以這是無疑的，如果醫師們能夠知道與利用自然之眞正的道路，他們可以承擔同那詩人所說的一樣多：「因爲病症有變化，我們也要變化我們的技術，有千種的病，就該有千種的療法。」這是他們所應該做，亦是他們高尙的技術所應該有的，很好的爲詩人所隱喻著，因爲他們把埃斯丘勒匹厄斯作爲太陽之子，一個是生命之源頭，一個是如同亞於源頭的水流，但是更無限的爲我們的救主之榜樣所賜予了光榮，他以人的身體爲他的神蹟之目的，同他以靈魂爲他的教訓之目的一樣。因爲我們從來沒有讀到他肯在名譽或金錢上顯示任何神蹟（除了爲對於羅馬皇帝納稅那一件事），但是只在人的身體之保存、維持與治療上顯示。

醫學這種學問（同我們說過的那樣）是認它爲職業的要比能夠把它詳細研究的多，而能夠把它詳細研究的還比能夠把它推進的多。這種加詳的研究，依我之所見，亦是循環而不是前進的。因爲我看到了好多複述，卻只有些少的增益。他探究疾病之原因，同足以致病之情形；疾病之本身，同症候；治療，同保健的方法。我覺得應該指出的陷缺，（這不過是多數裡面的幾個，並且是性質較爲明顯的那些），我可以把它們列舉出來，卻不再把它們依正常的次序排列。

這裡面第一個是廢棄了古代希波克拉底嚴肅的勤勉習慣，就是記錄病人的症狀，與同他們如何進行，如何以痊癒或死亡而得到決定。有了這種技術之始祖的這樣一個適當的例子，我就無須再援引這種職業以外關於那律師之智慧的例子，他們爲要指導未來之審判，對於新的案件與判決之記錄是很仔細的。這種醫學的歷史之繼續，我覺得缺乏；這種，我覺得既不是如此之無限，連每個平常病症都要記下，亦不是如此之謹慎，非要奇異之病症與治療，不能收入。因爲有許多東西，雖然性質不新，形態卻是新的，如果人肯去注意，他們可以找到一些値得注意的東西。

在解剖之研究上，我找到一些缺陷：因爲他們研究身體的各部分，和他們的實質、形狀與位置，卻不研究同一部分在各人身上之不同，管孔中之祕密，體液之聚處，也沒有研究到許多病症所遺留之痕跡。這種缺乏之理由，我想是因爲前一種研究可以觀察一個或幾個屍體來完成，但是後一種研究，因爲是比較的，並且常有偶然發現的變狀，一定是要從許多屍體之觀察裡發生出來。至於論到同一部分在各人身上之不同，那在內各部分之形態與構造是無疑的與在外各部分一樣的充滿了不同，並且多種疾病之含有的原因也就在這種內部之不同上，因爲沒有注意到這種情形，〔醫師〕們常歸咎於體液，那些其實並沒有疵病，因爲疵病是在這部分構造與機構之本身上，這種是不能以袪病的藥物去掉，卻一定要以飲食或適宜的藥物來適應與和緩。至於管孔，固然古代就知道那裡面隱微的幾種，在屍體上是看不出來的，因爲它們在死體上是閉著與隱祕的，雖然在活體上是開著與顯露的。假定是這樣的話，雖然活體解剖之不人道是很正當的爲塞爾蘇斯（Celsus）所咎責，但是看到這種觀察之極大的用處，實在不必這樣貶抑的把這種研究完全放棄，或專向外科之偶然的手術裡去覓取這種機會，卻可以把它移到活的動物之解剖上，這些動物，雖有身體上各部分之不同，已可完全應這種研究之需要。至於體液，在解剖上平常是作爲分泌物略而不論的，而觀察體液在各部分有何種窩穴、聚處與容器，同這樣儲存著的各種不同的體液，實在是最要緊的。至於疾病之痕跡與它們對於內部之毀損、膿腫、化膿、分裂、腐爛、消耗、收縮、伸展、抽搐、脫臼、堵塞、多血，連同一切超越自然的物質，如同石、肉瘤、贅肉、蟲與這一類，這些都應該利用多數的屍體與多人各別的經驗之貢獻來精密的觀察，與仔細的記錄，或是歷史性質的照它們的形狀，或是學理性質的關於它們所發生的病症與症候，如果這屍體是一個病亡的人，這些，在現時解剖屍體的時候，都是疏忽與沉默的略過的。

在研究病症的時候，他們確實常放棄多種病症之治療，有些是以爲它們的性質是不能治療的，有些以爲是過了可以治療的時機。所以西拉與三人執政團所認爲公敵，宣布應該處死的人，也沒有醫師們以他們無識之判斷來宣布的那樣多：這裡面卻仍有多人終究免於死亡，比要從羅馬的宣布裡逃出來容易得多。所以我毫不遲疑的以他們之不研究多種病症或似乎無救之病症之完全的療法爲一種缺陷，因爲說這些病症是不治的，實是立了一種怠忽的法律，而使沒有知識得免於不名譽。

並且我還以爲醫師之任務不僅在恢復健康，而且還該減輕苦痛與疾苦，不但在這種減輕可助恢復，並且還在他可使死亡平和與安適的時候，因爲奧古斯都常在企望的那種安適的死，不是一種小的幸福，這尤其在安敦寧．畢尤死的時候可以看出來，他的死是同安睡一樣。關於伊比鳩魯的記載，說在他的病被認爲凶險之後，他飲用大量的酒使他的胃與感覺麻醉，因此，他的碑文上說：「他已經不夠清醒去辨出冥河（Styx）〔鬼國河名〕水的苦味了。」但是醫師們卻相反的以爲在病已認爲無救之後仍與病人相守是一件不合的事情，而據我的意見，他們卻應該勤加研究如何使死亡安適與減輕他的痛苦這種技巧。

論到病症之治療，我覺得對於專治某病之適當方藥，尚屬缺乏。因爲醫師們以他們的武斷，在藥方上隨意增、減、改換藥品，使傳授與經驗之效果都消失了。因爲他們這樣的支配藥品，反而使藥品失去支配病症的能力。除了蛇毒消解劑，與一種萬用之解毒劑（Mithridates），近來的健胃膏，還有幾種其它藥劑，他們並不謹守任何方劑。至於商店中所售之成藥，他們是爲便於立時應用而不是特爲某種病症而設。因爲他們都是爲宣利、開通、緩和、變換等一般之用，並非對於某種症候特爲相宜。經驗家與老婦在治療上常比醫師更爲見效的原因，即在於此，因爲他們都是依遵藥方，不敢改動的。所以這裡我所找到的缺陷，就是醫師們，除了他們自己猜測的與武斷的說明以外，沒有從自己的經驗，從書上記著常有的見效之試用，與從經驗家之傳授中記下與傳出治療特種病症之藥方。同羅馬國家裡最好的人物是傾向人民的執政官（從貴族中選出）或是傾向元老院的護民官（從平民中選出），在我們現在所論的事件上，最好的醫師是有學問而傾向於經驗之傳授或是經驗家而傾向於學術之方法的人。

在藥劑之製備上，我頗覺得奇怪，尤其是看到礦物質的藥品這樣爲人所稱頌，與他們之於外用比內用尤爲安全，竟還無人以技術去仿造礦泉浴與藥用的泉水，雖然這種東西的效驗是公認出於礦質的。不但如此，並且還經人辨出與分清它們含有某種礦質之鎔解，如硫磺、礬、鐵或這一類，這種礦泉，只要能夠以技術來仿造，不但量可以增多，就是它們所含礦質之多少亦更易隨意來規定。

可是，我卻無意過分的挑剔，所以只再舉一種缺陷，就將這一部分結束。這種缺陷我覺得是極爲重要的，就是現用的藥方太簡單，以致不能得到預期的效果，因我以爲如以某種藥品爲這樣的有效或適當，〔只〕用它就能在人身上產生重大的效果，這是一個虛誇與阿諛的評判，如果有這麼一句話，你只要說著，或常常說著，就可以使人免於他天性所易犯的罪惡，這句話一定是很奇異的。只有藥品使用之順序，繼續與變換是在自然中有力量的，這種辦法雖然在處方時需要更正確的知識，在遵守時需要更嚴格的服從，但是可以得到巨大之效果。雖然人或以爲醫師這樣的每日來診，視他們一定是依照看一種確定的治療系統，可是一看他們的處方與所用之藥，就可以知道那些都是彼此互相違戾之事與每日臨時的辦法，並無決定的計畫。不是說每個恪遵成法或涉於迷信的藥方都是有效，如同不是每條狹路都是到達天堂之路，但是方向之正確是總該在遵守之嚴格之前的。

論到飾身術，有社會的部分與女性的部分：身體之清潔是向來以爲出於對上帝、社會與我們自己之適當的尊重。至於人爲的裝飾，這是應該讓他有他所有之缺陷的，因爲這種精巧既不足以欺人，用了亦無益於健康，優美亦不足以使人愉快。

論到健身術，我用這個字的廣義來概括可使人體得到之一切能力，不論屬於活動一類，或是屬於忍受一類，活動有兩類，體力與敏捷；忍受亦有兩類，對於飢寒之堅強，對於痛楚與苦惱之堅忍，關於這些，我們看到有角觝者、野蠻人與受刑責者之實例。此外如有不在前舉各類範圍以內的能力，如同沒人，他們有一種能夠把呼吸閉住與這類之奇異能力，我都把它歸入這一部分。這些事情之實例是人所知道的，但是關於其中的哲理卻不大有人探究，尤其是因爲這類能力之獲得是被認爲或由於天性之相近，這是非教導所能奏功，或全由持續的習慣，這又是很早就養成的了。這種見解雖然謬誤，但我亦不欲於此處指出有何缺陷，因爲奧林匹亞（Olympia）之競賽運動，消沉已久，而這種事件上平凡的程度已足以應用，至於他們優越的程度，尋常卻只作獻技得財之用。

至於供給覺官快樂之技術，他們最大的缺陷卻在禁止他們的法律上。同有人很好的講過的那樣，在德性長成的時侯，最發達的技術是軍事的技術；在德性全盛的時候是文藝的技術；在德性衰落的時候，是快樂的技術：所以我恐怕世界這個時期是有點江河日下了。我把諧謔的習慣同快樂的技術合在一起，因爲欺矇感是感覺的一種樂趣。至於運動的遊戲，我以爲是屬於社會生活與教育。這些都是說人生哲學裡關於人體這一部分，人體不過就是靈魂之軀殼。

人類知識之關於心靈的有兩部分：一部分探討心靈之本體或性質，一部分探討心靈之能力或功用。屬於第一部分的爲心靈的原始之研究，它究竟是天生的還是外來的，在如何的限度內不受物質的公理之拘束，與同它的永不消滅，和其他各點關於這些，勤力探討之程度未見得高過說法紛歧之程度，因此那裡所有的工作，看來似乎是一個迷陣而不是一條通路。可是，雖我以爲這種知識，即照自然之狀態〔不假顯示之助〕，亦可予以比向來更眞切與確實的探討，但是到了最後，還得要以宗教爲界限，要不然，就會受到欺騙與迷惑。因爲在創造各物的時候，心靈的本體不是用了「要有什麼」這種禱祝從天與地的質量中提取出來，卻是直接由上帝噓入人身的，所以除卻偶然之外，它不能受到關於天與地的公理之拘束，那些公理是哲學之論題，因此關於心靈的性質與情狀的眞實知識只有從給予它以本體之靈感中可以得來。關於心靈的這一部分知識有兩種附屬物：預示與催眠。這些，照向來處理的方法，只發出了妄談而沒有燃著眞理。

預示很早也很適當的分爲人爲的與自然的：人的心靈據憑證來預言，以徵兆爲它的徵候，爲人爲的預示；人的心靈不藉徵兆之誘導，以內蘊的能力得到一種預感，爲自然的預示。人爲的預示有兩類：或是它的憑證與種種原因之演繹合在一起，這是屬於理智的；或是只根據結果之相同，這是屬於經驗的。這背後的一種多半涉於迷信，如同異教對於祭牲之檢察、鳥之飛翔、蜜蜂之移巢這些解釋，與迦勒底（Chaldea）的占星術，和這一類人爲的預示之各類，分散在各種學問中。天文學者有他的預示，如同關於交會，各行星在同一時間之位置，日食之類。醫師有他的預示，如同關於死亡、平復、疾病之症候與結果。政治家有他的預示，「這裡是一個待售的城市，他一得到買主就會降服的」。這種預示，不久就先在西拉，後在凱撒身上實現了。所以這些預示現在都無關涉，應該把它們各歸於它們所隸屬之科學。我們現在所討論的卻是從心靈內在的性質中發出之預示，這種亦經分為兩類，原始的與注入的。原始的預示是根據這種假想，就是說心靈在集中，而不是分散在身體之各機構的時候，是有一點前知的能力的，所以這種大都出現於睡眠與催眠狀態中和將死的時候，在清醒的知覺中是較為稀有的，並且常為那些使心神凝聚的禁戒與儀式所誘導與促進。注入的預示是根據這種見解，就是說，人的心靈同鏡子一樣，應該能夠從上帝與神靈之前知上得到光明：對於這種，上面所說的禁戒與儀式有同一的誘導力。因為心靈之脫離一切外緣是最易受到聖靈的注入之一種境界；不過在這種情形之下，總帶著熱忱與興奮（這些是古人所稱為受感的狂熱的），而不是同在另一種情形之下，那樣的有著一種安息與沉靜。

催眠是想像影響想像者本身以外之人身之力量與動作，它對於想像者自身之力量與動作，我們已在適當的地方說過了。帕拉塞爾蘇斯學派與假託的自然魔術之信徒，曾過分的誇大想像之力量，以為它與對於奇蹟示現之信仰的那種力量大概相同。其他的人較近實際，看到物之神祕的工作方法，尤其是人體與人體間之傳染，的確以為這是合於自然的，就是，精神與精神間亦該有著傳達與感動，不假官覺之居間，因此就發生了懾制的精神，信賴之力量，與同此類的見解（現在幾乎已成爲普遍）。與這連帶發生的是如何可使想像增高與強固這一種探討：因爲如果強固的想像是有力量的，那如何使它強固與增高是要緊的。這裡就間接的與很危險的進來了大部分儀式的魔術之一種辯護。因爲可以說儀式、符籙與厭勝物實在是有驗的，並非因爲同惡魔有何默契的或正式的約束，卻只用它們來加強使用這類東西的人之想像，如同羅馬教會說偶像能固定在他們面前禱告的人之思想與增強他們的信仰。但是據我的意見，如果我們承認想像是有力量的，而儀式能使想像加強，並且他們之使用是誠意的與有意的爲著這種目的，但我仍以他們爲不合法，因爲違反了上帝給人之第一個誡令：「你必汗流滿面才得餬口。」因爲他們把上帝叫人要用勞動之代價去購買的那些可貴的效果，認爲可以幾個容易與懶懈的儀式來獲得的。關於這些學問裡面之缺陷，除了這種一般的缺陷，就是說，沒有人知道這裡面有多少是眞實的，多少是虛空的，我不欲多所闡述。

關於人的心靈之能力的知識，可分爲兩類：一類關於他的了解與理智，一類關於他的意志、嗜欲與情感。第一類生出決定或判斷，第二類生出行爲或實行。想像在評判的與執行的這兩種範圍以內，都是一種居間者或傳達者。因爲感覺在理智未曾判斷以前先傳達於想像，理智在判斷未曾執行以前亦先傳達於想像。想像是總在受意志之指揮的動作之前的，不過這個想像之雅努斯（Janus）〔兩面神〕具有兩個不同之面貌，他向著理智的面貌有著眞的印象，向著動作的面貌有著善的印象，但這些總是兩個面貌，「同姊妹之面貌一樣」。可是想像卻不是僅爲傳達者而已，還在傳達之任務外授予了，或少說也簒取了不少的權能。亞里斯多德曾很好的說過：「心靈對於身體，有同主人對於奴隸那樣的管轄權，但是理智對於想像有同行政官對於自由的市民那樣的管轄權。」這種市民，也許有日他自身亦爲行政官。因爲我們看到，在信仰與宗教的事件上，我們常把想像增高到駕於理智之上，這就是宗教所以總用比喻、先兆、寓言、幻象、夢境來達到人之心靈之理由，並且在凡足以塗飾與隱蔽事物眞相之辭辯與其它同類之印象所能爲之勸誘裡面，對於理智最大之力量，是從想像來的。可是，因爲我不能找到確切適當的屬於想像的學問，我覺得沒有要變更上面的分類之理由。因爲詩詠只有想像之一種樂趣或遊戲，而不是一種工作或任務。即使它是一種工作的話，我們現在亦不是說想像所產生的那些學問，卻只說處理與討論想像的那些學問。如同我們現在不是說理智所產生的學問（那些包括一切的哲學），卻只說處理與探討理智的能力的那些學問，所以詩詠自有它正當的位置。至於論到想像在自然中之能力，與同使它強固的方法，我們已經在關於心靈的意見裡說過，那裡是它最適當的隸屬所在。最後，講到想像的或暗示的理智，那是修辭學的論題，我想最好還是把它歸於理智的技術。因此，我們就以上面的分類爲滿足，就是說，人生的哲學，（那是關於人的心靈之能力的），有兩部分，一種是理智的，一種是道德的。

人生的哲學之理智的部分，在大多數有才智的人看來，是各種學問中最少興味的一部分，而且看來無非是微妙與難以處理的一個網。如同有人很恰當的說過，知識是心靈之食物，所以在人對於這種食物的嗜欲之性質上，多半的人是同在沙漠中的以色列人之好嗜那樣，他們都願意回到他們的肉鍋邊去，而是吃厭了嗎哪的了，這種食物，雖然是天上降下來的，但是看來總沒有肉那樣的富有營養與能夠長力。因此，人尋常喜歡富有血肉的各種學問，如同政治史、道德、政治。人的喜嗜、稱譽、幸運都在這些上面旋轉著，且與它們有密切的關係。不過同是這一種乾燥的光明，卻可以使多數人水樣的與柔軟的天性坼裂而與它們不投合。但是照著物的眞價值來講，理智的學問實是其他各種學術之管鑰：因爲如同亞里斯多德很恰當的說過：「手是工具中之工具，心靈是形相中之形相。」所以這些也可以很正確的說是學術中之學術。它們不僅指示，並且還能證實與加強，同習射不但可使更易命中，還可使能挽較強之弓。

關於心智的技術，依他們的目的，分爲四種：人的工作是發明人所尋求或提出來考慮的東西；或是評判那已經發明的；或是保管那已經評判的；或是傳布那已經保守的。因此這些技術亦必須有四種：探索或發明之技術、審查或評判之技術、保管或記憶之技術、發表或傳授之技術。

發明術有很不同的兩類：一種是關於技術與學問的、一種關於語言與辯論的。第一種我認爲缺乏，這種，據我看來，是這樣的一種缺乏，如同在編製一個人的遺產目錄時，記下並無現錢一樣。如同金錢可以換取所有其他各物，這種知識亦是可以博得其餘一切的知識。同西印度群島，如無羅盤之發明在先，是不會被發現的，雖然一個是很大的地域，一個是小小的顫動，如果我們忽略了發明與發現的技術，那不能再發現新的學問亦不足怪。

知識之這一部分現尚缺乏，據我的意見，是顯然無疑的。第一，論理學並不以發明各種學問，或各種學問之原理自居，卻以「我們只能信任各種學問之專家」這麼一句話就把它略過了。塞爾蘇斯（Celsus）講到醫師之經驗派與武斷派的時候曾鄭重的說過：「是先找了藥物與療法，然後再去討論他們的原因與理由；不是先找著了原因，然後倚著他們的說明，再發現了藥物與療法。」柏拉圖在他的《泰阿泰德篇》（*Theaetetus*）裡很好的說著：「各別的事例是無限的，而較爲深度的通說亦不能給人充分的指示，使專家自別於非專家之一切學問之眞髓是中間的命題，這些，在每一種學問裡面，都是從流傳與經驗中得來的。」因此我們看到那些討論發明與事物原始的人，總說他們是由於偶然而不由技術，總說他們是由於鳥獸魚蟲而不由人。「他帶來一枝療病的白蘚，這是他從克里特田野中仔細覓來的，粗糙的梗圍繞了生毛的葉子。葉間有花，花作紫色；凡是受過傷的野羊都認識的，一種確實有效的藥物，來取出那鋒利的鋼，而使痛苦舒適。」所以，埃及神廟裡的神像沒有幾個是人形，卻幾乎都是獸形（古代的習慣以發明者爲神），也就無足怪了。「那埃及全土所尊奉的阿努比斯（Anubis）〔喪葬之神〕與每個異狀的怪物」云云。如果你更喜歡希臘的傳說，把最初的發明歸於人類，但你恐怕仍以爲普羅米修斯（Prometheus）〔火之發明者〕是先擊了火石，才覺得光焰之奇異，不是他第一次擊火石就料定有火焰出來。因此我們知道西印度群島的普羅米修斯是同歐洲的火之發明者沒有互通過消息的〔按：西印度群島以木片摩擦取火〕，因爲在那邊那最初發出火焰之火石是很稀少的。所以迄今爲止，人似乎是因野羊而得到外科手術，因夜鶯而得到音樂，因紅鶴而得到醫學之一部分〔因此鳥以海水灌腸〕，因水汽衝開罐蓋而得到砲術，或是大概都因偶然或任何其他之事，而不是因論理學而得到學術之發明。維吉爾所說那種發明的樣子，也並沒有很大的不同，「熟練可以逐漸椎打出各種技術來」。如果你仔細看他所用的字，這就是畜類所能用，與實際用著的方法，就是，爲保持生存之絕對的必要所驅迫，永續的注意或練習一件事情，因爲西塞羅很確切的說過：「加於一件事情之熟練，往往比自然與技術之成就更多。」所以，如果有人這樣說過：「爲需要所驅迫之無休止的工作，何事不可爲？」對於畜類亦有人這樣說過：「誰教鸚鵡說您好嗎？」烏鴉在天旱的時候，在空樹中見到有水，是誰教牠銜了石子塡入，使水上漲，叫牠可以喝水？誰教蜜蜂飛渡人海般的天空，去找從很遠的有花地方回到牠窩裡的路？誰教螞蟻去咬牠埋在蟻窩裡的每粒穀子〔按：舊註以爲此說起於人見蟻咬破子囊膜皮之誤解。〕，要不是這樣，他就會生根長起來？再加「椎打」這個字，含著極端困難之意，與「逐漸」這個字，含著極端遲緩之意，這就是我們剛才所說的情形，甚至即在埃及的神靈之中了。關於發明的事情，那裡沒有多少留給理解的能力，沒得一點留給技術的本職。

第二，論理學家所說，並且是爲柏拉圖所熟知的，歸納法，可以說各種學問之原理與從這些原理演繹出來的中間命題都是憑了他發現的。他們這種歸納的方式，我說是完全誤謬與不中使用的，他們的錯誤更顯得可厭，因爲技術之本職是在使自然完美與提深它；而他們卻相反的損害、妄用與玷辱了自然。凡是注意觀察心靈如何收集知識這種露珠，好像詩人所說的「氣體的蜜這種神的贈予物」，從自然的與人爲的各別事例，彷彿從田野與園圃的花裡而把它蒸餾與創造出來，凡是注意觀察這種情形的人，就可以知道心靈自身天然的能夠處理與運用一種歸納法比這些人所說的好得多。因爲列舉了許多各別事例，沒有遇到反證，就下了結論，是算不得結論，只好算一種猜測。因爲（在許多題目上），看了一方面所有的例證，那個能夠斷言在那相反的方面不會還有尚未發現的例證存在?彷彿撒母耳（Samuel）就以看了走過他面前的那些耶西（Jesse）的兒子爲止，而漏了那在田野裡的大衛。老實說，這種方式是如此之粗疏，所以這幾乎是不可能的事，說處理這類事情的機敏的才智竟能把他們向世界提出，但是他們卻急遽的達到他們的論理與意見上，而對於各別的事例有傲然不屑之色；他們把這些不過當作清道與傳召的人用，來把閒人趕開，這樣的好對於他們的意見讓出走路與地方來，不是拿來作他們的正常用處。看到引誘之步驟在神聖與人生的眞理上之完全一樣，眞可使人感到一種宗教上的驚異：因爲如同在神聖的眞理上，人不肯以孩提自居；人在人生的眞理上，也把對於我們所說的歸納法之注意看作第二種的孩提或幼稚時代。

第三，即使承認有幾個原理是以正確的歸納而成立，但這還是一定的，就是，關於自然的現象，不能從這些原理裡以三段論法去演繹出中間命題來，就是說，不能以一個中間名詞來試驗與證明他們是大前提必然的結果。固然，在通俗的科學中，如道德、法律與這一類，甚至在神學中（因爲上帝樂於使祂自己適合最愚蠢的人之能力，這種方式或可有用；在自然哲學中，也是這樣，把它用來作爲論辯與可以使人滿足的理由，「這種，可以得到同意，卻不能產生結果」：可是自然與其動作之微妙是不能以這些拘束去縛住的。因爲論辯由命題而成，命題由字而成，而字無非是事物通常的觀念之通行的符號，這種觀念，如果是粗率的與隨便的從各別的事例裡收集攏來，那無論對於結果或論辯，或是對於命題之眞確如何的悉心審查，都不能糾正那種錯誤，因爲（同醫師們說的那樣）那是在第一步的消化中。所以這並不是沒有理由的，就是，這許多卓越的哲學家都變爲懷疑派與柏拉圖派，否認一切知識或了解之確定，以爲人的知識只及於表面與或然性。在蘇格拉底身上，這句話固然是認爲不過一種譏誚，「他以假託無知識來冒竊有知識」〔謂以知道的作爲不知，這樣可以使人以爲他連那眞不知的也知道了〕：因爲他常輕視他的知識，爲的是要抬高他的知識同提貝里烏斯（Tiberius）接位初年的奇想一樣，他要統治，但不肯承認這麼多。在西塞羅所信從的後期柏拉圖學派中，這種說人不能得到確定知識的意見（我恐怕）不是誠意的遵守：因爲長於口辯的人大概都入了這一派，認這爲最宜於使他們的辯才與可在一個問題之任何一面提出的議論得到榮譽，這些人好像是因娛樂而遊行，不是爲有目的地的旅行。但是在懷疑派與柏拉圖學派裡，的確都有好些人單純的與誠意的信守這種意見。但這就是他們最大的錯誤，他們以感覺爲不可憑信，這些，據我的意見（縱有他們這許多的吹求）是足夠證明與傳達事物之眞相，雖然不總是直接的，卻是用了比較器械之輔助，和把太微妙而爲感覺所不能知的事物引導與驅迫到能夠爲感覺所知的結果上，與同其他類似的輔助。但是他們應該以不可憑信歸於智力之薄弱，與歸於憑感覺的傳達來推斷的那種方法。我說這句話並不是輕看人的心智，而是要把他激起來去尋求幫助，因爲沒有人，不論他怎樣的乖巧與有經驗，能夠僅憑手的穩熟畫出一條直線或一個完全的圓，這個，有了界尺或圓規爲助，是可以很容易做到的。

發明的這一部分，關於學問之發明，先分作兩部分之後，我擬（如果上帝見許的話）以後再提出，這裡面的一部分我稱爲紀錄的經驗，又一部分，我稱爲自然之解釋。前者不過是後者之一個梯階與發端，但在一種擬做的事體上，我不欲說得太多或太大。

語言與辯論之發明實在不能算是一種發明，因爲發明是發現我們所未知，不是追憶我們所已知的，而這種發明之用處無非是從我們心智中已有之知識裡面，引出或喚起那與我們正在考慮的目的有關的。所以正確的說，這並不是發明，卻只是記憶或暗示，帶著一種應用，這就是經院學派把它置於判斷之後，作爲在後的而不是在前的原因。但是，因爲逐鹿，不論在有柵欄的獵苑裡，或是在森林裡，一樣都叫做逐鹿，它既已得了這個名稱，讓我們仍舊稱它爲發明就是了。只要讓人知道這種發明之範圍與目的是我們的知識之迅速的與立時的應用，而不是它們之增益與擴大。

要得到知識之這種迅速的應用，有兩條路徑，就是準備與暗示這裡面的第一個幾乎不成爲學問之一部分，只包含著勤勉，而不是任何學者式的博通。此處亞里斯多德很詼諧，但是很不平允的非笑與他時代相近之詭辯學者，說：「他們的所爲好似自稱專習製鞋的人不教人怎樣製鞋，卻很便捷的陳列了許多各種式樣和大小的鞋。」可是，人可以這樣的回答他，如果一個鞋匠在店裡沒有鞋子陳列著，人同他說話的時候只是做工，他一定不會有多少生意的。但是我們的救主，講到神聖的知識，說：「天國是像一個好的家主，他儲藏室裡新舊的東西都有得藏著。」我們看到古代的修辭學之著作者的確主張辯護士應練習他們常要用到的題目，備具正反各面，例如辯護法律之文字，與它的精神對抗，與反過來辯護假定與推想，與證據對抗，與反過來。同受到豐富的經驗之教訓的西塞羅，自己很明白的那樣，凡是人可以有理由講到的話，（如果他肯用功的話），他實際上可以先想好做成綱要，到了要用的時候，只要加上名字、時間、地點與這類其他的特種事件就夠了。我們又看到狄摩西尼有規律的勤勉，他因爲引導題目之方法在獲得好的印象上有極大的力量，常預備好演說的緒論。凡是這些權威與先例都可以壓倒亞里斯多德的意見，那是以爲我們應該把一個很富足的衣櫃拿去換一把剪刀的。

但是這種儲蓄或準備的儲藏之收集之性質，雖然是論理學與修辭學所共同的，但是在這第一次講到它的地方把它記下之後，我想可以把它的詳細闡發歸於修辭學。

發明之另一部分，我所稱爲暗示的，確實指示我們幾種可使心靈重新拿出它以前所積儲之知識來使我們應用的論題。這種用處（正確的了解以後）亦不是只限於供給他人爲或然之辯論之資料，卻亦可輔助我們自己爲適當的判斷。這些論題亦不只使我們的發明更爲容易，卻亦可以指導我們的研究。因爲一種明練的究問能力是一半的知識。同柏拉圖說的那樣「凡是尋究的人，大概都知道一點他所要尋究的東西，要不然，在找到它的時侯，他怎樣會知道它呢」？所以你預先知道的愈多，你的尋究亦愈爲直接與省事。但是可以輔助我們來決定在我們已知的東西裡面該把什麼重新拿出的論題，亦可以輔助我們來決定，如果有著有經驗的人在我們面前，什麼問題是該提出的；或是，如果我們有書籍與著作者來教導我們，那幾點是應該尋究與考慮的，所以我不能說發明的這一部分，這就是大學裡所稱爲論題的，是有缺乏。

可是論題有兩類，一般的與特別的。一般的論題，我們已經說過了。但是特別的論題雖曾有幾個人提到，卻爲一般所斥棄，以爲不能規律化與多變動。但是棄去那在經院中勢力太大的風氣（那就是在他們能夠駕御的幾件事情上無謂的精細，斥棄其餘的一切），我卻接受特別的論題，就是，在每種各別的學問中之發明與深究的論題或指導，認他們爲極有用的東西，因他們是論理學與科學事件之混合。因爲在這些上面，這句話是適用的，「發現之技術，以發現之多而益加發達」；同走路一樣，我們不但已經達到走過了的那一部分，並且連沒有走到的那一部分也可以看得比以前清楚，所以在科學上每進一步，都能使後來的得到一種光明，這種光明，如果我們把它引出來作爲探究的問題或論題，我們確實大大的推進我們之所從事。

現在我們講到了判斷的技術，這是處理證明之性質的；這種與歸納之關係恰恰與發明相同。因爲在一切的歸納上，不論方式之正確或謬誤，同一心智之動作，一面發明一面判斷，同感覺之同時傳達印象與保護它們的眞實一樣。但是在三段論法的證明上卻不同了，因爲證明不是直接，卻是用著中間名詞的，所以中間名詞之發明是一件事，結果之判斷又是一件事。前者不過激起（我們的心靈去搜尋可以證明結論之中間名詞），後者卻是審查（那結果是否爲前提所必有）的。因此，關於判斷之眞正的與嚴正的方式，我們須參看上面對於自然之解釋所說的那些話。

論到用三段論法的那種判斷，因它最爲人所喜用，所以自來即爲人所最熱心與加備的研習。人的天性確是極欲在理解中有點固定不動的東西，作爲其心靈之一種支架。所以，如同亞里斯多德想要證明在各種運動中都有安定之點，以及很優美的解釋阿特勒斯（Atlas）這個古寓言（他站著不動，支起了天使而不墜），說這是指天體所憑以轉動之軸。人也是無疑的想要有一個阿特勒斯或軸在他們的心裡使他們不致動搖，好像總是要往下墜落的那樣。所以人確是急於要安下幾個原理，使他們的各種辯論可憑以旋轉。

因此，這種判斷的技術無非是以一個中間名詞來把命題改造爲確定的原理。這些原理是要爲一切的人所公認而可免於論辯的，這個中間名詞是可依任何人之發明來隨意選定的，這種改造是該有兩種：直接的與反轉的。一個是在命題改造爲原理的時候，這個他們稱爲顯明的立證，又一個是在以命題之反面改造爲原理之反面的時候，這是他們所稱爲強爲誕說的，中間名詞的數目是要與命題與原理相距階級之多寡相同。

但是這種技術有兩種不同的指示方法，一種是指導，一種是提防。前一種製成與定下一種推論之眞正方式，以與這種方式之不合，就可以正確的斷定一種推論之錯誤與不合。對於這種方式之組成與構造，我們還該連帶的處理它的各部分，那就是命題與命題的各部分，那就是單純的字。這是包括在分析論裡面的那一部分論理學。

第二種指示方法是爲迅速的應用與保證人之信賴而設；顯示謬誤之論法與迷惑理智之論之較爲微妙的方式，連同他們的駁辯，雖然在較爲粗淺的謬誤論法中是同（塞內卡比方得很好）變戲法一樣，我們雖然不知他們是怎樣弄法，但深知他們絕不是像他們看起來的那種樣子。不過裡面較爲微妙的那種，不但使人不能駁辯，並在很多時候還蒙蔽了他的判斷。

這個關於駁辯的部分在規律上曾得亞里斯多德精審的處理，但在實例上還得到柏拉圖更精審的處理。不但在辯士派身上，甚至在蘇格拉底自己身上，他自稱並不肯定何物，卻破壞凡爲人所肯定的，確曾發表過所有各種的反對論，謬誤論法與駁辯。雖然我們說過這種理論之用處是在駁辯，但這是顯然的，即他的墮落與腐化的用法是爲妄造虛僞與詭辯的論端，這些充作了優越的能力，顯然是一種很大的利益。雖然辯論家與詭辯家之這種區別是對的，就是說，一個好似獵犬，馳逐擅長，還有一個好似狡兔，躲閃最工，所以這種是弱者之利益。

但是，再進一步，這種辯駁的理論還有著比一般所見到更爲廣闊的範圍，即是延及知識之各部分，這些，有些經人研究，有些還是爲人所忽略。第一，我覺得（雖然初看似乎有點奇怪）那有時以爲屬於論理學，有時以爲屬於基礎的哲學的關於要素之共同性的部分，無非是一種駁辯。因爲所有詭辯中最大之詭辯是辭語之含混，尤其是在每種研究中最通用與總得碰到的那些辭語，所以我以爲關於多數、少數、在先、在後、相同、相異、可能、實際、總和、部分、存在、缺乏（某種性質）與同這類研究之眞實的與有效的用處，無非是對於語言含混之一種有識的提防，同樣的，把事物分爲若干部族，這種，我們叫做範疇，無非是對於定義與分類之混亂之一種提防。

其次，還有一種誘惑是以印象之力量，而不是以迷惑之微妙發生效力的，不是怎樣的迷亂了理知，卻以想像之力量克服了它。但我以爲這一部分到講修辭學時再講更爲適當。

最後，人心中還有一種更重要與深邃的謬誤，這種，我以爲全未經人看出或研究，應該在此處把它作爲最適切於矯正判斷之事討論。它的力量，不是能夠震耀與迷惑關於某種事件之理解，卻是較爲普遍的與在內的傳染與破壞了理解之情況。因爲人的心靈不是同明淨與平正的鏡子那樣，可以照出物之眞像，卻是同施過妖術的鏡子那樣，裡面充滿了怪異與虛僞的影像，如果不解除魔力使它歸還到原狀。爲著這個目的，讓我們考慮那心靈一般的性質用來蒙蔽我們的虛僞的模樣，在一兩個實例上將它們觀察一下。第一個，如同那個爲一切迷信之根蒂的事例，即對於一般人的心理，凡是肯定的與實際的都要比否定的與缺乏的影響來得更大，所以有幾次中肯或存在就可以抵過多次的失敗或缺乏。同迪亞哥拉斯（Diagoras）很好的回答那在尼普頓（Neptune）〔海神〕廟中把它看多數免於沉沒，與曾對尼普頓設誓的人之畫像的人那樣。那人說：「現在你且考慮，你這個以爲在暴風雨時乞救於尼普頓是無益的人。」「是的。」迪亞哥拉斯回答說：「但是，那些沉沒的人的畫像，又在何處呢？」讓我們再看看另一個事例，就是，因爲人的精神是一種一致的性質，故人常以自然中存在之一致較實際爲大。就爲這個緣故，數學家非把天體之運動作爲圓形不肯休止，斥棄螺狀線，極力想要不用離心圈。爲了這個緣故，自然中有許多單獨無對的東西，而人的認識偏要假想它們是互相關聯的、平行的、連合的，實在並無此類之存在，如他們假想有火這麼一種原質，與地、水、風這一類的東西並列一樣。不但如此，在未經指出以前，無人相信以人的行爲與技術爲比擬，與以人爲共同的量器，在自然哲學中輸入了多少的虛構與異想；沒有比那在粗鄙與孤獨的修道者之斗室中產生的信上帝爲人形之早期教派之異說，與那在異教中與他同等之伊比鳩魯的意見（他以諾天神均爲人形）好多少。所以伊比鳩魯（快樂主義）派之皐賚攸斯不必詢問何以上帝要把星星用來妝點天空，彷彿祂是一個營造司，一個應該演出盛大的戲劇來的那樣。因爲如果那個大造物者是有同人一樣的性情，他一定把星宿布成有趣與美觀的結構或秩序，同屋頂上之雕飾一樣；而人在這種無限數的星裡面，幾乎找不出一個列成正方，或三角形，或直線的星群，人與自然這兩種精神裡面之調和是這樣彼此不同的。

讓我們在柏拉圖關於洞穴的那個假想上，再來考慮人自己的個性與習慣用來蒙蔽我們的那些虛僞的模樣，如果一個幼孩在地下之洞穴內住到成年，忽然來到地上，他一定會懷著奇異與怪誕的想像。同樣的，雖然我們的身體是住在光天之下，但是我們的心靈是禁錮在我們自己的天性與習慣之洞穴內，這種性習給予我們以無限的謬誤與虛妄的見解，如果我們不把它們加以覆勘的話。在這種錯誤或不健康狀態中的一個上面（好古與喜新），我們已經舉了一些例子，那些，我們在第一篇裡已約略說過了。

最後，讓我們來考慮文字用來蒙蔽我們的虛僞模樣，那些是照著流俗的智能製就與行用的，雖然我們自以爲能夠管理我們的文字，而且規定得很好，「說話同俗人一般，思想同智者一般」，可是，這還是一定的，就是，文字同韃靼人的弓一樣，確能迴射到最有智慧的人身上，很有力量的迷亂與誤導了判斷。所以，在一切的辯難或爭辯上，我們幾乎定要襲用數學家之智慧，在開始的時候就下了我們所用的文字與名詞的定義，這樣可以使人知道我們怎樣的了解它們，與它們的意思是否與我們相同。要不是這樣，我們卻常會歸結到那實在我們應該開始的地方，就是，關於文字的問題與異義，所以結論起來，我們不能不承認欲使我們與這些謬誤與虛僞的模像分離是不可能的，因爲它們與我們的天性與生活狀況是不可分的，但是對於它們之提防（因爲所有的駁辯，跟上面說過的那樣，無非就是提防）是確與人的判斷之正當的使用極有關係的。對於這三種虛僞的模樣之特種駁辯或提防，我認爲完全缺乏。

此外還有判斷之極好的一部分，據我看來是不大有人提到，所以我可說它亦屬缺乏，這就是把不同的證明應用於不同的題目。因爲證明只有四種，就是以心靈或感官之直覺、以歸納、以三段論法、以一致，這一種就是亞里斯多德所稱爲圓形論證，而不是從更爲人所知曉的事件（自然）出發。這裡面的任何一種，在科學上都有它們最適用與萬不能用的地方，在有些事件上嚴厲與精密的要求較嚴格的論證，與在別種事件上容易的以疏忽之證明爲滿足

（此爲尤甚），都在自來使學問受到損害與不進步之最大原因之列。依著學問之性質，支配與指定適當之證明方法，我覺得缺乏。

知識之保管或保存，是或以記載，或以記憶。記載有兩部分，字形之性質，與記錄之順序。論到字形或其他字或物之可見的符號之技術，它與文法最爲接近，因此我把它歸屬於適當的地方。處置與排比我們所保存於記載中之知識的方法，應將它照最常用的項目精密的分列，在這一點上，我並非不知人加於使用這種分列的書籍之無充分理由的嫌惡，以它們爲有礙誦讀之疾速，與使記憶弛懈。因爲敏捷無非是學問上之一種矯僞的事情，所以我以爲除非飽學之人，照最常用之項目的記錄是研究時極有用處與必要的一件事，因爲這種辦法可以擔保發現之迅速與供給我們以可靠的判斷資料，但這還是確實的，就是我所曾見的照要目分列之著作中，並無具有充分的價值。他們的全部只具一個學派的而不是世界的面貌，而且是關於流俗的事項與迂謬的分部，毫無生命或對於實行的關係。

論到學問之保管之另一種主要部分：記憶，我覺得那種能力只得到了微弱的研究。現有著一種講記憶的技術，不過依我看來，還有比那種技術更好的方法，即在那種技術上亦還有比現在所有更好的運用。這種技術（照它現在的樣子）固然可以把它抬高到極大的誇張程度，但它在實用上（如它現在那種處理法）是沒有效果的，並不是使自然的記憶負擔過重，亦不是對於它有何危險，如同有人想像的那樣，就只是沒有效果，就是說，要把它在事務上認眞的應用是不便利的。所以我對於聽過一次就能複述多數名字或單字，或未經準備可以背出許多詩句，或對一切事物都作成滑稽的比喻，或將一切事物作爲諧謔，或以無理的異議指一切事物爲虛僞或加以反駁，或與這些相類之事（這些，在心智的能力中本來很多，並且可以方法與練習把它們抬高到極端的奇異程度）並不比角觝走繩、舞蹈之伎倆看得更重，這裡面，和一個在心靈上，另一個在身體上一樣，都是奇異而沒有價値之事。

記憶之技術是只建立在兩種目的上，一個是前知，一個是表徵。前知免除了我們所要記憶之事之無定在的搜尋，而指示我們只在一個狹窄的範圍內去搜尋，就是，那與我們記憶所在的地方有關聯。表徵把心智上的意思變作感覺上的影像，那些，更容易引起記憶；在前知與表徵之規律中，能夠找出比現時行用更佳之實用的法則；在這些規律之外，還有許多並不亞於上述之它種輔助記憶之法。但我於開始之時即決定不以此類之事爲缺乏，因爲它們不過是處理得不好就是了。

現在還留著第四種理智的知識，這種是推及於人的，就是，關於我們知識之向他人的表示或傳達，我將以傳授這個概括的名詞爲這種學問之名。傳授有三部分：第一部關於傳授之工具；第二部，傳授之方法；第三部，傳授之表明。

傳授之工具是語言或文字，因爲亞里斯多德很好的說過：「字是意思之影像，而字母又是字之影像。」但是意思卻並不一定要用字來表示。凡是能夠充分表示別異，而這種別異爲感覺所能感知的，都可以用來表示意思。我們在彼此言語不通之野蠻人的交際上，與許多聾啞人的習慣上看出來，人的意思是可以手勢來表示，雖然不能十分正確，卻仍可以應用。我們並且還知道中國與近東高地各國之習慣，是以象形符號爲文字，它們一般並非表示字母與字，卻是表示實物或觀念。所以彼此言語不通之地域與省分，卻能彼此文字相通，因爲同一象形符號爲人所公認之範圍，要比在各部分裡通行的語言之所及來得更廣，因此他們有極多的象形符號，其數之多（我假想）當與語根相等。〔按：萊特（Wright）訂注之本書，考出上說是根據阿考斯托（Acosto，西班牙籍之耶穌教會士）之《東印度史》（*History of the Indies*），此書於一六〇四年，即培根此書出版之前一年譯成英文。〕

這些意思之符號有兩類：其一在符號與意思相類或相合之時，其二是依習慣的，這因了習慣或承認才有力量。屬於第一類的是象形文與手勢。象形文（很古就有，尤其是歷史最古老的民族之一之埃及人所遵用）無非是持續的印象與表徵。手勢可以比暫時的象形文，其與象形文之關係是同口說的語言與筆記的文字之關係一樣，爲的是它們不能久存，但是它們同語言一樣，卻總與所指之事物有一種密切的關係。如同佩里安德（Periander）在有人諮詢他怎樣可以維持新篡取之專制君主的地位時，吩咐那使者跟他走，回去就報告他見他所做之事，他走到他的花園裡把最高的花枝都削去了頭，表示維持獨裁地位的方法就是芟夷（剷除）貴族，使他們不能抬頭。依習慣的就是剛才說過的象形符號與字，雖然有人曾欲以精細的探究，或者實際恐怕還是聰明的想像，把一切名稱之成立，認爲都根據理智與意匠，一種優美的，並且因他一直研究到古代，可崇敬的推想，但是其中含著很少的眞實，而且沒有多大的結果。這一部分關於事物之符號與一般意思的知識，我覺得尚未經人研究而屬缺乏，雖然這種研究看來或是沒有多大用處，看到以字母拼成之語言文字遠勝過了一切其他的方法。但是，因爲這一部分是彷彿關於知識之造幣廠（因爲字是流通的符號與爲人所當作意思承受的，如同貨幣之爲人當作價值一樣，人亦不應該不知還可以有與金銀不同之貨幣），我認爲應該把它提出來加以更精之研究。

關於語言與文字，它們的研究產生了文法這一種學問。人還在努力想恢復因他的過錯而失去之幸福，同他要想以各種技術之發明來抵制那第一個概括的譴責一樣，他也想以文法之技術來避免那第二種譴責（那就是語言之混淆），這種技術之用處是在國語上來得少而在外國語上來得多，尤其在現時已不爲通行的語言而專爲學術的語言的那些外國語。這種技術之任務具有兩種性質：其一是通俗的，那是爲迅速與完全的學成語言，爲語言之互相通曉，與對於文籍之了解；其二是哲學的，考審字之力量與性質，因爲它們是理智印出來的痕跡，這類字與理智之符合是只得到斷續而不是完全的處理，因此我不能以爲缺乏，雖我認爲値得使它單獨成爲一種學問。

以一種附件的資格而隸屬於文法的還有字形之研究，這些是音節之長短、聲音與音調之高揚，和它們之諧美與不調和，從這上面生出了修辭學裡面的幾種很仔細的規則，尤其，據我們之所見，是在詩律上，因爲那是關於詩句，而不是關於題材的。在那邊，雖然古文（希臘，拉丁文）學家謹守著古代的節奏，但在現代語裡面，我以爲制定新的節奏，是同新的舞蹈一樣的自由，因爲舞蹈是有節奏的步調，同詩句是有節奏的語言一樣。在這些事件上，感覺是比技術還要好的一個評判者，「我寧使我的肴饌爲賓客所稱，而不願其爲庖人所稱」。關於在不類與不合的題目上奴性的遵從古制，有人說過：「那就時代論是古的東西，一到不能適合，就成爲新的了。」

論到暗號，他們尋常是在字母上，但是亦可在整個字上。暗號之種類（除了單純的暗號，連同它們的變化與無意義的字之夾入外）是很多的照著它們隱蔽文義之性質或規則，有重輪推轉式的暗號、變易字序的暗號、倍加與其他。但是憑以判斷它們的優劣以資採用之標準有三，就是：不難寫與不難讀、不能爲人猜出，在有些事件上，叫人不覺它們是暗號。最高的程度是可在任何掩蔽之下作任何文字，這最多是用著五倍的字母數，再沒有其他的拘束可以決然做到的（培根自己曾創此法）。與暗號之技術相對的爲解釋暗號之技術，這種，照著假想是無用的，但就事情之實際說，卻極爲有用。因爲設或所用之暗號都編製得很好，那裡面一定有多種是無從解釋的。但是因經辦這種事件的人手段之生疏與拙劣，最重要的事情還常有用著最易發覺之暗號去傳遞的。

我列舉這些祕密與隱祕的技術，人或以爲我意在備舉各種學問之名稱，以資炫飾，更沒有多少別的用處。可是讓精於這些技術的人去判斷我是否專把它們作爲鋪飾，或是在我講論它們的話裡面（雖然著語不多）是否略無精詣。這一點我們該得記著，就是，如同有許多人在他們的鄉邑中是卓越的人，而一到了國都，卻只占了低下的地位，幾乎不爲人所注重，這些技術，在此與主要的和最高的各種學問並列，就見得渺小；但是對於專致力於它們的人，它們還是被看作重大事件的。

對於傳授之方法，我知道曾於現時激起了爭論。可是同政治上的事情一樣，如果是有了集會，人人互相辯論，那往往這件事情一時就止於此，不能再進行下去，在學問上亦復如此，爭論甚多的地方，往往並沒有多少的探討。這一部分關於方法之知識，據我看來是如此之薄弱，我以它爲缺乏。

方法是並不錯誤的曾被置於論理學中，作爲判斷之一部分。如同三段論法之理論包括對於已經發明之事的判斷之規律，方法之理論亦包括對於待要傳授之事的判斷之規律，因爲判斷是在傳授之前，同它在發明之後一樣。傳授之方法或性質亦不只在知識之應用上是重要的，卻於知識之推進上亦是同樣的重要，因爲一個人的工作與生命期間，絕不能達到知識之完備，傳授之智慧是在引起繼續與前進之樂趣。因此，方法最重要之區別，是注重實用之方法與注重推進之方法，這裡面一個可稱爲教訓的，一個可稱爲開悟的。

上面所說的第二種方法，看起來是像已經廢棄而閉塞的一條路。照現在知識之傳授方法，傳授者與接受者之間好似成立了一種彼此都可以同樣的錯誤之契約。因爲傳授者之傳授方法，只求最易見信，而不是使他所傳授的最易受到審查；而接受者亦只求立時的滿足，而不是耐心的探究。因此，不願懷疑，但倒不是不願錯誤，虛榮心使教者隱藏他的弱點，而惰性使學者不知道他的力量。

凡是作爲還要繼續去紡織的一條線那樣傳授的知識，如果有可能的話，應該照看發明這種知識之方法來傳授與告人，用歸納方法得到的知識，也可以這樣。但是在現代學術之末成熟的知識上，沒有人知道他的知識是怎樣得到的。不過一個人多少總可以從新審查與降落到他的知識與信仰之底層上，把它同在自己的心智裡長的那樣移植到別人身上去。因爲在知識上是同在植物上一樣，如果你要想用這種植物，它根長得怎樣是沒有關係的；但如果你想把它移種到別處去，那時卻是恃著根要比恃著剪下的枝條靠得住得多。所以（現時流行的）知識之傳授是同大段的樹身而沒有根一樣，木匠拿去倒有用處，卻不是種藝者。但你如果要想學問成長，那樹身倒沒有多大關係，只要你注意把根掘起來。關於這類的傳授，數學之方法，在那種學問上，還有點相像，但是尋常我既不見有人實行，亦不見有人尋究，所以我認它爲缺乏。

還有一種同上述有點相似的方法，古人曾經審愼的用於適當場合，但入後爲許多虛矯的人之欺詐損了價值，他們以這種方法爲掩護他們出售的贗品之一種不正確的光線，這種就是謎語式的方法。（與上述的方法之區別，在上述的方法是開示的，而它卻是隱蔽的）。它的用意是在析出普通的智慧使它們不能參預學術之祕密，把它們專留給經過揀選的聽受者，或是能夠穿透這種掩蔽的銳利之才智。

還有一種結果，很關重要的方法之區別，是以簡要的語言，或以詳盡的著作，來傳授知識，在這裡面，我們可以看出這種方法太流行了，就是，以一個題目上有數的幾個要義或說解製成一種莊嚴與完備的技術，再填充一些議論，引證一些事例，把它排纂成一種動人的完備著作。不過寫成要義有許多爲編成完備的著作所不及的好處。

因爲第一，這可以試出著者之膚淺或切實，因爲要義，如果它們不是可笑的話，是只能以各種學問之核心製成的，因爲申說的議論是削去了；事例之舉證亦削去了；關聯與秩序之論究亦削去了；實用之說明亦削去了。所以除了需要一點觀察是更無別物可以來充滿這些要義。因此，除非是切實與確有根柢的話，否則沒有人能夠或在健全的精神狀態中去嘗試寫作要義。但是在完備的著作上，「順序與排比可有這樣的效力來使平凡的看似優越，陳舊的看似新穎」，如同人極力鋪揚一種技術，但是如果把它拆散，便不成什麼東西了。其次，完備的著作較宜於獲得同意或信任，但不是這樣的適於指導行爲，因爲它們帶著一種圓形論證，一部分可以顯明它部分，因此使人滿意。但是各別的事項，因爲是分散的，卻最適合於分散的指示。最後要義，代表一種不完全的知識，卻可激起人再進一步去研究，而完備的著作，戴著一個全體的外形，卻使人相信他們已到了最進步的地位。

還有一種也是極關重要的方法之區別，是用了斷言和他們的證據，或是用了發問和他們的決定來處理知識。後面那一種，如果無限度的遵守著，於學問進行之不利是同到處圍攻每個小寨之不利於軍隊之進行一樣。因爲如果能夠在戰陣獲勝，而緊逐著這種企圖之主要目的，那些小的地方是自己會得降伏的，固然人不肯把一個重要的敵軍要塞落在背後。同樣的，辯駁在學問之傳授上亦應該很少用的，把它們用來排除有力的成見與預斷，不要來助長與激起爭辯與懷疑。

還有一種方法之區別，是照著他所處理的題目或材料。因為學問中最抽象的數學與最具體的政治哲學之傳授，是大不相同的。不論關於以一致的方法研究一致的材料這個論題曾激起如何之爭辯，我們仍可以看出，那種意見，除了他本身的弱點，對於學問自來是沒有益處的，因為他把學問弄成了空虛與無結果的概說，只不過是各科學問之外殼，所有的果仁都被這種方法之扭捩與壓迫排擠出去了。因此，同我在發明上極端贊成各別的論題一樣，我亦確實的贊成各別的傳授方法。

在知識之傳授與教授上，還有一種見解之區別，是照受教者關於所傳授之事已有的知識之多少。因為新而與先入之見解不同的知識，同那些與它們相合與熟習的，是應該以不同之方法傳授的。所以在亞里斯多德以為是責備德謨克利特的時候，確實是在褒獎他，說：「如果我們眞要辯論，而不是搜尋比喻，云云。」因為凡是他們的意見已經在一般人的意見中占著地位的，是只需要證明或辯駁，但是他們的意見還沒有與一般人的意見發生關係的，卻有一種二重的工作：一個是使他們的意見進入人的心裡，另一個是證明與證實他們。所以他們一定要用著明比暗喻來使人了解他們的意思。因此，在學問之幼稚時代與草昧之世，在那時候，現在認為無足輕重的意見還是嶄新，世界是充滿了寓言與譬喻，因為不是如此，人在他們沒有了解或判斷以前，會對於所提出的意思毫不在意，或且認為奇論而擯斥。所以在神聖的學問中，我們看到寓言與譬喻是如此之多，因爲這是一種規則，任何的學問，如果不是人心中先有預想與它相應，就必須求助於比喻。

此外還有其他普通流行的各種方法之區別：如同解析、綜合、搜隱之類，這些我都很贊同，雖然我只詳述那最少人處理與論述的。我所以要把所有的方法都提到，是爲了這個緣故，因爲我想要建立或構成一種關於傳授之智慧的總探究（這種我以爲還是缺之）。

但是，隸屬於知識之這一部分（方法）的，不但還有一種著作的整個框架，並且還連那裡面各種梁柱的建築法，不是關於它們的材料，卻是關於它們的數目與形狀。所以方法不但考量論題之處理，卻還涉於各個的命題：並不是關於他們的正確或實質，卻關於他們的限制與形式。因爲在這上邊，雷穆斯（Ramus）之重新提出命題之優良規律，要普遍的正確，要根本上正確，云云，實在比用他的提要法，這種使學問中止了進步的腐蝕病，更應該得到讚許，但是（因爲人類的境遇是這樣的，就是，照著古代寓言的說法，「最寶貴的東西有著最能加害於人的保管者」）往往仍是這樣，就是，要想取得這一個，就使他要碰到那一個。因爲想把命題易位的人是該有適當的引導的，如果他要它們同時不迴轉到自身與無補於學問之促進，但是〔雖有這種流弊〕，雷穆斯的用意卻是很好的。

方法之別種關於命題的討究，是大半涉於極端的命題，它們限制了各科學問之際極，因爲我們可以很適切的說，每種學問，除了它的深度（這是使它能夠確立的眞理與實質），還有一種長度，和一種寬度，寬度是從它與別種學問之分界上計算的，長度是從它與行爲的關係上計算的，就是說，從最寬泛的概說到最各別的指示。一個，規定到如何的限度，一種學問可在別一種學問之範圍內與它交混，這是人所稱爲在要點上正確的；又一個，規定一種學問可以下降到適合各別事態的何等程度，這後面的一種，據我的意見是兩者中較爲重要的，我覺得是沒有人理會就這麼略過了。因爲當然還得有點東西留著給實用，但是多少呢？這卻是值得研究的。我們看到與各別事項遠離了與膚淺的概說是只貢獻使實行家輕蔑的知識，沒有得比以一張奧特留斯（Ortelius）的世界地圖來指示倫敦與約克（York）間的路程更有裨於實用。那裡面較好的一些規則是經人並非不適切的比作沒有磨亮的鐵鏡，這裡面你可以看出物的影像，但是先得要把它磨過，同樣的，這種規則也可以有用，如果以實用來加工與磨製它們。但這裡的問題是開始就可以把它們磨得如何的明淨，與同可以預先把它們磨得如何的程度，對於這些的研究，我覺得缺乏。

還有人致力於一種方法而施之實用，但這不是一種正當的方法，而是一種欺騙的方法，這種方法是使沒有學問的人可以很快的謬託爲有學問。盧留斯（Raymundus Lullius）之工作，在使其聲名遠播的技術上，就是這樣的。差不多同後來編集的那些各科語彙那樣，無非就是各科學術中的單字之集合，使人信爲凡是用這些名詞的人，都可叫人認爲知道這種學術，這些字彙很像一個舊衣鋪或舊貨鋪，裡面任何零星碎物都有，卻沒有有價值的。

現在我們關注到關於傳授之表明的那一部分上，包括在我們所稱爲修辭學的那種學問，或辯論術的那種技術裡，這是很好的一種學問，而且是得到很好的研究的。因爲雖然在眞實的價值上是亞於智慧，如同上帝同摩西在他因爲缺乏這種能力而自承爲不稱使命的時候說的那樣，「亞倫可以代你說話，你對他應該同神一樣」，但是他對於人是比智慧更有力量，因爲所羅門這樣說：「心裡明白的人，應該稱爲明達，但是話說得好的人，可以得到更大的效果。」意思是說智慧之深邃可以使人得到聲名或爲人愛重，但在實際生活上獲得效果的卻是辯才。至於論到這種技術之精研，亞里斯多德與他同時的修辭學家之爭長，與西塞羅之經驗，使他們在他們修辭學的著作裡顯得比在實際生活上還要偉大。再把狄摩西尼與西塞羅之演說中所存留的辯論的模範之卓絕加於辯論的規則之完備上，就倍加了這種技術的進步。因此，我將要指出之缺乏是在這些編集的材料上，那些可以同侍女們那樣的隨侍這種技術，而不是在這種技術本身的規則或實用上。

雖然，同我們對於其餘的學問所爲一樣，在這種學問的根邊把泥土翻動一點，修辭學之任務是爲要更適當的推動意志，把理智推荐於想像。因爲我們知道理智之使用常受到三方面之擾亂：爲迷惑或謬論，這是關於論理學的；爲想像或印象，這是關於修辭學的；爲情感，這是關於倫理學的。如同在與人有事務交涉的時候，人是受著機詐、強求與迫切的影響，在這種對於我們自己的交涉上，人是爲錯誤的推論所傾陷，爲虛假的印象所誘惑與迫促，與爲強烈的情感所激盪。人的天性卻也不是這樣不幸的構成，說那些力量與技術能夠有力擾亂理智而不能建立與推進它。因爲論理學之目的是教人以一種可以獲得理智，而不是傾陷它的辯論方法，倫理學之目的是使情感服從理智，而不是規避它，修辭學之目的是充實想像使爲理智之副，而不是壓制它，因爲技術的這些流弊只是間接的進來的，供我們的注意就是了。

所以這是柏拉圖極大的不公，雖然是出於對當時修辭學家之一種應有的嫌惡，就是把修辭學看作是一種快樂的技術，用它來比烹調術，那是損害了有益的食品，而以各種調味品來佐無益的食品，使味覺得到愉快的。因爲我們看到言詞是更常用來妝點好的，比之粉飾壞的東西。因爲人總是說的比他所能做與想的好：修昔的底斯很明確的在克里昂（Cleon）身上看出來，因爲他常是贊助問題之不好的方面，所以總是攻擊辯才與優美的講話，知道沒有人能夠把汙濁與卑下的行爲說得優美的。〔按：此非修氏自言，乃轉述時人之評論。培根於拉丁本中已改正。〕所以，如同柏拉圖說得很好的，「德性如果能叫人看見，可以引動極度的愛慕」，因它不能以實體呈現於感覺，那次一等就是以生動的表象呈現於想像，因爲只以論辯之微妙使它呈現於理智，是克拉息帕斯與許多的堅忍主義者常爲人所嘲笑的一件事，他們要想以銳利的辯論與結論把德性強加於人，而那些卻與人的意志是沒有同情的。

還有，如果情感的自身是柔軟而服從理智的，那除了單純的命題與證明，勸誘與諷示對於意志的確沒有多大的用處，但是看到情感之不斷的反抗與叛亂〔同奧維德說的那樣〕，「我看那較好的途徑，而且贊成他，但我仍照著那較壞的走」，理智將要變成拘囚的與奴隸的，如果勸誘的辯才不用陰謀去把想像從情感方面轉過來，在理智與想像之間締結一種反抗情感的聯盟，因爲情感自身也同理智一樣，帶來一種對於善的嗜欲。不同之點是情感只顧目前，理智卻顧到將來與一切的時間。因此，想像中愈充滿了現在，理智往往是被征服了，但是要到辯才與勸誘之力量把將來與相距甚遠之事弄得看來同當前一樣，然後在想像叛變的時候，理智才有勢力。

所以我們的結論是不能以粉飾那壞的東西來責備修辭學，猶如我們不能以謬論責備論理學，或是以罪惡責備倫理學。因爲我們知道反對之理論是同一的，雖然他們之用法是相背的。〔按：謂同一種學問可以不同的目的來講論相反之事，如論理學以使人仿傚爲目的來講正確的推理，同時以使人避免爲目的來講不正確的推理。〕我們亦可以看出論理學與修辭學之不同，不僅如拳之與掌，一個是握緊的，一個是張開的，他們的差別要大得多，因爲論理學之處理理智是正確而照它的本質的，而修辭學之處理理智是同他爲一般人所設想的那樣。所以亞里斯多德把修辭學置於論理學和倫理學與政治學的中間，作爲參有兩者之性質，是很有見地的。因爲論理學之證明與證據，對於一切的人多是同一不變的，而修辭學之證明與勸誘，應該視聽眾而不同：〔如同維吉爾的詩上說的〕「在樹林中是一個奧菲斯，在海豚中間是一個阿里昂（Arion）。」〔奧菲斯善鼓抱琴，他的琴聲之魔力，能令無知之林木都跟著他走；阿里昂善鼓立琴，曾爲海豚救免於沉溺〕這種適應，如果要充類至盡，應該推廣到這種地步，就是如果一個人要同幾個人說同一的事情，他應該逐一的同他們說，而且各用一種說法。雖然最大的雄辯家都可以很容易缺乏這種各別談話的辯才上的交際部分，而同時，爲了謹守他們說話之富有韻致的風度，他們失去了適應之敏捷，所以，把這一部分提出叫人加以再精之研究，是不會不當的，不管我們把它擺放在此處，或在關於政治的那一部分。

現在我再講各種的缺乏，這些，（我曾說過）無非是隨侍著這種技術的：第一，我覺得亞里斯多德之智慧與勤勉沒有爲後人所努力效法，他開始搜集了表示好與壞的通用符號，單純的與比較的，這些，實在是修辭學上的謬論（如我從前所提到過的）。例如：謬論凡是得到稱讚的是好的，凡是得到非難的是不利的。反駁商人對於他要想脫售的物品都是稱讚的。「買主說，這是沒有用處的，這是沒有用處的，但是他一走開，他又誇讚起來了」。但是亞里斯多德這種工作上還有三種缺陷：一個，是還嫌掛漏；第二個，是沒有連帶著他們的反駁；第三，他不過看到他們的用處之一部分。因爲他們不但是只在證明的時候有用，在給人一種印象的時候還更爲有用。因爲有許多說話，意義雖然相等，而所生之印象卻是不同的，如同穿透之程度是尖的與平的不同，雖然撞擊之力量相同。因爲沒有人聽了「你的敵人聽到了這件事一定很喜歡」這句話，「我死將使伊薩卡（Ithaca）大樂，阿特留斯（Aterius）的諸子會酬報這種恩賜」，會比只聽到「這於你很不利」那句語來得格外不振奮。〔按：我死云云爲希臘僞降特洛伊（Troy）之西農（Sinon）於將受誅的時候向特洛伊人所說的話。伊薩卡爲尤利西斯出生之地，阿特留斯諸子，謂希軍統帥阿迦門農（Agamemnon）與麥尼勞西（Menelaus）兄弟。西農以此免死，而希軍藏於木馬中之精卒遂得入城，成了內應之計。〕

其次，我還要重提從前說過的那供給語言與準備發明的儲備，這看來似乎有兩類：一個像發賣沒有製成的材料之店鋪；另一個，像已經製成東西之店鋪。這兩種店鋪都預備常爲人所需要與最爲人所需要的東西。前一種我將稱之爲對當的說法，後一種稱之爲程式。

恰當的說法是可從贊成與反對兩方面來論辯的論題，在這上邊，他人或將爲較詳盡之講說，但是我願能夠做到的人，爲避免記錄之繁冗，把贊否兩方面辯論之要點整成簡練與尖銳的短句，不是預備誦述，而是作爲線絞或線球那樣，在要用的時候可以把它們抖開來，以參考加上援據與例證。例如題爲擁護法律之文字，短句：離開了文字的解釋不是解釋，乃是猜度；審判官離開了文字的時候，就成爲立法者了。題爲法律之用意，短句：我們應該從全部文字裡去求出每個字應有之解釋。

程式無非是語言之適當段落，可以不加別擇的適用於不同的題目上的；如序言、結論、旁引、承接、謝絕等等。因爲如同在房屋中，階梯、入口、門戶、窗牖與同這類，安置得適合是很可喜與便用的，在語言中，這些段落亦爲特種的裝飾與有特種的效力。例如一個條陳之結尾：這樣的我們可以挽救從前的錯誤，與防止未來的不便。

現在還留著關於知識之傳授的兩種附件，一個是批評的，一個是教授的。因爲一切學問是或由教師傳授，或由人自己的努力獲得的。因此，因爲知識之傳授之主要部分大半是關於書籍之著作，所以與它關聯的部分是關於書籍之誦習，以下所說的那些研究都是附帶的屬於誦習的。第一種是各家著作之正確的校訂，但是在那上面，鹵莽的勤力留下了很大的弊害，因爲這種批評家常把他們所不能了解的認爲書中之錯誤：如同那個教士，看到《聖經》上說聖保羅是「在筐子裡爲人縋下〔城〕去」，把它改作「爲人置於門側」，因爲「筐子」是一個他所沒有看過的新字〔按：拉丁文的「筐」字只比「門」字前面多了一個字母〕，而他們的錯誤，雖然沒有這樣的明顯與可笑，當然還是同此一類的。因此，如同經人很有智慧的看出來的，那些經過最大修正的本子往往就是最不正確的本子。

第二種是關於各家著作之發揮與解釋，那些就是註解與釋義，在那上邊，這是太常見的一件事，就是，避開了深晦的地方，來詳說那本是明白的。

第三種是關於著者生存之時代的，這種，在許多地方給予正確的解釋以極大的光明。

第四種是關於著者的那些簡短的意見與批評，使人可以因此自擇應讀哪些書。

第五種是關於各種研究之次序與處理，使人可以因此知道應該依照何種順序去閱讀。

論到教授上的知識，包括著適於青年的那種傳授方法，這裡隸屬著多種極有價值的研究。

第一，定各種知識之傳授之適當時期，例如應該先授哪種，以及應該使他們暫時緩習哪種。

第二，考慮應從何處授起，由淺入深的到達那比較困難的部分，與在何種場合，先強授那較爲困難的，然後再移轉到那較爲容易的去，因爲用氣囊來練習游泳是一種方法，穿了重的靴子來練習跳舞又是一種方法。

第三，是照才智之所宜去治學問，因爲所有智慧上的缺陷，都有與他們對症的療法存在於某一種研究中。譬如，如果有一個注意力不容易集中的兒童，數學就能夠給他一種治療，因爲在數學上，只要略一分心，他就得重新做起。同某種學問特宜於救正某種智慧上之缺點一樣，某種智慧也是在某種學問上最能見長與最易進步。所以，何種智慧與天性與何種學問最爲相宜與適合，實是一個很有智慧的探討。

第四，功課之排列是於傷害或輔助都有極大關係的一件事，因爲，同西塞羅很好的觀察結果，人在運用智慧的時候，如果沒有適當的指導，的確可以運用他們的短處與得到不良的習慣，同得到好的一樣，所以對於功課之持續與間歇，是應該鄭重的審查。要逐一舉出許多其他這一類的考量，那些表面看似平凡，但是有特別效驗的東西，是太冗長了。因爲如同種子或幼稚的植物處理之當否，與它們的滋長最關重要，與曾經有人注意到羅馬最早的六個君主實在是國家的教師〔監護人〕，那後期的國家極度偉大之主要原因，就在他這幼年期內，青年時代心智之培養，是這樣有力（雖然看不出來）的影響，就是以後無論多長的時期，或是多努力的工作，都不能改變。而且這也是值得注意的，因教育而獲得之微小與平凡的智慧，碰到大人物或大事件，確能產出重大的效果。關於這點，我們在塔西佗的書裡看到兩個優伶，波塞紐斯（Percennius）與味普侖奴（Vibulenus）的一個可注意的實例，他們以演劇之才能，把潘諾尼亞（Pannonia）〔多瑙河南之羅馬屬省〕的軍隊激起到極度的擾攘與興奮。因爲在奧古斯都死的時候，這支軍隊裡面起了叛變。省長勃萊塞斯（Blaesus）已拘捕了幾個叛變者，但爲他們的徒黨救出。在這時候，味普侖奴向眾人這樣的演說：「這些已經指定了要受慘死之無辜的不幸者，你們已使他們重見天日了，但是那個能夠給還我的兄弟，或是把生命給還他，那個受了駐在日耳曼的軍隊之使命，來與我們商議這個共同目的的？他在昨天晚上，已經派了幾個在他左右，專爲屠殺軍士的那些劍士與兇徒，把他殺害了。勃萊塞斯你告訴我，你將他的屍體怎樣的處置了？最愛殺人的仇敵，都不拒絕埋葬。在我含著眼淚吻過屍體，這樣的履行了我最後的天責，你就可以叫他們把我殺死在他的身旁，這樣使我們的夥伴，爲我們的好意與對於各軍團的眞心，可以得到許可來掩埋我們。」這樣的演說，把軍隊的情緒提高到無限制的憤慨與囂擾，而其實他並沒有兄弟，亦沒有這樣的事件發生，不過同在戲臺上那樣的扮演了一回。

回到正文，我們現在已把理智的學問講論完畢了，在這上邊，我曾爲與向來沿用的不同之分類，但不可以爲凡我所不用之分類法，我都不贊成。因爲有兩重必要使我不能不改變向來的分類。一個，因爲把性質相近之事類列一起，與把用處相同之事類列一起，目的與用意是不同的。如果一個掌理國家事務的祕書要把他的文卷分類，大概在他書室裡或普通的箱櫃裡，他當然把性質一類的文件排列一處，如同條約、訓令等等。但在箱篋或特別的箱櫃裡，他卻要把那些或者同時要用的文件放在一處，雖然它們的性質彼此不同。所以在學問的普通箱櫃裡，我有遵照事件之性質分類之必要，而如果同時要處理某一種學問，我當然就尊重那最適於實用的分類了。其他的一個，因爲加上這些（應該補充的）缺陷，結果當然要使其餘事件之分類都爲之改變。假定（爲便於舉證起見）現有的學問之數爲十五，再假定連著（應補的）缺陷，學問之數爲二十，那十五裡面的部分，就不是二十裡面的部分了，因爲十五的各部分是三與五，而二十的各部分是二、四、五與十。所以這些事情是非可反駁，而不得不然的。

現在我們要講那研究人的欲望與意志的學問了，關於這個，所羅門曾說：「我兒，保持著你的心，這比任何事都還要緊，因爲生活之動作都是從心裡出來的。」在這種學問之處理上，凡曾有著作的人之所爲，照我看來，彷彿是一個人以教人寫字自居，但只陳列了字母與聯綴的字母之好的樣本，卻沒有關於執筆與結字之教法或指示。所以他們只製成了好的型範與模本，帶著善行、德性、責任、幸福之輪廓與肖像，加了很好的說明，把它們作爲人的意志與欲望之眞正目的提出。但是怎樣來獲得這些好的目的物，與怎樣的範疇與馴制人的意志使他們切適這些企圖，他們完全沒有講到，或只極疏略與毫無實益的講了一點。因爲不是有了「人心德性之養成是由於習慣而不是天性」這種論辯，或是「高尚的心理可動以教訓與勸誘，而尋常的一類則可動以賞罰」這種區分與同這類散碎的暗示與略說，就可以爲這一部分之缺乏之解辯。

這種缺乏之緣由我以爲就是那個暗礁，在那上面，這種與許多它種學問之船舶都遭到了毀滅，這個暗礁就是人自來鄙視致力於平常的事情，他們的審當處理卻是最有智慧之教訓（因爲生活之性質本不是新奇與微妙之事），但是相反的，他們卻把好多大半是某種燦爛的或輝耀的材料綴合成了學問，那些，都是爲了要使論辯之精妙或語論之暢美獲得光榮而選出來的。但是塞內卡曾給予語言之便捷一個好的抑制，「便給於愛好它勝過了實質的人有害」。教訓應該使人喜愛他們的課業，而不是喜愛他們的教師，因爲它是指向聽者之獲益，而不是指向作者之得名。所以，那可以同狄摩西尼結束他的勸告那樣結束的教訓，才是對的，「如果你實行了這些話，你不但今天就要稱讚向你說的人，而且你不久，因爲你私人利益的情況之改善，還有慶賀你自己之理由」。

有這樣好的天才的人亦不必怕得不到那維吉爾所自許，而確實得到的幸運，他於發表農事的觀察上所獲得之才辯、機智與學問之美譽，與發表埃涅阿斯（Aeneas）的英武舉動所獲得的相同：「我也不能還懷疑，要把我的題目從這樣低的地上抬舉起來，與以文字之莊麗來文飾我這題材所能給予的卑下材料，我須要加上如何的苦功。」而且這是一定的，如果這目的是認眞的話，不是在閒空的時候寫下了那人可以在閒空的時候去讀的東西，卻是眞的去教導與供備實行與實際的生活，這些心靈的田家詩，關於他的耕作並不比德性、責任與幸福之燦爛的敘說少了價値。所以關於道德的學問之主要的與根本的分類，似乎是善之型範，與心靈之訓練或修養：一個說明善之性質，一個規定怎樣抑制人的意志去使他與善之說明適合於適應之規則。

關於善之典範或性質之理論，考量單純的或比較的善，善之類別或善之程度在這裡面的後一種上，那些關於它的極度，就是所稱爲幸福、極樂或至善的無窮已的論辯，關於這種理論，在異教徒中即爲神學，是爲耶教所廢棄了。同亞里斯多德說的那樣，「青年人容或可以快樂，但卻只在希望上」，我們亦只好都承認我們之未成年，甘受那只在將來的希望上之幸福。

從這種哲學家的天堂之理論裡解放了出來，在那裡，他們假設了一種比實際更高之人的天性之高度（因爲我們看到塞內卡寫出下面這句話的時候，語氣是怎樣的誇大：「在一個人身上具有人的脆弱與神的安全是眞實的偉大。」），我們可以有更多的謹嚴與眞實來接受他們的研究與工作之其他部分。在那裡面，他們以說明德性與責任之形態，連同他們的處境與姿狀，與將他們分成了他們的類別、部分、範圍、動作與使用，與同這類，來很好的記下了絕對的或單純的善之性質。不但如此，他們還以極度的議論之生動與勸說之美妙來把他們推荐於人的天性與心靈，的確，而且還（盡了論說之力量）來爲他們對於不健全與流俗的見解之保障。此外，他們在他們的善之三重說（謂身、心與境遇之善），思考的與實行的生活之比較，需努力去獲得的與已成爲習慣的德性之區別，他們所舉的廉潔與利益間之衝突，他們將一種德性與他種之比並，與這類上，還很好的論列了善之程度與比較性。因此，這一部分應該說是得到了很好的研究。

但是，如果在他們未曾說到善與惡，快樂與苦痛，與其餘各項之流行的與向爲人所承認的意見之前，他們能在關於善與惡之根本與這些根子之鬚條的研究上多停留一回，那麼，照我的意見，他們就給予了後人以極大的光明，尤其是，如果他們曾參考過自然，就可以使他們的理論不這麼的繁冗而更加深刻，因爲他們把這些部分略去了，而把他們的又一部分論列得很不分明，我們將嘗試將其較爲明晰的重新提出。

無論在哪一件東西上，都有一種善的二重性：一個是把這件東西當作全體或有著單獨的存在的東西看；還有一個，把它當作一個較大的物體之一部分看，那裡面在後的一種在程度上是較爲重大與有價值的，因爲它趨向於一種性質較爲普遍的要素之保存。因此我們看到有特種交感性的鐵移向磁石，但是如果它超過了某種的量，就放棄了對於磁石的愛慕，同一個眞實的愛國者那樣，向地移動，這個地是與它同類的重大物體所應在的地方。我們還可以再舉一個例子，水與重物都是向地心移動的，但是不肯破壞自然之連貫，它們卻會從地心向上移動，爲了它們對於世界之責任而放棄它們對於地之責任。這種善之二重性與它們比較的價值，是更深的刻鏤在人身上，如果他是不墮落的話；在他看來，對於公眾的責任之保存，應該比生命之保存更要寶貴得多，照著偉大的朋貝那句可紀念的話，在他受了委任要運糧到羅馬去救濟災荒而爲他的好友所力阻，說他不該冒險在這樣惡劣的氣候中出海，他只回答他們說：「我一定應該去，但我不是一定應該活。」這是可以很正確的來肯定的說，就是，從來沒有一種哲學、宗教或其他的教訓，同耶教那樣明白與極端的讚美有社會性的善，與貶抑屬於個人的善。從以上可以很明白的看出來，同一的上帝把自然的規律給予了我們以前說過的無生命之物，和把基督的規律給予人類，所以我們讀到上帝所揀選的聖徒，在一種博愛與同情之無限的感動中，願他們爲上帝所詛咒而永生簿上將他們的名字抹去。

把這個確立了就可以來評判與決定那道德的哲學〔倫理學〕所從事的辯論之大部分。第一，它決定了關涉那看重思考的還是實行的生活問題，而反對亞里斯多德。因爲它偏袒思考的生活所舉的各種理由，都是私人且關於自己的快樂與尊嚴〔思考的生活在這些方面無疑的占著優越的地位〕，同畢達哥拉斯誇飾哲學與思考之比方並不十分殊異，在希羅（Hiero）〔實是里歐（Leo），弗留斯（Phlius）之獨裁者〕問他是何等樣人的時候，他回答說：

「如果希羅曾看過奧林匹亞競賽運動，他就會曉得有些人是爲要獲得獎品來試他們的運氣的，有些人是來售賣他們的物品的商賈，有些人是來尋樂與會見朋友，有些人是來觀看的，他就是一個來觀看的人。」但是人該知道，在這個人生之劇場裡，只有上帝與天使能置身事外。教會亦不能認此點爲尚有疑問，雖則他們說「上帝看他的聖徒之死，極爲寶貴」這句話，是他們常用來讚美他們的退隱〔獻身宗教〕與清苦的生活，除非常帶著這種辯護，就是，修道院的生活，並不只是思考的，卻還要盡不斷的禱告與祈求，這是很正當的認爲教會中之一種本分，或是同摩西在山上住得這麼長久的時候所做的，寫出上帝之規律，或受怎樣爲這種寫作之教訓之責任。我們看到亞當的七世孫以諾（Enoch）就是如此，他是第一個思考的人，與上帝一同走著，但他仍以預言給予了教會，這個是聖徒猶太曾引用的。但是宗教確實不知道有那並無光亮照到社會上，而只限於他自身的思考。

這〔指全部的善之勝於一部的善，以下各段之首仿此〕還可以解決下面這種爭辯：一方面是芝諾（Zeno）與蘇格拉底和他們的學派與徒眾，他們把幸福置於單純的或帶著別的裝飾的德性上。他的實行卻多半包括與關涉社會；而另一方面是昔蘭尼加派（Cyrenaic）與快樂派，他們把幸福置於快樂上，而把德性（同在有些錯誤之喜劇裡那樣，在那裡面，主婦與侍婢換穿了衣服）作爲僕役，沒有了它，快樂就沒有人伺候；與同修正的快樂派，他們把德性置於心靈之寧靜與擾亂之袪除上，彷彿他們是要將朱比特廢立而使薩騰（Saturn）復辟與恢復世界之初期，在那時候，沒有冬夏春秋，都只有一種的氣候與季節；與同海列拉斯（Herilus），他把幸福置於心的競爭之消滅上，並不確定善與惡之性質，照著心神之安靜或勉強來估定事之好壞，這種見解曾在再洗禮論者之異說中復活，照精靈之動作，與信抑之堅貞或猶夷來估定事情之好壞，凡此種種都顯然偏向個人的安寧與滿足而不是向著社會的情況。

這又可以批評埃比克泰德的哲學，那是預先假定幸福必須置於我們所能操縱的東西裡面，不然我們就可以受到機遇與變動之影響，彷彿爲公共的好的目的而失敗，並不比在我們自己的遭遇上獲得所能希望的一切更爲有幸。如同康薩爾沃（Consalvo）向他的兵士說的，指著拿坡里城給他們看，矢言寧願向前一步而死，不願退後一步而得到長期的生命之安全。這種見解因那個最好的領袖〔所羅門〕之智慧而增加了力量，他曾肯定的說：「一種好的良心是一個不散的筵席。」明白的指出，好的目的之自覺，不論這些目的之見效到如何程度，對於自然，是要比爲求安全與寧息所能爲之一切準備還要長久的一種快樂。

這還可以批評那種在埃比克泰德的時代漸次流行之哲學之妄用，來把它作爲一種職業，彷彿他的目的不是要抵抗與消滅心理的激動，卻是要避去產生它們的原因，爲了這種目的，造成一種特別的生活與生活方針，輸入了這樣一種精神的衛生，如同亞里斯多德說希羅迪克（Herodicus）的那種身體的衛生一樣，他除了注意他的健康，終身沒有做過別事。而如果人是決定了要盡他對於社會的責任，那麼如同最能受氣候之各種變動與極端的身體之健康就是最好的身體之健康，能夠經歷最大的誘惑與心理的激動的心理之健康亦就是最好的心理之健康。因此，第根歐尼的意見是應該接受的，他不讚揚能抑制的人，卻讚揚那能強力支持，能在邊際上制止他們的心意，與能（同馬術上所用的那樣）給心意以敏捷的停止或轉向的人。

最後，這可以批評有些最古與可敬的哲學家，以及抱哲學家態度的人之反應過度與缺乏適應力，他們為了要避免侮辱與煩惱，太容易辭去公共的事務，而眞有道德的人之定見，應該同康薩爾沃說軍人的是非心那樣，應該要粗厚一點的組織，不要這樣的細緻，使任何物多可以刺入與損害他。

現在再繼續說個人的善，這可分為積極的與消極的，因為善之區別（同那在羅馬人中以這兩個家常的名詞，掌收儲的僕人與領用的僕人，來表明的那樣）一切物上都有，而最容易在生物之兩種不同的欲望上顯現出來。一種是保存他們自身或使他們延續，一種是申展他們自己或使他們繁殖，後面一種似乎更為重要，因為在自然中，天，那是較為重要的、是主動的，而地，那是次要的、是受動的。在生物之快樂中，生育之快樂是大於飲食之快樂。在神聖的訓義中，「授比受更能得福」，而在生活上，沒有一個人的精神是這樣軟弱，會把實現他心裡決定要做的事情看得不比肉欲更重，這種積極的善之優越，頗爲我們的生存狀況是不能免於死亡與可受到機遇之影響這種考慮所支持。因爲，如果我們可以在我們的快樂中得到永久與確定，這種快樂之穩定就會增長他們的價值，但是我們知道了這無非是「在死的時候延遲一點，我們就以爲是件大事」，與「你不要誇明日怎樣好，因爲你不知道一個日子可以帶些什麼東西來」，這就使我們希望得到一點固定而不受時間之影響的東西，這些，只是我們的行事與工作，如同人說的：「他們的工作，留在他們後面。」這種積極的善之優越，也是爲人自然就有的那種對於變換與進步之喜愛所支持，這種在感覺的快樂上，(那就是消極的善之主要部分)，是不能有廣大的範圍的。「想一想有多少次，你做著同一事情，飲食、睡眠與遊戲，在一個永久的循環上一個跟著一個，一個人，並不要勇敢與困苦，只爲厭倦了老是這樣一次又一次的做著同一的事情，也會寧願死掉的」。但是在企圖、追求與生活的目的上，哪裡有不少的變換；在那上邊，人於他們行動之開始、進行、休息、回來再做、接近與達到他們的目的之時，都感到快樂。所以，這是說得很對的，「生活沒有一個目的是易使人厭倦與無定向的」。這種積極的善並不與社會之善有何相同之處，雖然有時候它恰與後者吻合。因爲雖然他常做於人有利之事，但他的唯一目的仍是一個人自己的權力、榮譽、地位之增高與繼續生存，如同在主動者之善是一種與社會之善衝突的事情的時候可以明白看出來的那樣。因爲那種支配世界之撥亂者的巨靈般的心理狀態，如西拉與比較小型的無數其他的人，他們要叫他們所有的友都快樂與所有的敵都苦惱，並且要照他自己一時的意思改造世界（這眞是對於神的作戰），這種心理狀態以積極的善爲他的目的，並且希冀得到他，雖然他與社會之善離得最遠。後面的這種，我們已經決定了是較大的善。

再繼續說消極的善，這個可以再分爲保守的與完成的。讓我們把已經說過的再簡單的復述一遍：我們首先說的是社會之善，它的目的包括人類天性之要素，我們不過是那個的分子與部分，而不是特別與各個的自成爲要素；我們又說過積極的善，把它作爲個人的善之一部分。這是不錯的，因爲一切的物都具有一種從自愛上生出的三重欲望：一個是保存與延續它們之要素；又一個是改進與完成它們之要素；第三個是繁殖它們之要素與把它伸展到別的物上，這裡面，繁殖或它在別的物上之印象，就是我們以積極的善之名義來論列的。所以現在只剩了它的保存，與它的完成與提高，後面一種是消極的善之最高度。因爲照現在的狀況保存還是比較小的一件事情，而保存了再加以改進是一件比較大的事情。所以在人身上，「一種火樣的力量進入了它們的生命，一種出於天上之要素」。它的幾及上帝或天使的性質，或以這種自任，就是它的要素之到達於完善；這種善之誤認或虛僞的仿效就是人生之風波；而人，因爲有一種在要素上求改進之良知，是被驅動了去尋求一種地位上的改進。因爲同有病而得不到救治的人是輾轉不安，常移動他們的地位那樣，彷彿以一種地位上的變動，他們就可以得到一種在他們身子裡面的變動〔謂脫離所感之痛苦〕；懷著大志願的人也是這樣，在無法使他們的天性提高的時候，他們是在想要把他們的地位提升之一種永續的激動中。所以消極的善，同上面說過的那樣，是保存的或完成的。

再繼續說保存或支持的善，那個無非是於我們天性相宜的東西之享受，這看來是快樂中最純潔與自然的，但仍是最軟弱與低級的。這種還可以再有一種區別，但這種區別並沒有經過好的評判或好的研究，因爲享受或滿足之善是在享受之眞實，或它的強烈與力量中。一個是因爲沒有變動而加上的，另一個因爲變動；一個有了較少的惡之混入，另一個較多的善之印象。這兩種裡面哪一種是較大的善，是一個有爭議的問題，但是人的天性是否有把兩者都做到之可能，卻是沒有人研究的問題。

在蘇格拉底與一個詭辯派的學者辯論前面的那個問題時，蘇格拉底以爲幸福是在心理一種不受擾亂與沒有變動的安寧中，而那個詭辯家以爲是在多種的欲望與多種的享受中，他們從辯論到辱罵：那詭辯家說蘇格拉底之幸福是一塊木頭或石頭的幸福；而蘇格拉底說那個詭辯家的幸福是一個身上癢的人之幸福，他所有的事務不過就是癢與搔癢。這兩種意見都有可以支持之理由。因爲蘇格拉底之意見，甚且頗爲伊比鳩魯之本派之一般同意所支持，就是說，德性在幸福中擔當著很大的任務，如果是這樣的話，當然德性在清除心裡的煩擾時要比他成就欲望時的用處更大。那詭辯家之意見亦頗受我們剛才說過的那句話之贊同，就是進步之善要比單純的保存之善更來得大，因爲每一個欲望之達到，看來都是一種進步，如同動，雖然在一個圓周上，看來都是一種進行。

但是第二個問題，正當的決定了之後，就使第一個問題成爲冗贅。因爲這恐怕是沒有什麼疑問的，就是，有些人之喜歡享受快樂更勝於別人，但是他們在失卻或離去快樂的時候，亦沒有別人那樣的難受。所以有這種常對人提出的勸告，「不要用一件東西，怕你會要感到它的需要；避去對於這件東西所感到之需要，怕你會唯恐失去了它」，而在我看來，哲學家理論之大半是都比事物之性質所需要的更來得膽小與充滿了警告。在要想救治對於死亡之恐懼時，他們實在增加了這種恐懼。因爲在他們要把人的一生作爲無非是對於死亡之一種訓練或準備的時候，他們一定要使人想到死亡是一個極可怕的敵人，對於他的準備是沒有了期待的。詩人卻說得要好些：「一個可以泰然的蔑視死亡之靈魂，把死認作了自然之特惠。」他們又想不使人們的心靈充分的知道阨逆的事情來把它們弄得太一致與調和，由於這緣故，我以爲是因爲他們自己是專過著隱退、自由與沒有與他人適應之必要的那種生活的人。因爲如同我們所知道的，在琵琶或類似之樂器上，一種簡單的音調，雖然諧美與似乎有許多的變動，總不能同一個轉變的音調那樣使手諳習這種奇妙與難能之節制與段落，一種哲學的與一種社會的生活之不同，也極與這個相似。所以人是應該師法琢磨寶石的人之智慧，他們如果遇到寶石裡有了沙粒，或綿，或坼紋，那些可以磨去而不至於多耗寶石，他們就這樣的將它磨治了，但是如果這樣就太損耗那寶石，他們就任其自然。人亦應該這樣去求得寧靜，叫他們不至因此而損傷了廣大。

把個人的善推演到了適宜之限度後，我們可以回來講那關於社會的善，那種，我們可稱爲責任，因爲責任這個名詞是一種很能與他人適合的心理相宜，如同德性這個名詞是專用於一種自身很好的構成的心理，雖然沒有人能夠與社會略無關涉就了解德性，或是沒有一點心理的內傾就了解責任。這一部分初看是可以把它認爲屬於政治的，但是如果觀察仔細，就不是如此，因爲這是關於每人對他自己，而不是對於他人之管理。如同在建築上，指示梁柱與房屋之其他部分之做法，與將它們裝架起來與建成房屋之方法是不同的事；和在機械學上，指示怎樣製成一種器械或機器，與怎樣使用它是不同的事，但在表明這一種的時候，你仍是附帶的表明了又一種的適宜，人在社會中聯合之理論，也是與他們依從社會的習慣是不同的。

這種責任的部分，可再分爲兩部分：人人以國家一分子資格所同有的責任；人人在他的職業與地位上所特有或專有之責任。這裡面的第一種現在已有，而且得到了很好的研究，同上面已經說過的那樣。那第二種我也可以說只是分散了而不是缺乏。那種分散的著作，在這個題目上，我承認是最好的。因爲哪一個能夠擔任來說這些職業與地位裡面每一種應有之責任、德性與權利？雖然有時一個旁觀者可以比參加運動的人看到的更多，而我們是有著這麼一種傲慢多於可靠的諺語，說「平地最容易顯出山來」（意謂大人物之短處最爲平凡人所知）。但是，人在他們自己的職業上最能夠說得好與合於眞相與切當，還是不成爲什麼疑問的；而空論家對於實行的事件之著作，在有經驗的人看來，大部分是，同弗爾米奧（Phormio）關於戰爭之議論照漢尼拔（Hannibal）看起來那樣，無非夢囈。在自己的職業上著作的人們只有一種缺點，就是過分的誇大。但是尋常我們總該希望（同一種可以眞使學問有實際與有效果的東西那樣）從事實際工作的人們肯爲或能爲著作家。

在這一類（的著作）裡面，我不能不隆重的舉出陛下論君主之責任的那部很好的書，一部融合了神學、倫理學與政治學的著作，對其他領域影響深遠，而在我的意見上，是我曾讀之最健全的著作之一，不會因發明的熱潮，或因忽略而失了常度；亦不同那些迷失了正規秩序的人那樣的患著眩暈，或同那些陷在毫無干涉的事物中的人患著抽搐，不同那些不顧題目之稱否，只求博得讀者之歡心的人那樣的帶著香料的氣味與塗抹之色彩。尤其在材料上配置得好，既合眞理，又適實用，與我曾說過的那些在自己職業上著作的人所易感之常有的病症，就是，把他們所說的過分抬高，離得很遠。因爲陛下很正確的描寫出，不是一個亞述或波斯王，在他們外面的光榮中，卻是一個摩西或大衛，人民之牧人。我也再不會忘記我聽見陛下在一件重大的裁判管轄問題上，以同一的神聖的統治精神來發表的一句話，就是，「君主以他們的法律統治國家，同上帝以自然的規律統治世界一樣，並且應該極少行使他們最高的特權，同上帝行使祂顯現奇蹟的能力一樣」。但是雖然這樣，在你論一個專制的王國的書裡面，你很適當的叫人知道你是深曉一個君主之權能之絕對的全備，與同他的職務與責任之範圍。這樣的，我擅以陛下這種好的著作爲關於特種責任的論文中之一個首出或卓著的例子，在這一點上，即使這部書在一千年前著成，我也不會減少了我的讚譽，我也並不爲某種朝廷的禮節所動，這種禮節，以當面稱譽爲獻諛。我以爲不在面前稱譽，才是諂諛，就是說，在或是這種德性，或是這種際會不在面前〔缺乏〕的時候，因此，這種稱譽，或就眞實上，或就時間上論，都不是自然，而是勉強的。但是讓我們讀西塞羅辯護馬賽羅（Marcello）的演說，那個，無非是描繪凱撒的美德之一種圖畫，而且是當著他的面做成的。把這個與許多其他很好的人所給予的實例放在一起，這些人的智慧，比著遵守這種朝廷禮節的人要大得多。我們就再不會致疑於在一個完全適當的際會，給予當前或不在面前的人以應分的讚譽。

但是回到正文：應屬於這個處理各種職業之責任的部分的，還有一種與它有關或相反的，就是，涉於每種職業之詐騙，與過惡的事件，那些也曾經有人處理，可是他們處理的方法大都是嘲諷與譏誚的，而不是嚴正與有識的，因爲人寧願用機智來嘲弄許多在職業中良好的事情，不肯用審查來發現與分出那腐敗的。因爲，同所羅門說的那樣，以一種輕侮與非難的態度來求知識的人，一定可以找到合他意的東西，卻是沒有可以教導他的，「一個輕侮者欲求智慧而不能得到，但知識在能夠了解的人是容易獲得的」。但是以正直與眞實來處理這個我認爲還有缺陷的題目，據我看來是可以建立的誠實與德性之最好的保障之一。同古寓言說那個一顧視即可使人死亡之龍蛇那樣，如果他先看見你，你死，但是如若你先看見他，他死，欺詐與邪惡的技倆，也是這樣。如果他們先被發覺了，他們就喪失了生命；但是如果他們趕上了先，就能夠使我們受到危險。所以我們應該感謝馬基維利與其他人，他們的書是說人所做的，而不是他們所應做的事情。因爲要把蛇的智計與鴿的天眞合在一起是不可能的，除非人確鑿知道蛇的各種情態：牠的下賤與卑劣，牠的蜿蜒與光滑，牠的嫉妒與螫嚙，與其他。就是說，各種各樣的邪惡，因爲沒有這些書，德性是開豁著與沒有防護的。不但如此，一個好人，要是沒有關於邪惡之知識爲助，對於壞人就不能有何用處，如同要想感化他們。因爲墮落的心理先假定了誠實是出於天性之簡單，而是相信教士、教師與人表面的話。所以，除非你能夠使他們看出你明瞭他們墮落的意見到了極處，他們是輕視一切道德的。「除非你能夠告訴他他自己心裡懷著的意思，一個愚人是不會接受智慧的話的」。

夫婦、父母與子女，與主僕間相互的責任，亦屬於這個關於特有的責任的部分。友誼與感謝之公例、團體、政治組織與鄰里之社會性的約束，與同一切其他相互的責任，亦屬於此類，不是把這些看作政府或社會之各部分，卻只關於怎樣的訓練各個人的心理來維持這種社會的約束。

關於社會之善的學問也處理這個問題，不但是單獨的，而且是比較的；屬於這一部分的是在人與人、事與事、個人與大眾間的責任之權衡。如同我們在盧修斯・布魯圖斯（Lncius Brutus）審判他的諸子這件事上看出來，這是這樣的爲人所盛稱，但是還有人說：「不幸的人啊，對於他的行爲，後人不知道怎樣的評判呢！」所以這件事情的對不對，還有疑問，關於他的意見，是贊否兩面都有的。還有，馬克・布魯圖斯（M. Brutus）與卡西烏斯，爲要探測有些人的意見，看他們是否適於他們的僚友，在邀請這些人晚餐的時候，發出了殺死一個專制者是否即爲篡奪者這個問題，坐客的意見就紛歧了，有人以爲甘爲奴隸是最大之惡，有人以爲專制還勝於內戰，關於比較的責任的這類事例還有很多。在這些裡面最常見的是一種小的不公道可以生出許多的好處這個問題。這個就是帖撒利的傑生反對著眞實而決定的：

「要獲得一種較大的善，必得要做一點小的惡事。」但是對他的回答是很好的，「你現在可以做好的事情，但是對於要等將來再做的好事，你沒有保障。」人是應該追逐著當前的事情，把將來讓上帝去支配。這樣的我們已經講完了這個關於善之型範與種類之總括的部分而準備前進。

我們已經講過了這種生活之果實，現在還要講屬於這一部分之種藝法，沒有這一部分，前面的那一部分就沒得比一個好的畫像或雕像好，看著雖美，卻沒有生命力。亞里斯多德自己曾以這樣的字句承認這種意思：「關於德性，我們應該確鑿的知道它是什麼性質與從哪裡發生出來的。因爲只知道德性是沒有多大用處的，如果我們不曉得怎樣去獲得它。因爲對於德性，我們不但應該研究它的性質，還該研究怎樣可以達到它，而不是知道了它從何處發出與是怎樣獲得的，我們就不能知道怎樣去達到它。」他是用了這樣繁多的字句與這樣反覆的說法來述說這一部分，所以西塞羅在極讚凱圖二世的時候是這樣說的，他致力於哲學「並不爲要想同人爲哲理的辯論，卻爲了他可以同一個哲學家那樣的生活」。雖然我們現代之疏忽可以使這一部分看來似乎沒有必要，在這個時代裡，沒有幾個人對他們生活之改良有所商權，（同塞內卡說過的：「人人都注意到他的生活之各部，沒有人注意到他的全體。」）但我仍要以希波克拉底的那句警語來結論：「那些病而不覺痛苦的人是連心都生病了。」他們不但需要藥物來減輕他們的病症，並且還要來喚醒他們的感覺。如果有人說人心之治療是屬於神學的，那是最爲眞確的，但是我們還可以把倫理學同一個有智慧的僕人與卑微的侍婢那樣的推荐給他。因爲同《箴言》裡說的那樣，「侍婢的眼睛總是看著主婦的」，但是無疑的總還有許多事情留給侍婢去處理，去察出那主婦的意向來，倫理學亦應該不斷的注意神學的理論，但他亦可以（在適當的範圍內）由自己發生很多健全與有益的指示。

因爲這一部分是這樣的好，所以我覺得沒有把它做成有文字的研究是極可怪。尤其，因爲這裡面有著許多爲語言與行事所素習的材料與這種事情，在那上面，人之常談是要比他們之書籍含著更多之智慧（這是稀有，然而有時是實有的）。所以我們把它更詳細的提出是合理的，一來是爲著它們所有之價值，而且亦爲因此我們可以卸卻說它缺乏之責任，這句話看來似乎是不可信的，而且曾在這上面有過著作的人都不是這樣的看法。因此我們要列舉那裡面的幾個項目，庶幾可以更明白的看到它們的眞相，與同究竟它們是否存在。

第一，在這個上面，同在關於實行的一切事情上一樣，我們應該計算一下，哪些是我們所能爲的，哪些是我們所不能的，因爲一個是可以改變的，一個是只能與他適應的。農人不能支配土性與天時；醫師也不能支配病人之體格與症狀之繁變。在人的心理之訓練與治療上，有兩件事情也是我們所不能支配的：關於自然與命運的事項。我們的工作是爲一個之基礎與又一個之條件所限制與束縛。所以，在這些事情上，我們是只能夠以適應而進行的，「忍耐可以制勝一切命運」，並且同樣的，「忍耐可以制勝一切自然」。但是我們說的忍耐，不是一種愚鈍與怠忽的忍耐，卻是一種有識與勤勉的忍耐，這種，能夠從那看來是阨逆的事情裡得到與造成實用與利益；這才眞是我們所說的適應。適應之恰當，大半奠基於我們所要適應的那種先有情態或意向之切當與明確的知識上，因爲除非我們先把身體量過，否則是不能使衣服合身的。

所以，這種學問裡的第一件事就是定下人的性情之各各不同的特質之正確的分類，尤其是關於那些最基本而爲其餘之源泉與原因，或是最常與它種性質合併或參雜的別異，在那上邊，不是爲了要更好的說明德性之中庸，來把裡面的幾個簡略的論列了，就可以滿足這種目的。因爲如果這種情形是值得考究的話，就是，有些心理是適於大事，有些適於小事（這種，亞里斯多德以，或應該以「心理之廣大」這個名詞來論列的），那這是否亦是值得考究的呢？就是，有些心理能夠注意到許多的事情，有些，只能夠注意到幾個。以此，有人能夠同時分理多件事情，而有人或者也能做得很好，但只能同時在不多的幾件事情上，而因此也就有了心理之狹隘與怯懦。並且，還有些心理是適於那些可以立時，或在短期內處理的事情；有些，那些發源甚遠而需要長期的致力才能辦到的事情：「當他的計畫還在搖籃裡的時候，他已經在乳養與照看它了。」所以可以很恰當的說是有一種心理之耐久性，這也是常作爲一種心理之廣大來歸與上帝的。因此，這不是也值得亞里斯多德考慮的嗎？「談話中有著一種（假定所說的事情是毫不關於一個人的自身的）諛順與使人喜悅之傾向，與一種與此相反之反駁與與人相左的傾向。」這不是更值得考慮嗎？「有一種傾向，不是在談話中，卻是在性質較爲重要的事情上（假定這事情還是與己無關的），在別人的好事上感到快樂；與一種相反的傾向，在別人的好事上感到厭惡？」這就是那我們所稱爲好性氣或不好的性氣，好意或惡意。所以，這一部分涉於天性與意向的學問，在倫理學與政治學上都會被人遺落，我實爲之驚異不已，想到他於兩者都有這樣大的用處與助力。人在占星術之傳說裡面可以找到一些人的性情之很巧妙與適當的分類，照著他們降生的時候是那種行星占著優越的地位，安靜之喜愛者，動作之喜愛者，勝利之喜愛者，榮譽之喜愛者，快樂之喜愛者，藝術之喜愛者，變換之喜愛者，諸如此類。人在這種記述之最富有智慧的那一類，就是，義大利各邦使臣關於教廷主教團的報告裡面，可以找到那些主教之性情很巧妙與生動的被描畫了出來。人在日常會談的時候可以碰到那最初的，或最終的印象是感覺敏銳的、木訥的、拘謹的、老實的、詼諧的、自信的各類人，與同此類，但這種觀察仍是在字面上遊走，而沒有在研究中固定著。因爲區別（很多的）是找到了，但我們不能在那些上歸結到何種行爲之指示：我們在這上邊的錯誤是更大，因爲歷史、詩詠與日常的經驗是都同有這些觀察生著的美觀的場地那樣，從那裡，我們只採取了幾束花在手裡拿著，卻沒有人把它們送到製藥鋪裡，叫他們可以製出把它們來應用於生活上的方子。

與這很相類的是性別、年齡、宗教、健康與疾病、美好與殘廢，與這類生成而不是在外的事件所加於心理的那些自然的印象，並且還有那些在外的機遇所產生的，如同君權、貴族的地位、微賤的出生、財富、貧乏、官職、私人的地位、興隆厄運、長期的幸運、變動的幸運、躍等的上進、循序的上進等。所以我們看到普勞圖斯（Plautus）以見到一個慈善的老人爲奇事：「他的慷慨是同少年人一樣。」聖保羅得出結論，對於克里特人（Cretans）應該用嚴格的訓練：「鋒芒的斥責他們。」對於他們那一國的風氣，〔他說：〕「克里特人總是謊騙者，惡的獸類、懶惰者。」薩盧斯特（Sallustius）看出君主們常喜歡矛盾：「但是君主的嗜欲大都是多變如其強烈，而且常是互相矛盾的。」塔西佗看出境遇之提高很少改善了性氣：「在所有的羅馬皇帝中，只有維斯帕先（Vespasian）是變好的。」品達拉斯（Pindarus）觀察出極大與突然的幸運往往傾覆了「不能消受大幸福的人。」所以《詩篇》（*Psalms*）指出在享受幸運的時候，要比幸運加增的時候更能實行節制：「如果財產增加了，不要把他們放在心上。」這些與這一類的觀察，我並不否認是曾爲亞里斯多德很簡略的在他的《修辭學》（*Rhetoric*）裡面提到過一點，與在有些分散的論文中處理過。但是它們從沒有編入過倫理學，而它們本質上之應屬於這種學問，是同關於土壤的種類之知識之應屬於農業，與關於體質的種類之知識之應屬於醫師一樣。除非我們要學經驗派之輕率，他們是把同一的藥品給予一切病人的。

這種學問裡還有一件事是關於情感的研究，同對於身體用藥那樣，我們應該先知道各種的體質；其次，各種的病症；最後，各種的治療；對於心理用藥，在知道人的性情之各種特質以後，其次就該知道心理之各種疾病，那些，無非是情感之激動與擾亂。如同那古代民主國中的政治家常把人民比喻爲海，而把演說家比喻爲風，因爲如果沒有風去擾亂海，海的自身是平靜的；人民，如果沒有那些煽惑的演說家來擾亂他們，也是平和與馴良的。所以我們可以很適當的說，人心之本質是平靜與止息的，如果情感不同風那樣把它鼓動起來。在此處，同在前一樣，我又覺得可怪，看著亞里斯多德可以著作了好幾冊的《倫理學》（*Ethics*），而從沒有論到情感，那個倫理學的主要論題；而在他的《修辭學》中，那裡情感只是附帶的與在次一級的地位被研究到，（以他們可以爲語言所激動，）他卻論到了它們，並且，還把它們處理得很好，看他只限於這點篇幅，但在它們正常的所在，他卻把它們剔除了。因爲不是他的關於快樂與苦痛的論辯就可以滿足這種研究之要求的，同我們不能說那概括的處理光之性質的人就是處理色之性質的一樣，因爲快樂與苦痛之於各種情感是同光之於各種顏色一樣。在這個題目上，我以爲堅忍派之工作，效果較好，如同我們可以在他人之記述上看出來。但或者還是同他們一般的講學態度一樣，就是，只在辨析之精微上，（這種，在這一類的題目上，無非是一種珍玩，）而不是在實際的與詳備的說明與意見之發揮上。同樣的，我看到有講到幾種情感的優美的特種著作，如論憤怒，論遇到阨逆事件之解慰，論羞怯，與其他但是詩人與歷史之著作者是這種學問之最良的教師；在他們的著作中，我們看到很逼眞的描畫出情感是怎樣的激起了；與怎樣的把它們平靜與抑制下去；又怎樣的使它們不見之於行事與加甚；他們是怎樣的呈露出來；怎樣的運用；怎樣的互異；怎樣的蓄積與增加勢力；怎樣的他們是一個裡面又包含一個；他們又怎樣的互相衝突與爭長；與其他這類的各種情形。在這裡，最後的一種，在道德與政治的事件上尤爲有用，例如：怎樣使一種情感抵制又一種情感，與使一種情感克服又一種恰同我們以獸逐獸，以禽逐禽那樣，這些禽獸，要不是如此，恐怕我們是不能這樣容易的獲得的；政治組織所憑以維繫之賞與罰之極好的運用，就建立在這種基礎上：用了恐懼與希望這兩種最有力量的情感來壓服與控制其餘的。如同在國家之管理上，有時須用著一黨去鉗制他黨，在心理之管理上，亦是這樣。

現在我們講到我們自己所能支配，與在心理上有一種力量與影響，可以左右意志與嗜欲，與改變品性的那些事項。在那裡面，他們（哲學家）應該研究習慣教導、示範、仿效、求勝、伴侶、朋友、稱讚、責備、勸勉、名譽、法律、書籍、研究，這些是在倫理學的書籍上有確定用處的東西，與可以影響心理的；而可以用來恢復或保存心理之健康與良好狀態之藥方，充極到心理健康能爲人工治療所保存之限度，亦就是以這種東西製成的，在這些裡面，我們要詳細的講論一兩個，以爲其餘之例，因爲如要把它們都講到是太費篇幅了，因此，我們就把習慣再提出來講一下。

我以爲亞里斯多德的這種見解是一種疏忽的見解，就是說，習慣不能改變天然生成的性質，他以下面這幾件事爲例：假如有人把一塊石子向上拋擲一萬次，那石子並不因此就會自己上升，而我們亦不會因爲常常聽視，聽視就能比之前進步。雖然在絕對受自然之支配的東西上，這個原則是正確的（那裡面的緣故，我們不能在此停住了講），但在自然可以容許一點改變的東西上則不然，或許可以想到一隻緊的手套，用久了是會變鬆的；一支杖是可因使用向著與它生就不同的方向彎曲的；我們因爲常用著聲音，可以說話說得更響而有勁；而我們因受慣了冷熱，對於冷熱更能夠忍受，諸如此類。這些，與他所討論的品性問題，是要比他所舉的那些例子更適合一點。但是如果承認了他的結論，就是說，德性與過惡無非都是習慣，那麼，他更應該教人怎樣去監督這種習慣，因爲心理之適當的整理與運用之規則，是與身體之適當的整理與運用之規則一樣的多，關於這些，我們可以略舉幾個。

第一，是我們應該注意，不可開始就希冀得太多或太少。因爲如果太多了，你可以使一種謹飭的性情沮喪，而使一種自信的性情懷著僥倖的意思，因此，成爲懶惰，並且可使各種性情都抱著一種超過了有實現之可能的希望，因此，到後來就成爲一種失望；如果希冀太少了，你可以就此不想去做與克服任何困難的工作。

另一個規則是，尤應以這兩種不同的時候去做一切的事情，一個是，最喜歡做這件事情的時候，一個是，最不喜歡做的時候；你可以用一個來獲得很大的進步，用又一個來解決心理上之糾結與障礙，而那個適中的時候，就覺得更爲容易與有味。

另一個規則是亞里斯多德順帶的講到，那個就是總要向著與我們天性相反的方面傾倚；同逆水鼓槳，或是把一根樹枝與它天生的彎向相反的那面拗直來那樣。

還有一個規則是，如果你把要做的一件事當作並非你主要目的之所在，卻只是次要的，你就會更願意去做，而且還更覺得有味與快樂，因爲心理對於必要與強迫有一種當然的嫌惡。此外還有許多其他關於處理習慣的眞理；習慣，依著這些眞理養成了，眞可爲第二天性；但是，如果還是受著或然之支配，確常會僅僅的變成一個自然之模擬者，而生出那些缺欠與僞託的東西。

所以，如果我們要討論書籍與研究，和它們對於品性有何影響與勢力，不是有著關於那些事件的各種很仔細與指導的規則嗎？不是有一個基督教中之著作家很憤慨的把詩叫做惡魔之酒，因爲詩增加了誘惑、心神之擾亂與虛妄的見解嗎？亞里斯多德的意見不是有注意之價值嗎？在那裡面，他說青年的人不是道德哲學之適宜的聽者，因爲他們還沒有從他們情感之沸騰中沉靜下來，也沒有受到時間與經驗之磨練。那些古代著作家很好的書籍與議論（在那裡面，他們把德性很尊嚴的表現著，把反德性之一般的見解在他們只堪訕笑之寄生者的服裝中表現著，這樣很有效的來勸人走向德性方面），〔這些著作〕因爲它們不是爲人在成熟與沉靜的時候所誦讀與考量，卻幾乎專付之兒童與初學者，所以於生活之改進上奏效如此之少，不就是因爲這個緣故嗎？這不也是眞確的嗎？青年人在宗教與道德中還沒有過充分的歷練以前，對於政治事項是更不適宜的聽者；怕的是他們的判斷會不正確，與把事物認爲除了照著利用與幸運外，是沒有眞正的差別的，如這句詩說的那樣：「成功的罪惡就叫做德行」，還有這一句：「爲了同一罪惡，一個人得了絞刑，一個人得了王冠」，詩人說這些話是諷刺的與爲了德性懷著憤慨，但是政治的書卻是以嚴肅與明白的態度來說的；因爲馬基維利以爲可以這樣的說「如果凱撒是被打倒了，他要比喀提林（Catiline）還要可憎」，好似一個極端貪欲與嗜殺的人與世上最優越的人（除了他的大欲）之間，除了幸運是更無其他的區別可言的。還有，就在倫理學的書籍（它們的幾種）裡面的理論上，不是也有一種應予警誡的地方嗎？因爲不然的話，怕它們把人弄得太拘泥、傲慢和與它們的時代不合，同西塞羅說凱圖那樣，「他崇高的德性是他所固有的，他的短處不是出於他的天性，卻是由於他所受的教育。」關於確由研究灌注入於品性的那些特性與效果，還有許多別的眞理與指示。關於我們在道德的理論開端的時候已經列舉過的其他各項之用處，如伴侶、名譽、法律與其餘的，也是這樣。

但是有一種心理之訓練方法看來是更要比其餘的切合與細密。這是建立在這種基礎上，就是說，人之心理，有時是在較爲完善，有時在較爲汙壞之狀態中。所以這種方法之目的是來固定與珍護心理之好的時候，與消滅與去掉那壞的。有兩種方法曾經用來固定那好的，矢願或永恆的決心，與遵守或習用，這些之應該重視，是不在它們的本身上，而在它們之能使心理在持續的服從中。消除那壞的亦常以兩種方法來實行的，對於已往之補救或償贖，與對於未來之一種開始或新記錄。但這一部分看來似乎屬於宗教，而且是應該如此的，因爲凡是好的道德哲學（同有人說過的那樣）無非是宗教之侍婢。

因此他們可即以才說的那一件來結束，在所有之方法中，那是最爲扼要，而且是把心理引回到德性與好的狀態之最可尙與有效的方法，那個就是，把一個人生活上之可以爲他的能力所達到的好的目的選出來向他自己提出。因爲如果我們假定兩件事情，就是，一個人是志於正當與好的目的，而且對於那些目的之達到是有決心、恆德與眞意；那他自然會同時求適於各種德性。這眞像是自然之工作，而同時其他的方法是像手之工作。因爲如同在雕刻家刻造一個人形的時候，他只把他現時正在雕刻的部分造成某種模樣，在他正刻面部的時候，彷彿那要作爲身軀的部分還是一段糙石，直等他做到那一部分爲止。但是自然造成一朵花或一種生物的時候，卻不是如此，他在同一的時候，把各部分的基本都造成了。同樣的，要想憑習慣來養成德性，當一個人在勵行節制的時候，他並不能對於堅忍或相類的德性得到多大的進步，但在他專致力於好的目的時，你看，凡是因他想要到達這種目的而覺得應該注意的任何德性，他都有一種先在的傾向來使他遵依著。這種心理狀態，亞里斯多德曾經很好的說明過，他說這不應該稱爲德性，應該把它稱爲神聖的，他這樣說：「把那種超越人倫的神聖或英傑〔亞神〕的德性與獸性的罪惡對當，是很當然的。」再後一點，他又說：「同我們不能說獸類是惡或善，我們亦不能說神是惡或善。神的境界是與善不同的一種東西，同獸的境界之與惡不同一樣。」因此我們可以看出普林尼在圖拉眞安葬時的演說〔實是當面致獻圖拉眞的讚詞〕裡面把何等的榮譽之高度歸於圖拉眞，他說：「人除了要繼續得到同圖拉眞一樣的主宰外，對於神不必再有別的祈求。」彷彿他不僅是神的性情之一種模擬，並且還是他的一種型範。但這種還只是異教時代與非神聖的說話，只有心理之神聖狀態之一點影子：宗教與神聖的信仰〔基督教〕是把博愛印在人的靈魂上來把他們引向這種心理之神聖狀態的，這種博愛是很適當的被稱爲全美之束，因爲它包羅了全部的德性而把它們紮縛在一起。米南德（Menander）〔實是克桑德里德斯（Anaxandrides）〕曾這樣很優美的論肉感的愛，那個無非是神聖的愛之一種虛僞的模擬：「愛是比一個用著左手〔拙劣〕的以詭辯教人者更好的一個教師」，就是說，愛能夠比以詭辯教人者把人教得舉動更爲得當，他稱那種人爲用著左手的，因爲，有了他那麼多的規則與教訓，他還是不能這樣巧妙〔善用他的右手〕或容易的教一個人知道自重與自律，同愛所能的那樣。同樣的，如果一個人之心理是眞爲博愛所點燃，博愛確能比一切道德哲學之教訓更有效的把他忽然振起到更高度的完美，同博愛相比，那些道德哲學之教訓不過是一個詭辯派的教師。不但如此，色諾芬還很眞確的觀察出，所有其他的情感，雖然可以使心靈振起，但它們是以狂歡或過度那類的扭捩與醜惡來造成這種情形，只有愛能夠提高心理而同時仍使它安靜。同樣的，在各種其他的美德上，雖然它們提高了天性，卻仍有過分之流弊，只有博愛是不會過分的。因爲我們知道，爲想要在權能上同上帝一樣，天使們犯了罪惡而墮落了，「我將上升，與最高者相等」；爲想要在知識上同上帝一樣，人類犯了罪惡而墮落了，「你該同神那樣，能夠辨別善與惡」，但爲想要在善行與愛上向上帝相似，卻沒有人或天使曾經，或可以犯罪。因爲我們是被呼召去爲這種仿效的：「愛你的敵人。恨你的人，你要好待他，你要爲惡意對待你與迫害你的人祈福，這樣，你才可以爲你在天之父之兒女，他使日光同樣的照著善與惡的人，使霖雨同樣的沾濡公道與不公道的人。」所以對於神聖的性情之原型〔神〕，異教的宗教是說「最好與最大的」，而《聖經》卻說「他的慈祥是在他一切工作之上」。

我現在來結束關於心理之訓練的這一部分道德學，如果有人看了我在那裡面所列舉的各項，認爲我的工作無非是把他人作爲常識與經驗而略去的事情搜集起來，成爲一種學問，他的認識是不錯的。但是同菲羅克雷第（Philocrates）與狄摩西尼開著玩笑說的那樣：「（雅典人啊！）你們不要以狄摩西尼與我確不一致爲可怪，因爲他是喝水，而我是喝酒的。」並且同我們讀著睡眠的兩重門那個古寓言一樣：「兩扇大門裝飾著這個寂靜的睡眠之屋，這扇是磨光的象牙，那扇是透明的牛角：眞實的景象從透明的牛角裡而來，哄人的謊話從磨光的象牙裡而來。」如果我們節制與注意，我們也可以知道這是學問上一種萬全的格言，就是，那較爲可悅的液體（酒）是較易產生虛幻的想像，而那更爲美觀（象牙）的門扇放出了更不眞實的夢。

但是我們現在已經結束了人生哲學之那個總括的部分，那是研究分立的人，與照他以身體與心理兩者合成的那種性質來研究它。在這裡面，我們又可以看出心理之善與身體之善似乎又有一種關聯或符合。因爲同我們把身體之善分作健康、美好、力量與快樂一樣，心理之善，照著我們從理智與道德上得到之知識來研究，亦歸宿到這幾點：使他健全，不受擾亂；使他美好，因爲適當而增加了光采；與對於生活的一切責任強固與活潑。這三種情形，在身體上同在心理上一樣，是很少聯合在一起而常是分離的。因爲我們常可以看到許多人有著很強的智力與勇敢，卻爲了心理之多擾亂而缺少了健康，而在他們的行爲中亦見不到美好或適當；還有些人雖然舉止優雅，而既無想做好事之美意，亦無能做好事之毅力；還有些人心理雖然正直與經過改進，但既不能舉動優雅，亦不能處理事務，這種情形，時或有兩種可以會合，但三種俱全，卻很少有的。至於快樂，我們也斷然的以爲心理是不可使他成爲沒有感覺，卻要能夠保持快樂的，只以快樂之本體，而不以他之強度與力量爲限。

社會的知識，是關於在所有的題目中，於事實上最爲具體，與最難於約成原理的那一個的。但是，同羅馬的監察官凱圖說的那樣，「羅馬人好似綿羊，因爲趕著他們的一群要比一隻來得不容易，因爲在一群裡面，只要你能把幾隻趕好，其餘的就會跟著走，在那一端上，倫理學是要比政治學困難。還有，倫理學以規定內心的善爲它的任務，但社會的知識卻只需要一種外面的善，因爲那個對於社會已足夠了。所以在良好的政府之下，會常有不善的時代，因爲我們在《聖經》的記事裡就看到這種情形，那時的統治者都很好，但書上還是這麼說：「但是人民還沒有把他們的心迴向他們先祖所奉的神。」還有，國家同大的機器那樣，轉動得很慢，而且不是這麼容易就可以把它損壞的，因爲如同在埃及，七個熟年支持了七個荒年，基礎穩固的政府，經過了若干時期，的確可使後來的錯誤不致就發生最大的禍害，但各個人的決定卻是可以更急遽的推翻，這些情形足可減輕一點社會的知識之極端的困難。

這種知識有三部分，照著社會三種最重要的活動：合群、辦事與統治。因爲人是在社會中尋求安慰、實用與保護，而這些是三種性質不同的智慧，並且常是彼此分開的，就是舉動上之智慧，事業上之智慧，與統治上之智慧。

合群之智慧是不應該過分的把它當作一種目標，但是亦不該這樣的輕視，因爲它不但本身有著一種可重之處，並且在事業與統治上亦有一種潛在的勢力。詩人曾說：「不要以你的容色抵消了你的說話。」一個人可以他的面色來消除他說話之力量，同樣的，亦可以面色來消除他行事之力量，西塞羅在勸他的兄弟對人應該和氣與使人容易親近的時候，說：「有著開放的門與關閉的臉是沒有用處的。」這是說開了門讓人進來，而以關閉著或冷淡的臉色接待他，是得不到什麼結果的。所以在凱撒與西塞羅會見之前，其時戰事之前途就待決於這種會晤，我們看到阿蒂克斯很鄭重的勸告西塞羅要使他的容色與舉止鎮靜與加以調整。如果制御容色有這樣的關係，那語言和與合群有關之別種行動之制御是還要要緊得多，這些的眞正模範，我以爲李維曾經很恰當的發表過，雖然他的意思並非爲此而發：「我但願我不會叫人看了說是傲慢或卑屈，傲慢的人是不理會到別人的自由的；卑屈的人，不理會他自己的。」最適合之舉動是保持自己一個人的品格，而仍不侵犯別人之自由，而在相反的方面，如果我們對於舉動與外面的儀態太注意了，第一，這就會成爲做作，而其次，「哪裡還有比把劇場搬到眞實的生活上」來扮演一個人的生活「更來得不適宜的哩」？但是，即使沒有到那種極端，這亦是太費了時間與腦力。所以如同我們常勸青年學子不要廣結朋友，說「朋友是時間之竊盜者」，注意於舉動之辨別，無疑的，亦是思慮之一個大竊盜者。而且，凡是長於這種圓熟的禮貌的人，常以此自足，很少有企望達到更高之道德的；而於此不足的人，卻想於名譽中去求得適度，因爲有了名譽，幾乎一切都是適度的了；但是如果得不到名譽，那只有以曲謹與禮文來代替了。並且行爲上之障礙是沒有比過於謹愼的注意於宜適與那爲宜適之指針的時會再大的了。因爲同所羅門說的那樣：「那只看著風向的是並沒有下子，而那個只望著雲的亦不能有所收獲。」人造成機會的時候一定要同他碰到機會的時候一樣的多。歸結起來，舉動，照我看來，好似心理之一件衣服，而且是具有衣服之條件的。因爲衣服應該合於時尚，但不應該太講究，它應該做來顯出心理之任何優點，而遮掩它的任何缺陷，尤爲重要的，是不可太緊窄了，以致有妨於運動或動作。但是社會的知識之這一部分是曾經有人很好的處理過，因此，我不能再說它是缺乏。

關於辦事或事業之智慧，自來未見彙集成爲著作，很大的減損了學問與治學專家之價值。因爲我們以這種意思的諺語來表示的那種責備或品評，就是說，學問與智慧兩者之間並沒有很大的關合，多半是從這個根株上起來的，在我們已經舉出而認爲屬於社會的生活的那三種智慧裡面，關於舉動上之智慧，有學問的人大都加以蔑視，以爲不及德行之重要，而且是思慮之一個敵人；關於統治上之智慧，在他們要擔當這類事情的時候，他們的成績卻很不錯，不過這是只限於有數的幾個人；但是關於事業上之智慧，雖然它與人的生活關係最多，卻沒有專門的著作，除了與題目之重要不成比例的一點分散的規條。如果要在這個題目上，有同在其他的題目上一樣的著作，我毫不懷疑經驗少而有學問的人，可以遠勝過那些富有經驗而無學問的，用著他們的弓射得比他們還遠。

我們亦不必懼怕這種知識可以有這樣多的變化以致不能將它約成規條，因爲它是要比講統治的學問確定得多，那種，我們知道是曾有人致力過而且是有一部分約成了規條的。關於這種智慧，似乎在最關重要與最多智慧的時代的古代羅馬人中有過幾個專家，因爲西塞羅記述著，當時以有一般的智慧著名的元老院議員，如科倫凱紐（Coruncanius）、克留斯（Curius）、萊利烏斯（Laelius），與很多別的人，都常以一定的時間到公共集會場所去走動，遇到有意見提出的人，就聽他們陳述，各個市民亦會去找他們商量女兒的姻事，兒子的職業，購買或訴訟，與人生所遭遇的各種事情。所以，就在私人的事務上，都有一種從世務之一般的見識裡面發出來的商量與勸說之智慧，這種，雖然用於提出之各別事件上，然而是從同類事件之一般的觀察上採獲來的，因爲我們在西塞羅爲他的兄弟所著的那種書——《論運動執政官》（*De petitione consulatus*）裡面看出來（這是我所知古人所著唯一的論事務之書），雖然那是關於當時正在進行之一件事情，但它的內容是充滿了許多有智慧與精明的原理，那裡面包含著關於民選之，並非一時，卻是永久的指示。但是，尤其在那《聖經》證明了心如海沙的所羅門王所著，列在神聖的著作之林的那些包舉整個世界與一切世務的《箴言》裡面，我們可以看出不少深遠與卓絕的警誡、教條、意見，關涉很多類的事務，在這上邊，我們要停留一下，提出幾個例子來考量一下。

「不要把人所說的話都聽見了，恐怕你會聽見你的僕人在詛咒你。」這裡是提出了我們看了要嫌惡的東西之尋究之審愼的制止：龐貝（Pompeius Magnus）把塞托列斯（Sertorius）文件焚燬而不加批閱是被認爲他極大的智慧的。

「如果一個有智慧的與一個愚人在抗爭，不論他是大怒或大笑，他都不會得到安寧的。」這裡是描述了一個有智慧的人與一個比他不如的人抗爭的時候，所受到的重大的不利，這是這樣一種的爭鬥，無論一個人把他看作一個笑話，或是眞動了氣，或是不論怎樣的轉變方向，他總是不能把這件事情弄得很好的。

「那個把一個僕人從小很慈惠的撫養大來的人，到最後一定會發現他是驕橫的。」這是說如果一個人待人開始太好了，常會以不慈與有恩不報結局的。

「你看到一個在他的事務上很敏捷的人嗎？他會有一日立在君主們的面前，他不會在卑賤的人裡面。」這裡觀察到在所有可以使人上進到尊榮的地位之德性中，做事之敏捷是最上乘的，因爲在上位的往往不喜他們所用的人太深或太能幹，卻要他們敏捷與勤勉。

「我曾看到一切行走於日光下之生人，都有代替他的那第二個孩子跟著。」這裡表示著那種先爲西拉，後爲泰比留斯（Tiberius）所注意到的情形；「崇拜初出之日的人要比崇拜將落或方中之日的多。」

「如果統治者對你懷著怒意，不要退休，因爲盡敬、盡禮的伺候可以得到重大過失之寬宥。」這裡給了我們一個警誡，就是說，君主不樂之時，退休是所有行動中最不相宜的一個，因爲這是將事情留置在最壞的情況中，而同時還使他自己失去了改善之機會。

「有一個小城，裡面住著不多的人，有一個擁著大兵的君主來征伐他，將他圍困起來，在他的四周築了營壘。城裡有一個貧苦而有智慧的人，他以他的智慧，救免了這個圍城，但是沒有人記得這個貧苦的人。」這裡說著國家之涼德，他們只在要用著德性或能力的時候是看重他的。

「一個柔和的回答摧折了怒氣。」這裡是說不回答或粗魯的回答，可以激人之怒，但是一個不假思索與平和的回答可以平人之怒。

「懶人之路是荊棘的籬。」這裡很生動的寫出了懶惰之結果是何等的辛苦，因爲把事情都延擱到最後的時期，沒有一件事情有先期的準備，那麼，跬步都碰到了牽衣的荊棘或阻步的障礙了。

「一篇演說的結尾要比它的開端好。」這裡是斥責正式的演說家之虛矯，他們對於序言緒論比他們演說之結束與結果還要注意。

「尊重人的審判官是不好的，因爲只爲了一片麵包，他就會離去了眞實的。」這裡是說一個審判官受了賄還比尊重人來得好一點，因爲一個貪贓的審判官還沒有同一個柔順的那樣容易有過失。

「一個證明苦人犯罪之苦人是同不顧沖去食物的暴雨一樣。」這裡表明了窮困的求索之利害，那是在吃飽的與空腹的馬蟥那個古代的寓言中表象著的。

「在惡人面前倒下的好人，好似一個攪濁了的水源與一個不潔的泉水。」這裡指出了，一種公開的，司法上顯然的不公，是比許多暗中認許的各別違法之事更能夠攪濁了公道之源泉。

「那個偷竊了父母的東西還說沒有犯罪的人，是一個破壞者之夥伴。」這裡是看到了人做壞事，他們最好的朋友總爲他們的過處解辯，彷彿他們對那些做壞事的人可以斷定與確信一切，實在是反而加重了他們的過失，把這些從不法改成了不孝不友。

「不要同一個發怒的人爲友，也不要同一個狂暴的人同行。」這裡是給予了一個警誡，教我們於擇友之時，尤是要避去那些不能忍耐的人，把他們認爲要把我們去配給許多的分裂與爭論的人。

「那個擾亂他自己的家庭的人是只能承襲到清風的。」這裡是說人想在家庭之分隔與破裂上獲到心理之安靜與滿足，但仍不能達到他們的希望，這種只化作了清風。

「一個有智慧之子使他的父快樂，但是一個愚蠢之子使他的母憂愁。」這裡分別出父在他子的好的證據上得到最大的安慰，但是母在子的不好的證據上感到最大的苦惱，因爲女人不大看得出德性，卻只能看出幸運。

「那個想遮掩他的罪過的人去求愛，但那個把一件事情做兩次的人是連好友都分離了。」這裡給予了一種警誡就是忘懷往事，不提過去的事情，是比道歉與辯釋更好的一種和解方法。

「在每一種做得很好的事情上，都有著豐足，但是嘴裡的說話是只趨向著貧乏的。」這裡指出了說話是在沒有事情與沒有東西的地方來得最多。

「那個先來聲訴他自己的事情的人似乎是合理的，但是那一造會來顯出他的眞相來。」這裡是說，在一切事件上，先入之言，効力是如此之大，除非在那所說的話上發現了欺妄與不實，那上而已經成立了的那種成見是不大會得消除的。

「欺詐的人的話，看似很天眞的，他們可以進入到心腹最深的部分。」這裡是辯出了那種看似預先想好的與虛飾的諛辭與諷示，人是並不深的，但是那種有著自然、自由與眞率之外表的，卻能夠深入。

「那個訓誡褻慢人的，自己取了恥辱；而那個斥責惡人的，自己得到了玷汙。」這裡給予了一個警誡，就是，怎樣的，我們向傲慢與蔑視一切的人提出了責難，這種，是那些人所認爲侮辱的，而得到了他們的侮辱，以爲我們責難之報。

「把機會給予了有智慧的人，他以後還可以更有智慧。」這裡是區別著那種已經成了習慣之智慧，與那種只是口頭的與在意思中浮游著的智慧，因爲一種遇到了機會就加速與倍增，而又一種就驚惶與惑亂了，

「如水中映出的臉與在水上照著的臉相同，人的心在有智慧的人看來是很明顯的。」這裡把有智慧人之心靈來比一面鏡子，各種各樣的性情與習慣之影像都在那裡面表象著，從這種表象裡生出了那種適應，「有智慧的人能使他與任何種性質適應」。

在所羅門的這些有智慮的話上，我停留的時間之長，是超過了與一個例證相稱之比例，因爲要想以這樣的先例來給我以爲有缺陷的這一部分知識一點權威，並且還在它們下面加了我以爲不背原意的那種簡短的意見，雖然我知道他們還可以作更神聖的用處，但是，就在神學上，這也是容許的，就是，有些解釋，甚至有些文字，可以比其他的更遠於人事。但是把它們看作生活之教訓，或可以得著詳細的論述，如果把它們分開了，何以推論與例證來發明它們。

這也並不只在希伯來人中通行，卻是在較古的時代之智慧中常常遇到的，人得到了他們認爲於生活有用之觀察時，他們會得把它收蓄著，以比喻、箴言與寓言來表示。寓言是事例缺乏的時候拿來做他們的代用品的：以現在的時代之充滿了史實，那麼用著活的鵠的，瞄準還可以更好一點。〔以眞人眞事來印證一種格言，自然是更好的辦法〕。所以，於這種辦事與機會之多變化的題目最爲宜適的文字，就是馬基維利很有見的與適當的爲統治行爲所選出的那種，即講論歷史與實例的文字。因爲新近與當我們的面前從各種實事上得來之知識是最能適合於實事的，而且把講論依附於實例，比把實例依附於講論，在實際的指導上要有用得多。因爲這並非同他初看起來的那樣是一件順序上的事，而是一件實質上的事。因爲在事例作爲講論之基礎時，把事例無拘制的定置於一種史實中，他對於各種情況都有了關係，這些，有時可以修正關於他們的講論，有時可以輔助這種講論，同一種行爲之實在型範那樣，而爲講論而援引之事例往往只是簡略的舉出，而且是沒有一定適用的地方，對於以他們來證明的講論之關係是跟奴隸一樣的。

但是記著這種區別是不會錯的，就是，如同各時代的史實是關於統治的講論——如馬基維利所處理的那樣——之最好的基礎，傳記亦是關於事務的講論之最適宜的基礎，因爲它們大都是關於私人的行爲。但是，爲這種目的，還有一種比上述兩項更爲相宜的講論之基礎，就是關於有智慧與意義深重的書札之講論，如同西塞羅致阿蒂克斯的書札裡有很多，與其他，因爲書札裡表現著比記事或傳記裡更多與更專屬於某項的事務。這樣的我們已經論列了關於辦事這一部分的社會知識之實質與形式，這部分，我們認爲缺乏。

但這一部分裡面還有一部分，與我們已經說過的那部分之不同，如一般的智慧之於一個人對於自己的事情之智慧，一個彷彿是向著外圍走的，一個向著中心。因爲有一種對他人貢獻意見之智慧，又有一種推進自己的幸運之智慧，這兩種確有時而會合，但多半是分離的。因爲有許多在他們自己的事務上有智慧的人，到了關於統治的事情與對他人貢獻意見，就顯得弱了。好比螞蟻，就牠們自身說是一種有智慧的生物，但是對於園圃是極有害的。羅馬人是很承認這種智慧的：（那個詼諧的詩人說）「有智慧的人造成他自己的幸運。」這句話漸漸變成一種諺語：「人人都可以造成他自己的幸運。」而李維以爲凱圖一世是能夠如此的，「他有著這樣心智與道德的力量，不論他生在何處，他都可以爲他自己造成了幸運。」

這種意見，如果太明言了，人以爲是一個不智與不幸的事情，如同在雅典的提摩修斯（Timotheus）身上觀察到的那樣。他在當政的時候，爲國家建立了許多偉大的功業，而且照著常時的習慣，將這些事情向國民陳述，在敘完每件事情之後，他總是這樣說：「在這件事情上，幸運是沒有關係的。」而結果是如此，他以後所做之事，是無一順利的。因爲這種口吻是高倨了，有點像以西結說法老那樣：「你說這河是我的，是我自己造成的。」或是有點像另一個先知說的，人對他們自己所造的網罟獻祭與那詩人這樣表示著的：「我的右手與標鎗就是我的上帝。」因爲這種自信是不神聖與不能得到賜福的；所以偉大的政治家總以他們的成功歸功於幸福，而不是於他們自己的能力或德性。西拉就是這種把「有幸」（Felix）那個字加在他姓名之後，不用「偉大」（Magnus）那個字。凱撒也是這樣的同船長說：「你載著凱撒與他的幸運。」

但是這些意見，與「人人可以造就他自己的幸運」、「有智慧的人能夠指揮星宿（意謂星宿是主吉凶的）」、「每一條路都可以達到德性」，把它們用來促進勤奮，不是支持驕蹇；來引起決心，不是自矜或誇大，人們往往都以爲不錯與良好的，而且是無疑的印在最偉大的心靈上，他們對這些觀點很認同，使他們幾乎不能把它藏在心裡。如我們在奧古斯都身上看到（他與他的叔父不過是不同，並不是德性不如），怎樣的在他將死的時候，要在他旁邊的朋友爲他鼓掌，彷彿他覺得自己在舞臺上是表演得很好的。這部分的知識，我們亦以爲缺乏，雖然他的實行已經太多，但他還是沒有經人以文字記錄下來。所以，恐怕有人以爲他不是單舉了原理就可使人明白，而是需要同論事務上的智慧那樣，記下它的幾個主要項目或結論來。

教人怎樣造就他們的幸運，初看似乎是一個新異與不常見的題目，這種教訓，在人沒有看出那裡面之困難以前，或者是人人都願遵從的；因爲幸運所徵的稅是與德性一樣的重；而要做一個眞正的政治家，是要同眞正的道德好一樣難能與艱重的一件事。但這件事情之處理，在榮譽與實質兩方面都同學問有極大之關係。在榮譽方面，爲的要使實行的人不至於抱著這種見解而去，就是，學問是同百靈鳥一樣，能夠騰上、鳴囀與自娛，卻沒有別的，但是可以知道牠還同鷹一樣，能夠高翔，亦能夠疾下搏擊牠要捕捉的東西。在實質上，因爲這是探索眞理之完善的定律，就是，沒有東西存在於物質中而同時不亦是存在於心理中的，這是說，沒有存在與行動的東西是不能引入與收拾到審慮與教訓裡去的。學問亦不羨慕或重視這種幸運之造成，除了把它作爲一種低級的工作，因爲沒有一個人的幸運是夠得上爲他生存之目的的，有許多時候，最可敬的人的確爲了更高的目的，很願意的放棄了他們的幸運，不過幸運作爲一種德性與善行之工具，卻是值得討究的。

所以，第一、我以爲對於幸運之增進最關重要之教條，就是獲得慕奴（Morus）〔諷刺之神〕所要求的那個窗戶：他在人心中看到了這些隅角與深隱之處，嫌著沒有一個窗戶可以望到那些裡面去。就是說，可以獲得關於人，他們的性情，他們的願望與目的，他們的習慣與風俗，他們所有的輔助與便利，與他們力量之主要來源的各種事項之可靠的知識，並且還連他們的弱點與不利，與他們最缺少掩護的地方，他們的朋友，支持他們的黨派，與倚靠他們的人；與同他們的反對者，妒忌者，競爭者，他們的性氣與最宜於他們接近的時候，「只有你知道與他接近相宜的時間」，他們所守的原則、規則與習慣，與同這類，這種知識，不但是關於人的，並且是關於行爲的；什麼事情是時時在那裡進行，他們是怎樣辦理的，得到了贊成、反對，與他們是怎樣的重要，與問這類。因爲關於現在的行動的知識，不獨他自身是重要，並且少了他是連我們關於人的知識都很靠不住的，因爲人是跟著行爲變的，他們在追求一種目的的時候是一種樣子，而到他們回到他們的本性上，又是另一種樣子了。這些關於人與事的各種事項之知識彷彿是每個實行的三段論上之小前提，因爲沒有觀察之優越（這彷彿是大前提）足以保證一種結論，如果小前提裡面有了錯誤。

這種知識之有獲得之可能，所羅門可為我們的擔保者，他說：「在人心裡的祕密如同很深的水，但是解事的人可以把它汲起來。」雖然這種學問之本身不能作為教條，因為它是關於各個人〔無限〕的，但是教人求得這種學問之方法，是可以的。

我們，照著古代的見解，就以這種教條開始，就是，智慧之筋腱是信任與不信任之遲緩；我們應該對於容色與行事比說話更加信任；而在說話上，與其信任準備好與有意的說話，無寧信任臨時與無意的說話。我們亦不必怕那有人說過的：「面貌是不可靠的。」這句話的意思是說一種一般外現的舉動，不是說容色與恣態之隱微的動作與工作，這種，同西塞羅說過的，是「心靈之門」。沒有人比提貝里烏斯更深沉的了，而塔西佗還說蓋拉斯（Gallus）〔蓋拉斯娶泰比留斯之前妻，為泰氏示意元老院處以死刑〕「他在他的容色上猜度出他是懷著怒意。」塔西佗還看出他在元老院稱讚日耳曼尼庫斯（Germanicus）〔他的姪兒〕與特羅塞斯（Drusus）〔他的兒子〕的時候之不同的特徵與態度，他關於泰氏說日耳曼尼克時之態度，是這樣說：「在那種為求動聽而用心做成的文字中，比可信為從他的心坎中流出的更顯得用心」；但關於他說特羅塞斯時之態度：「他的話不多，但是熱心與眞摯的」；在還有一個地方，講到他做了任何加惠於人與為人所喜的事情時的演說之特質，他說在別的事件上，「他的說話好像是從他心裡用力掙扎出來的」；但是又說：「他在援助一個人的時候，是很率易與流暢的說出來的。」所以沒有這樣精於假裝的人或是這樣控制著的容色，能使一篇不由衷心的說話一點不流露出這些樣子——或是較一般更爲隨便與不注意，或是更顯得有準備與正式，或是更來得累贅與支離，或是說的時候更覺得費力與困難。

行爲亦不是這樣可靠的保證，可以不仔細的考量他們的重要與性質就信任他們的：「奸詐的人起初在小事上有意的忠信，爲的是這樣他們後來更容易欺人」；義大利人遇到人待他比他向來受到的好而沒有顯著的理由時，以爲他是被收買了。講到小惠，他們確只把人哄得睡著了，關於提防和努力那兩方面，同狄摩西尼（Demosthenes）稱他們那樣：「懈惰之食物」。同樣的，我們在繆替安奴（Mutianus）與安東尼烏斯·普里姆斯（Antonius Primus）成立了那種空虛與不誠的和解以後對他的那種行爲上，還看到行事之性質有些是怎樣的虛僞；繆替安奴利用這種和解，擢用了許多安東尼烏斯的朋友，「他同時以護民官與地方官諸職濫授於他的朋友」。這樣的，假託了培植他的勢力，實在是使他陷於孤立，而收買了依賴他的人。

至於說話，雖然它們是同溲溺之於醫生一樣充滿了哄騙與不確定，但它們還是不可以賤視，尤其是有著情感之利益的時候。因爲我們看到泰比留斯，在他對於阿格里庇娜的一個螯刺與燒灼的演說中，說到「你因爲不得統治，於心有憾」這句話的時候，是拋棄了他平素之虛假態度。塔西佗論這件事，說：「這幾個字從這位皇帝身上絞榨出了那個不可測度的胸中的一個稀有的吐露，他用了一句希臘的詩句來詈罵阿格里庇娜，提醒他是爲了沒有執政而感到傷痛。」所以詩人（霍雷斯）很好的稱情感爲逼迫人來說出他們的祕密的嚴刑，「受了酒與怒的酷刑」。而經驗指示我們沒有幾個人是對自己這樣的忠實與堅定，不會因了憤激、誇張、示惠，或心理之不寧與疲弱，宣露出他們自己，尤其是如果他們的對方用了虛僞來誘著他們爲此，同西班牙的諺語說的那樣：「說一個謊，你可以獲得一個眞實。」

至於從聲聞上間接的知道人，人的弱點與錯處是最容易從他們敵對的人那裡知道，他們的德性與能力，從他們友好那裡，他們的習慣與起居，從他們的僕人那裡，他們的意思與見解，從他們熟習的朋友那裡，同這些人，他們講話最多。一般的聲聞是沒有什麼價值的，而地位較高與平等的人所懷的意見是不可靠的，因爲對於這些，人是要隱藏一點的：「較眞確的聲聞是從知道他們眞相的人那裡來的。」

但是人最可靠的發露與解釋是以他們的天性與目的，在那些上面，最愚弱的人是最容易以他們之秉性來解釋，而那最有智慧的，以他們之目的。因爲這是教皇的一個代表，在他從他充任駐使的某國回來的時候，很滑稽與有智慧的（雖然我以爲是很不眞確的）說過的，在徵詢他關於派遣繼任者之意見時，他表示這麼一種希望，就是無論怎樣，他們不要派一個太有智慧的人去，因爲沒有很有智慧的人可以想得到在那一個國內，他們可以做出什麼事情來。料事料過了頭，與假想著較實際所有更深之目的與更多之巧妙手段，實是常有的一種錯誤，這句義大利的諺語是很有風味，而且大部分是正確的：「金錢、智慧與誠意往往都比人所期待的要來得少。」

　　但是君主們，因爲一種迥然不同的原因，是最好以他們之秉性來解釋，而私人們以他們的目的。因爲君主們置身於人類願望之頂點，他們大概都沒有還要企望達到之何種目的。照著他們與這種目的之距離，人或可以量度他們其餘的行動與願望，這是使他們的內心更不易測知之一個原因，只知道人之目的與天性含有若干種類，亦還是不夠的，我們還該知道其中哪種最占優勢，哪種情緒最有力量，哪種目的最爲他們所追求。我們看到，提格利努斯（Tigellinus）覺得他在尼祿皇帝喜歡快樂的情緒上已爲杜爾比連奴（Petronius Turpilianus）占了優先的地位，「他泳入他隱祕的恐懼中」，他引動了尼祿的恐懼，〔譖他的爭寵者以欲危害尼祿〕以此，他致了他的爭寵者之死命。

　　但是，到達這一部分探究之全部之最簡捷的路是在三件事情上：第一、廣交周知與深悉世務之人和與他們熟習，尤其應照各類的事務與各類的人，至少與一個深知道這種事務與人物的朋友稔熟與常在一起。第二、在語言之自由與祕密之間維持一種適當之中庸，在大半的事情上，自由；在有關係的時候，祕密；因爲語言之自由誘致與引起他人亦用同樣之自由，因此，使人知道好些事情；而在相反的方面，祕密招徠了信任與親密。最後是使自己養成這種在每種談話與行動上注意的與安靜的推究理由與目的之習慣來視察與實行。因爲如同埃比克泰德要叫一個哲學家在做每一件事情的時候都向自己說：「我要做這件事，並且還要確守我的計畫。」一個有智慮的人在每件事情上亦該向自己說：「我要做這件事，並且還要想從這上邊學到一點東西。」我在這個獲得適當之知識之教條上講論得較詳，因爲它是單獨就可與一切其餘的相抵的一個主要部分。但是在一切之上，我們須要注意人都能夠自守範圍，使這種知道了很多的事情不會生出許多的糾葛來，因爲沒有一件事比輕率與鹵莽的把許多事情攪在一起更爲不幸。因此，結論起來，這類知識之指歸，不過如此，就是更適當與自由的去選擇那些可與我們有關的行動，以更少的錯誤與更大的熟練來處理它們。

關於這種知識之第二個教條是人要充分的吸收關於他們自身的知識，與透澈的自知：因爲我們知道，同聖詹姆斯（Saint James）說的那樣，雖然人常照著鏡子，但他們仍會忽然忘記了他們自己的形狀，如同神聖的鏡子是上帝的教訓〔《聖經》〕，社會的鏡子亦就是世界之情狀，或是我們所生存之時代，在那裡面，我們可以照見自己。

人應該無偏私的察看他們自己的能力與德性，再察看他們的短處與缺點，把這些看得最重，那些最輕，根據了這種審察來爲下述之各種考慮。

第一、考慮他們的賦性與時代之一般情況適合至如何程度，如果他們覺得兩者彼此宜適，那麼在無論什麼事情上都可許他們自己以較寬的範圍與自由。但是如果覺得兩者不相調合，那麼，在他們全部的生活中，都要格外的退避與謹慎，如同我們在泰比留斯身上看出來，他是從來不到劇場，與在他當御之最後十二年中，沒有到過元老院一次，但奧古斯都卻是總在人的眼前的，這種情形，塔西佗看出了，「泰比留斯之性情是殊特的」。

第二、考慮他們的素性與各種職業與生活之適合的程度，照著這種來選擇他們的職業或生活，如果他們還有選擇之自由，但如先已定著了，那麼一有機會，就改換；如同我們看到瓦倫蒂諾公爵（Duke of Valentine）之所爲，他是經他的父親指定了祭司之職業的，但是不久就因他的特性與偏好而將他棄去了，但是這樣，叫人不能有把握的說他們還是做一個君主或一個祭司來得較好。

第三、考慮他們與或可與他們競爭者之適合程度，來決定做那種競爭者最少，而他們自己最容易顯得出色的事情。如同凱撒之所爲，他本來是一個辯護士，但他看到了西塞羅、霍滕修斯（Hotensius）、凱特勒斯（Catulus），與其他的人辯才之好。而在軍事上，除了那國家不能不倚靠的朋貝外，卻更無有名之人，他就放棄了他那開始向著政治與民事上的偉大之生活，而把他的野心轉到軍事上的偉大。

第四、在選擇朋友與從屬的時候，照著他們自己性情之構成進行，如同我們可在凱撒身上看出來，他所有的朋友與徒黨都是活動與能幹，而不是有威儀或聲名的。

第五、在他們以爲能同他們看到別人做的那樣去做的時候，應該特別注意他們是想要照看那種榜樣做，因爲他們與他們所要模仿的人之性情與做法是或許完全不同的。朋貝似乎即陷於這種錯誤，關於他，西塞羅說他常這樣說：「西拉能夠做這件事，我就不能做嗎？」在這點上，他是很錯誤了，因爲他與他的榜樣之性質與做法是世上最不相同的，一個是猛厲、暴戾與奔赴他的目的；一個是鄭重，充滿了尊嚴與儀式，因此，沒有那麼的有效。

但是這種關於我們社會的知識的教條，還有許多別的分枝，在那些上邊，我們是不能詳論了。

在充分的明瞭與辨出了一個人自己之後，接著是要充分的開發與表露他自己，在這上面，我們看到是沒有比能力越大的人越少鋪張這一點更爲習見的了。因爲充分的宣示一個人的德性、幸運與能力，有一種極大的利益；智巧的遮掩一個人的弱點、缺陷與不名譽，亦是如此；人應該站在一個上，避開了那個，以可能之種種方法來維護這一個，以解釋去文飾那一個，與同此類。在這類事件上，我們看到塔西佗怎樣的說著繆替奴斯，他那時候最大的政治家，「在他所爲與所說的一切上，他有這種技巧來有利的表彰他自己。」這種事情的確需要一點技巧，不然的話，他就會變成惹厭與驕傲。但是雖然如此，誇張（雖則是第一等的虛驕）在我看來，還是性質上，而不是行爲上的一種過惡，因爲同有人說的那樣，「放膽去毀謗，總有一點會黏著的」，除非是到了極可笑的畸形程度，亦可以「放膽去自誇，總有一點會黏著的」。因爲雖然有見識與地位的人確是笑他與輕賤他，他仍能黏著那些較沒有知識與低級的人，而從多數上得到的權威確可以抵消少數之輕侮。但是如果以適度與節制來處理這種事情，同對於合於自然的，可喜的，與天眞的風尙一樣；或是在他與一種危險與不安全混在一起的時候，（如表彰自己者爲軍人）；或在他人最受著嫉妒的時候；或是很輕淡與隨便的把它提起與放開，並不敘說得太久，或太認眞；或是以同樣的自由來咎責與稱讚自己；或是用來擊退或制服他人之侮慢。他是大有裨於聲譽的無疑的，好些秉性強固，缺少這種虛張能力，不能乘風高翔的人，都爲了他們的守分而受到了損害與不利。

這些裝飾德性與使他的價值增高的東西，或者是並非沒有必要的，至少，亦應該使德性不至於貶價與降落到公平價格以下，使德性貶價之道有三：不待人之請求自願與強要爲人做事，在這種時候，人以爲承受了他，就是給予了他以報酬；做得太快了，因此不能使那做得很好的事情有機會可以固定，與到最後來引起滿意；與太早就在讚美、稱賞、榮譽、贊成中得到了德性之結果；關於這點，如果有人略有所得就感到滿意，讓他聽人很眞確的說過的那句話：「不要在一點小事上就這麼高興，叫人以爲你是沒有見過大事的。」

但是掩藏短處之重要亦不下於顯揚長處，這亦可以三種方法來做到：以提防，以假託，以欺謾。提防是很智巧與謹慎的避去他們不能做的事情；而相反的，鹵莽與不安靜的性格會得不加辨別的闖進一切事情去，因此公開與宣布了他們所有的缺點。假託是想一種方法把他們的錯誤與缺點做成了好似由於一個較好的原因，或是有著另一種的趨勢。關於一種，有人很好的說過：「一種過惡常在无近的一種德性之影裡潛伏著。」所以，不論人有了何種缺點，他一定要注意到他是假託了有著蔭蔽這種缺點的德性，譬如他是遲鈍的話，他一定要裝作莊重；如果他是一個懦夫，裝作和藹，其餘類此。關於第二種，人必須造出他何以不盡他之所長，與何以要使人不知道他的眞實能力之近乎可信的理由，爲了那種目的，他必須常常假裝不知他顯著的各種德性，使人以他眞正的缺點亦是有意假裝的。論到欺謾，這是最不足尙，但是最能見效的醫方，就是，貶抑與看著似乎輕視凡他所不能做到的一切事情；遵守這種商人盤算利害的主義，他們常想抬高自己物品之價值，與減讓他人之價值。但是還有一種勝過這種的欺謾，那就是強顏對著自己的短處，彷彿他自以爲在暴露著缺點的地方實在是最爲擅長。並且，再與這種方法相輔，在他眞擅長的地方，卻彷彿他最不把自己看重：同我們常在詩人裡看到的那樣，就是，如果他們拿詩給你看，而你對於某句持一種與他們不同之意見，他們一定說：「他們在那一句上所費的功夫比在任何其他各句上都大。」而他們隨即又似乎輕視與懷疑著別的一句，這句，他們明明知道是全篇中之最好的。但是，比其他一切尤為要緊，在他這樣的矯正與協助他的舉動時，他必須注意到他沒有為了性氣之太溫和，良善與易與，使他失了自衛而容受到輕視與欺侮，卻要發露一點自由、氣概，與鋒芒之火花。有時人因為身體與命運上之某種關係，使他們不能不有這種有防禦的持身，同著一種敏捷的把自己救免於輕侮之能力，但這種是總能夠得到幸運的。

這種知識之又一種教條是以所有可能的努力來使心智適合於機會，因為沒有同這種情形之有礙於人的幸運的：「在需要變更之後，他還是依然不變。」機會轉變了，人還是在原來的地方，所以李維對於他看作這樣一個幸運之建築師的凱圖，還說他有著「一個能夠應付多方面的心智」。因此，那些莊嚴肅穆的心智，當然是同他們自身一樣而不能改變的，是尊嚴多於幸福。但是有些人是因為天生拘泥與木強而不易轉變，有些是因為有著幾乎同天性一樣的一種意思，那個就是，人只要覺得某種方法一向是適當的，就幾乎不能使他們自己相信他們現在應該改變。因為馬基維利看出了：費邊．馬克西姆斯（Fabius Maximus）到了戰況改變，應該緊加追逐的時候，還會照他向來的成見，仍在避免接觸。還有些人是因為他們辨別上缺乏敏銳與深透，沒有能夠看出在什麼時候，一種情況是終止了，卻在機會過去之後才太遲的趕到，同狄摩西尼將雅典人比作在劍術教練所裡遊戲的村漢那樣，他們何處被擊著了，就把劍去防護那一處，卻不知預先將那處防護著。還有些人是因爲不願把前功棄了，而且以爲他們能夠轉移時會來適合他們的偏向。但是到了最後，他們覺得已無別種的補救方法，他們才肯改變，但已蒙到不利了。同塔奎尼烏斯（Tarquinius）那樣，他以三倍之價買了神巫第三部分的書，而他實在可以開始即以同一之價全買他三部分之書。但是不論這種心理之不喜變動出於何種根源與原因，這實在是一種極有不利的事情，沒有一件事是比使我們心理之輪與幸運之輪同軸而同轉更爲得策的了。

這種知識之又一個，同剛才說過的有點關係，但是仍有不同的，教條，就是這樣很好的表示著的，「聽定數與上帝之支配」，就是說，人不但是跟著機會轉變，並且還是與機會同著一個方向走，而不是把他們的信用與力量用到極度去求達到太困難或極端的地位，卻是要在他們的行爲上選擇那最容易通過的，因爲這樣可使他們免於失敗，不至於使一件事情太占了他們的注意，獲得適如其分之名，使多數喜悅，與在他們所做的一切事情上顯出一種永在的幸運，這些不會得不大大的增進他們的名譽的。

這種知識之又一部分似乎與上述之一種有點背馳，但我卻不以爲如此，這就是狄摩西尼以誇大的詞句發表的：「有智慧的人應該同統帥領導軍隊那樣的領導事情，他們應使他們要想有人去做的事情實現，而不是僅僅的跟在事情後面。」因爲，如果加以觀察的話，我們可以看到在辦事上有兩種不同的能力：有些人能夠很適當與巧妙的利用機會，但不大能夠計畫；有些人很能夠主張與實行他們自己的計畫，但是不能適應與利用機會；這裡面每一種，缺少了其他一種，都是很不完全的。

這種知識之又一部分就是在表露或不表露自己之間遵循著一種適當的中道，因爲雖然祕密之深隱與「同船在海中行的道那樣」的進行，（這種，法國人稱爲「祕密的陰謀」，在那時候人是策動著而一無表示，）有時是成功之徵兆與可以讚賞的，但有許多的時候，「假裝生出了錯誤使假裝者自己受了迷惑」。因此，我們看到最大的政治家常以自然與坦率的態度發表他們的願望，略不檢制與躲閃。因爲我們看到西拉是這樣的公開說的，「他願所有的人快樂或不快樂，就看他們做他的友或敵。」凱撒在他初入高盧的時候，亦是這樣毫不顧忌的公然表示，說：「他寧在一個村子裡占第一位，也不願在羅馬居第二位。」我們還看到西塞羅在他開始軍事行動的時候這樣的說他：「此人（指凱撒）並不否認是，並且還有點要人稱他爲同他實際上的確是的那樣，一個專制者。」我們在西塞羅致阿蒂克斯的一封信裡亦可以看到，奧古斯都，在他初出來任事的時候，其時他是元老院的一個寵愛的嬌兒，但在他對民眾的演說裡，他以此爲宣誓之式，「因爲我希望要獲得我父的榮譽」，（那個無非就是專制者的地位，）固然是，爲要減輕聽眾或然的反感，他常伸手指點著那建立在公共會場中的

（來紀念他對於羅馬民族永久的貢獻的）凱撒像，而聽者爲之譁笑、驚愕，說：「這是可能的嗎？」或是「好，你曾聽到過這一類的話嗎？」而仍以爲他是沒有不善的意思，他是這樣公開與天眞的說的。凡此諸例，結果都是很好的，而朋貝，懷著同一的目的，但是出於較不光明與假飾的態度，同塔西佗說他那樣：「他的性情是較爲隱蔽，但是一點沒得再好。」在這點上，薩盧斯特與他所說相同：「在語言上是適度的，但在意思上是沒有顧忌的。」（朋貝）蓄意用了無數的祕密策略使國家淪於絕對的無政府狀態與紊亂，這樣可使國家不能不自投於他的懷抱以求保護，而將統治的大權交付給他，叫人不覺得是他想要握這種大權，而及至他已經把這件事情做到了這種程度（如他所想像的那樣），在他破例被舉爲唯一的執政者的時候，他卻還是不能十分利用這種地位，因爲沒有人知道他到底要怎樣，其結果是只有照著向來的老例，以凱撒之用意可疑爲藉口，把軍權集於他的一身，這些深沉的假設是這樣的緩慢，容易發生事故與不幸：關於他們，塔西佗似乎是下了這種判斷，就是說，比到眞正的權術，他們只是一種低一級的詭譎，他把一種歸於奧古斯都，把又一種歸於提貝里烏斯，在那裡，說到李維的時候，他說：「他具有他丈夫的權術與他兒子的假飾。」因爲無疑的，持續的假飾之習慣，只是一種薄弱與緩慢的詭譎，而不是怎樣有智的。

這種幸運之建築之又一教條是使我們的心智，便習於照著各物於我們種種目的之有裨與必要，去估量它們之比較的價值，而且是要切實的，而不是浮泛的去做。因爲我們常可以看到有些人心智裡之（我所稱爲）論理的部分很好，但是數學的部分卻有錯誤，就是說，他們能夠很好的判斷結果，卻不能判斷比例與比較，喜愛外觀好與觸動感覺的東西過於有實質與效果的東西。因此有些人愛慕與君主們接近，別的，愛慕世俗的聲名與讚美，以爲這些是有大價值的東西，而實在好些地方無非是嫉妒、危險與障礙之事。所以有人以所費之勞力與困難，或勤力之多少來量度事物，而以爲，如果他們要動的話，他們是必須向前與進行的，同凱撒以一種輕蔑態度說凱圖二世那樣，他詳說他是怎樣的勉力與不倦而並不見得有多大的用處，「他嘗盡力做所有的這些事情」。所以，在大半的事情上，人是很容易認爲借重大人物就是最好的方法，但實際上，他們是應該用著最適合的方法，才不致於使自己陷於錯誤。

至於將人追求他們的幸運之各種方法，照看他們之重要之次第羅列起來，我以爲應該是這樣。第一、他方自己的心智之改正。因爲心智上障礙之除去可以更快的開通了幸運之進路。在第二個位子上，我置著資財，這種，我曉得大半的人都要把它們置於第一位，因爲它們對於各種事情所有之普遍的用處。這種見解，我可以與馬基維利非難其他的一種，就是說金錢是戰爭之眞正筋腱，相同之理由來認爲不當。關於那種見解，他說，戰爭之眞正筋腱是人之兩臂之筋腱，就是說，一個勇敢、人多與尚武的國族，很適切的引證了梭倫的權威，他在克里薩斯（Croesus）給他看他的金庫的時候，向他說，如果有一個比他更好的鑄鐵人來到，他就是他的金子的主人。同樣的，我們亦可很眞確的肯定說，幸運之筋腱，不是金錢，卻是人的心智之筋腱與鋼鐵，就是才智、勇敢、膽量、堅決、忍耐、勤勉，與這一類的東西。第三位上，我置了名譽，因爲它有著確定的潮流。這些，要不是在它們來到的時候把它們拿住了，是不大容易再得到的，追回已失的名譽是極端困難的一種遊戲。最後，我置著尊榮，以其他三種中任何一種去求得尊榮，要比以尊榮去換購三種中之任何一種容易得多，而要是以三種一同去換取，那是更爲容易。歸結這一種教條，同在物質上有次序與先後一樣，在時間上亦是如此，在那上邊位置倒亂了是最常有之錯誤之一。人在應該注意它們的初步的時候，就趕著向它們的目的走，事情來的時候，亦不把它們以次處理，卻把它們依照重要，不照急迫之程度排列，不遵守這個好的教條，「讓我們做那急待要做的」。

這種知識之又一教條是不要去承攬那些要占了太多時間的事情，卻要使這句話常在耳中響著：「但是當著這個時候，時間，那個再也不能叫它回來的東西，是飛樣的去了。」而以艱辛的職業取得他們的地位的人們，同律師、演說家、勤力的神學家，與同這類，爲著他們自己的幸運，除了照他們平常的樣子，往往都不這樣的有智慮，其原因即在於此，因爲他們沒有時間去獲得關於各別的事項之知識，伺候機會，與計畫增進他們自己的幸運之方法。

這種知識之又一教條是學自然，他是從不白做一件事情的。這件事情人一定可以做到，如果他的確把他應處理的事務都處理好了，而不過分的注意於他主要目的所在的事情。因爲人在做每一件事情的時候都該這樣的運用他的心力，與這樣一個亞於一個的排比著他的各種目的，使他不能在最美滿的程度中獲得他所尋求的東西時，還可以不得已而思其次。或又其次，即使他想要得到的東西一點都不能得到，還可以把他在那上邊所做的工作，移到別的東西上，如果他一時竟無所用之，還可以把它作爲一種東西之將來的種子；如果他不能從這裡面想出效果或切實的利用，還可以此獲得一些好評，或與這一類的東西。所以他應該責成自己對於每種行爲都要有一種交代，總要有一點收獲，不因他不能得到他最所屬望的東西而茫然不知所爲，因爲沒有事情是比把各種行爲完全的分開了去一一的注意更爲不智的了。這樣做法的人失去了無數夾在中間的機會，那些在許多時候是於他將來所需要的東西，比著他現在所強求的，更爲相宜與有利。所以，人必須確遵這種規則，「這些事情，你應該做，但你不可把其他的剩著不做」。

這種智識之又一教條是不要無可挽回的把自己束縛在一種事情上，即使那件事情看來是不會遇到意外的，卻是總要留著一個可以跳出來的窗戶，或是一條可以退出的路，學著兩隻蝦蟆那個古寓言裡的智慧，牠們在蕩乾了的時候相商牠們該到哪裡去，而一隻建議跳到一個坑裡去，因爲那裡面的水大概是不會乾的，但是另一隻說，不錯，可是如果那個坑乾了，那麼我們怎樣能夠再走出來呢？

這種知識還有一個教條，就是比阿斯（Bjas）的那個古訓，不是把它解釋到何種無信義的程度，卻只到提防與適度：「愛你的友同愛一個將來可爲你的敵的人那樣，恨你的敵同恨一個將來可爲你的友的人那樣。」但是人在不幸的朋友關係，使人因惱的怨恨，稚氣與不在理的嫉妒或爭勝上涉足太深了，是把所有的幸福完全獻給了敵人。

但我把這一點延長到超過了一個例證之適當的限度，爲了我不願以我所認爲缺乏的知識叫人以爲是出於想像的東西，或是張大了的一兩種觀察，卻要把它們看作重大的事情，在那上面，結束是要比開始困難得多。我們還得要知道，這些知識，在我所述舉的那幾點上，與他們完全的論列相去尚遠，卻只是同做樣子的幾個小段那樣。最後我假想沒有人以爲我的意思是說非有這些紛擾是不能得到幸運的，因爲我知道幸運對於有些人是無因而至的，還有些人是很平常的以勤勉獲得了幸運，並沒有同別人有多少的牽涉，而且亦沒有犯了重大的錯誤。

但是，同西塞羅在他定下一個完美的辯護士之標準的時候，並不以爲每個辯護士都該如此，與一個君主或廷臣，在處理這種題目的人手裡描寫著的時候，他們的型範亦是照著這種君術或臣術之完美的標準，而不是照著一般的情形製成的一樣：我以爲在描寫一個對於自己的幸運有智慮的人的時候亦應該如此。

但是我們這麼一路講來的時候，應該記著，我們所定下的那些教條，都是屬於那種可以算作與稱爲正直的技術。至於論到邪惡的技術，只要人肯把馬基維利的那個原則作爲準繩。「人不要去求達到德性之本體，卻只要得到它的外貌就夠了，因爲有著德性之名是一種助力，但是行著德性之實是一種障礙」；或是他原則中之別一個，「他假定人是除了恐怖外沒有別的適當方法去影響他的，因此，他要使一切的人沒有保障、貧賤，與在困難中」，這種，義大利人叫做「栽刺」，或是包含在西塞羅所引的那句詩裡的那個原則，「只要敵人可以與朋友一同死滅，讓朋友死滅」，同三人執政團裡的人物那樣，爲要他們敵人之死亡，彼此出賣他們朋友之生命；或是凱蒂琳娜（L. Catilina）的那種主張，爲了要渾水摸魚與發展他們的幸運，去擾亂國家，「如果我的幸運著了火，我不用水去撲滅它，我用破壞」；或是萊山德（Lysander）的那個原則：「兒童要以糖果騙他，成人要以宣誓騙他」，與同這類邪惡與墮落的見解，這些，（在一切的事情上都是如此）數目之多，要遠過於那好的；無疑的，有著這些破壞仁愛與正眞之規律之許可，人的幸運之推進是可以更迅速與直捷。但在生活上是同在道路上一樣，那最短的路常是最汙穢的，而較好的路實在亦並不迂迴了多少。

但人如果他們確是能夠自主，而不爲一種野心之旋風或暴風雨捲了去，在追尋他們自己的幸運時，不但該把那張世界的總圖，就是，「一切皆是虛幻與精神之煩惱」，放在他們的面前，並且還連許多別種的圖與指示，尤其是這種，生存而沒有幸福是一種苦惱，而生活上之地位愈高，苦惱亦愈重；與這種，所有的德性和罪惡，大半都在他的本身上得到了賞和罰。恰如那詩人說的：「你們這些勇敢的青年啊，爲酬報這樣的動勞，我們能夠指給何種價値相當的贈物呢？一定的，凡是你們所能得到之最大與最好的，天神與你們自己自覺的價値會得給你們。」至於那相反的方面，也是這樣。其次，他們應該尊視上帝之防護與降罰，那些，常完全的破壞了邪謀惡意之智計，同《聖經》所說的那樣，「他懷著惡意，但只能產生出沒有效果的東西」，雖然人應該自己抑制不爲壞事與邪計，但是無休止的追尋著一己之幸運，就沒有東西留下作我們應獻給上帝之貢物；他（我們知道）課責我們資產之什一，而尤其嚴峻的，我們時間之七一；有著一個向天仰著的臉，與一個永遠在地上匍匐著的心，同蛇樣的吃著泥土，「把那神聖的要素之微粒（人心）定著在地上，是沒有多大用處的。如果人以善用他那得之不以其道的幸運來哄他自己，如同人說奧古斯都，與在他之後的塞提米烏斯·塞維魯斯（Septimius Severus）那樣：「或是不要生這種人或是不要叫他們死」，他們在追尋與上進到他們的偉大的時候做了這許多有害的事情，而在他們的勢力鞏固了以後，卻做了這許多有益的；然而事後爲這種補償是對的，而在事前預蓄著這種補償之意是不對的。最後，人在追逐他們幸運的時候，以查理五世（Charles the Fifth）在給他兒子的訓誡裡很好的表示著的意思來使他們自己冷靜一點，也未爲不當，「幸運是有點女人的脾氣的，如果人追求它得太過了，它會相去愈遠。」但這最後一點，只是爲辨別力已經受損之人而設的一種治療：讓人還是在那爲神學與哲學之角石之基礎上建築起來罷，在那上面，這兩種學問連接得最爲緊密，就是說，兩種學問所主張人應該最先尋求的東西是很接近的。因爲神學是這樣說，「你要先尋求天國〔正直〕，其餘的東西自然會得加上來的」；而哲學是說，「你要先尋求在心中的好物〔德性；〕一切其他的東西自然是會得給你的，或是使你不會得感到他們之缺乏。」雖然人的基礎裡是有著一些砂子，同我們在布魯圖斯（M. Brutus）講到這篇話的時候看出來的那樣，「德性啊，我把你當作一個實物崇拜，但你卻只是一個空名」；但神的基礎卻奠在磐石上。以上可以看出我所認爲缺乏的那種知識之一斑。

論到統治，這是一種祕密的知識，在凡認爲祕密的東西之兩種意義上，都是如此，有些東西是因它們之不易明瞭而成爲祕密，有些是因爲它們之不可明言。我們看到一切的統治行爲都是隱晦而不可見的：「心在匡架之各部內運用，鼓動了這個偉大的全體。」一切統治行爲之說明，就是如此。我們看到上帝對於世界之統治是隱祕的，到這樣的程度，使這種統治看來帶著好多的不規則與紊亂。心靈在驅動身體時之統治是在內而深隱，而它動作的形態是不容易指示的。還有，古代之智慧（它的影子是詩人）在亞於巨靈所犯的叛亂之罪的刑罰與痛苦之描寫中，確實表示了對於多言之過犯之痛惡，同息西弗斯（Sisyphus）湯太勒斯（Tantalus）所犯的那樣。但這還是說各別的事項，但即在政策與統治之一般規則與講論上，都應該有一種鄭重與謹愼的處置。

但是相反的，統治者對於被統治者，以人的弱點所能容許爲度，一切事情是都應該顯露與公開的。因爲關於上帝之統治，《聖經》是這樣說的，這個地球，在我們看來是一個黑暗與陰沉的物體，在上帝看來是同水晶的一樣：「在寶座面前，有一個玻璃的海，同水晶一樣。」所以對於君主與國家，尤其是對於有智慧的立法與顧問團體，人民之性質與傾向，他們的狀況與需要，他們的分派與結合，他們的憎恨與不滿，應該照著他們知識之不同，他們觀察之明敏，與他們瞭望的地方之高度，大部分是應該清晰與明透的。因此，看到了我是寫給一個自己是這種學問之大家，而且是有著這樣好的輔佐的君主看，我想這一部分是應該略過不論的，因爲我願得到那古代哲學家中之一所企望的證明，他爲是在他人競以辭說表明他們之才能時沒有發言，希望可以爲他證明，「有一個人是知道緘默的」。

雖然這樣講，但在統治上比較公開的部分，法律上，我想應該記下這麼一種缺陷，就是，自來關於法律有著作的人，是或以哲學家的身分，或以律師的身分來論列，而從沒有以政治家的身分來論列的。論到哲學家，他們是爲想像中的國家制定想像中的法律，而他們的講論是同星一樣，那些，只給予了這麼一點的光明，因爲他們是那麼高。至於律師們，他們是照他們住在的國家所承認的法律寫作，而不是那應該作爲法律的；因爲一種立法的智慧與一種律師的智慧是兩件不同的事。因爲在自然中有幾個正義之源泉，一切國家之法律都無非是同從那裡流出來的河流一樣，而且是同河流之從他們流過的土壤中得到了色味一樣，國家之法律，亦照他們所在之地域與政制而不同，雖然他們是出於同一之源泉。並且，一個立法者之智慧是不僅在一種正義之型範上，並且還在他的應用上：考慮到怎樣可使法律確定，與何者爲法律之疑義與不確定之原因與補救方法；怎樣可使法律適當與容易執行，與何者爲法律執行上之障礙與補救方法；關於物的私有權之法律，對於國家有何影響，與怎樣可使他們適當；法律應該怎樣撰定與公布，用法典，還是法令，簡要的，或是詳備的，用或不用敘述宗旨與理由的前序；怎樣時時加以刪定與改良，與何者爲可使他們的卷帙不至過於繁重，或有了太多的不同與衝突之最好方法；在遇到初次發生而已經判決之案件，與關於一般事項或問題的〔專家之〕解答與〔君主之〕諮詢時，應該怎樣解釋它們，應該怎樣去推行它們，嚴厲的還是柔和的；怎樣可以公道與良心去減少他們的苛刻，和斟酌出入與嚴守律例這兩種辦法是否可在同一法庭並用，或是應由不同的法庭去各別行使；還有，法律之執業，專攻與教授應該怎樣規定與管理；與關於法律之施行與（我可稱爲）給予它們以生氣的許多其他各項，這些，我不欲十分詳論，因爲我想（如果上帝見許）在以簡要之語開始了這種性質的工作之後，到將來再提出，現時且認它爲缺乏。

論到陛下之英國的法律，我能詳說它們的優點與略說一點它們的缺陷，然而在它們與政制之宜適上，總還勝過〔蘇格蘭所採用之〕羅馬法，因爲羅馬法是「一種預備作不同的用途的禮物」，它是並非爲他統治的地域制定的關於這點，我不再說，因爲我不欲將實行的事情與一般學問的事情混合一起。

這樣的我結束了關於社會的知識的學問之這一部分，結束了社會的知識，也就結束了人生的哲學；結束了人生的哲學，也就結束了一般的哲學。因爲現在有一會停歇，回顧到我所講過的一切，我覺得，（「如果那影像是眞的」）要是人能夠評判自己的作品的話，這篇文字沒有比音樂師在調弄樂器時鼓奏出的那種聲音好多少：這種是絕不好聽，不過卻是讓音樂能夠更爲諧美之一種原因。因此我自願把那〔九位司文藝的〕女神之樂器調弄好了，以使手段比我好的人可以演奏。在我看到了學問（包括它的各類）第三次巡行到來的這個現代之情況，如從事學問者之優越與富於活力；我們從古代著作裡得到的可貴的助力與光明；將書籍傳布於各種景況的人之印刷術；教人知道了無數的試驗，與大量的自然歷史之世界通航；現代所富有之閒暇，不是同希臘各邦爲了他們是民治，與羅馬國家爲了他們王國之廣大那樣的役人於公務。現時對於和平之傾向，向來把人引離了別種學問的宗教爭辯之銷歇，陛下學問之完備，如同鳳凰之引致群鳥，使成群的學問之士跟著你；與時間之不可分離的特性，就是，益益顯露出眞實；〔看到了這些〕我眞是不能不確信時間的這個第三期是要遠勝過希臘與羅馬時代的學問：只要人知道他們的力量同著他們的弱點；各從別人那裡取得發明之光明，而不是辯駁之火焰；與把眞實之探討看作同一種事業一樣，而不是同一種身分與裝飾那樣；與把才智與惠施用於可貴的與優越的東西上，不要用在平常與但爲流俗所重的東西上。至於我的工作，如果人要以非難他們自娛或娛人，他們應該爲這種古代的有忍耐的要求，「你只管打，但是聽我講」，讓人非難他們好了，只要他們把它們看清楚了與權衡著。因爲這種上訴是合法的〔雖然或許是沒有必要〕，就是，從人初次的審慮到他們的第二次，與從較接近的時代〔現代〕到那離開得較遠的〔後代〕。現在讓我們來講希臘、羅馬兩個時代都沒有這樣的幸福來知道的那種學問——神聖與聖感的神學，是人的一切工作與旅行之安息日與彼岸。

上帝無上之權能，不但及於人之意志，並且還及於人之理智，所以，同我們意志上雖然覺得勉強，還得要服從祂的法律一樣；我們理智上雖然覺得勉強，亦得要信從祂的說話。因爲如果我們只信那種與我們理智相合的，我們是同意於材料，而不是同意於那作者，這是沒有比我們對於一個我們所懷疑著而不相信的證人之態度好，但是那種算作亞伯拉罕之正義的信仰，是爲那件事情上是天生的理智的影像的撒拉（Sarah）所笑的一件事。

但是（如果我們切實的考量他）相信是比知道——同我們現在所知道那樣——還要可貴。因爲在知識上，人心是受了感覺之影響，但在信仰上，他是受了精神之影響，這種他認爲比他自身更有權威的精神，因此他是受了更高的發動力之影響的。即不然，他也是同人到了天堂的時候那樣，因爲到了那時，信仰〔不涉理智之純粹的信心〕也就終止，我們可以同上帝知道我們一樣的知道一切。〔現在因爲不能知，所以只可信；那時既能知，就無所再用其信了。〕

因此我們結論，神聖的神學是只以上帝之說話或所顯之奇蹟爲基礎，而不是以我們天賦的智能爲基礎，因爲《聖經》上是這樣寫著：「上天明白的顯出上帝之光榮。」卻沒有這樣寫著：「上天明白的顯出上帝之意志。」但關於他是這樣說的：「照著那〔《聖經》裡的〕法律，如果他們不照著那說話，云云。」這不但在與神、創世、贖罪等高深的神祕有關之各種信仰事件上是如此，卻在與道德規律有關的那些事件上亦是如此，如果把那些規律恰當的解釋：「愛你之敵，怨恨你的人要好待他：要像你在天之父，他讓他的雨〔同樣的〕落在公正與不公正的人身上。」對於這些話，我們應該用著這種讚辭：「那些話聽著不似人所說的」，他們是天賦的智能範圍以外的一種聲音。我們看到異教時代的詩人，在一種放蕩的情感支配下的時候，總是向法律與道德的規律抗議著，彷彿那些是與自然敵對的；「妒忌的法律禁止了自然所許可的」，印度的丹達米斯（Dendamis）同亞歷山大的使者這樣說，他曾聽說過畢達哥拉斯，與希臘其他的幾個哲人，他以爲他們是很優越的人，但是他們有一種錯誤，就是他們太尊重他們所稱爲法律與道德的那一種東西。所以我們不能不承認這種道德的規律之大部分是這樣的完備，絕非天賦的智能所能企及，那麼，怎麼還說人以天賦的智能與自然的規律，是有一點善惡、曲直與好壞之觀念呢？這樣的，因爲天賦的智能是作爲兩種不同的意義用：一種，就是照著自然的規律，從理智、感覺、歸納、論證裡出來的；還有一種，照著良心——那是人的最初狀況之純潔之一點火花——的規律，由一種在內的本能印著在人的精神上的；人只在後面的這種意義上分得了關於道德規律之完備的一點光明與辨別。但是怎樣呢？足夠阻止罪惡，卻不夠教人知道責任。因此，宗教之教義，不論道德的與神祕的，都是除卻受了上帝之感動與啟示不能得到的。

但理智在精神的事件上之用處與它應用之範圍還是很廣大與普遍的，因爲使徒稱宗教爲「我們對於上帝之合理的事奉」是並非無謂的，甚至到這種程度，在摩西的典章中，連儀式與表象都是充滿了理智與意義，遠過於崇拜偶像的宗教與魔術之儀式，那是只充滿了沒有意義的東西。但基督教，在這一端同在一切事件上一樣，是最值得特別稱揚的，因爲它在這件事情上保持了一種介於異教的與回教的教律之間的最好的中道，而那兩教卻各採用了一個極端。因爲異教的宗教是沒有固定的信仰或信仰之明示，卻把一切都付之論辯之自由；而在相反的方面，回教卻完全禁止了論辯，一個是具有錯誤之面貌，一個欺騙；而基督教卻是有區別的容許與不許辯論。

人的理智在宗教上的用處有兩種：一種是感知向我們啟示的上帝之神祕，還有一種，從那上面推想出教義與指示。前一種延展到神祕之本身，但是怎樣延展的呢？就是假途於例證，而不是假途於論辯，後一種確包有證明與論辯。在前一種上，我們看到上帝惠許下降到我們的程度，把祂的神祕這樣的表現著使我們得以了解，並且是把祂的啟示與神聖的教義同接花木那樣的接在我們的理智上，還用了祂的感動來開啟我們的了解，同鑰匙之形武與鎖簧相配那樣。在後一種上，理智與論辯之一種次一級與從屬的使用是許我們的，雖然不是那根本與獨立的。因爲在把宗教之信條與原理置於受不到理智之審查的地位後，我們才許從那些上面依著他們的倫類去推想，以求得我們更好的指導。在自然上，這是不然的，因爲那些原理是可以歸納法去審查的，雖然不能用中間名詞或三段論法，而且，那些原理或前提是與推演出結論來的那種理智並不衝突的。但不僅在宗教上，並且還在多種輕重不等的學問上，就是，那裡面不但是有著原理，並且還有任意決定的規則的，卻都不是如此，因爲在那些上面是沒有獨立的理智之使用之可能的。這是我們在用智的遊戲，如象棋一類上所慣見的，這種遊戲之基本規則是確立的，但怎樣是確立的呢？就爲他們是出於習慣而不能以理智去審查的。可是怎樣去做這種遊戲使他最易制勝，卻需要技巧與理智之運用。在人群之法律上，亦有許多的原理，那些，是法律之規定，因權威，不是因理智而確立，因此是不能辯駁的。但何種是相對的，不是絕對的最公道，而且是最與那些主義適合，卻供給了我們一個很大的辯論的場地。這就是神學中所容許，而根據於上帝之意思上的那種次一級的理智。

所以這裡我看出有這樣一種的缺乏，就是我覺得還沒有人充分的探討與處理過理智在精神的事件上之正常的限度與用處，如同一種神聖的論理學那樣：因爲沒有做過這種事情，所以這似乎是一件尋常的事，就是，假託了要正確的明瞭那啟示的東西，去搜探那沒有啟示的；與同假託了要得到推論與發現矛盾，去審查那確定的。這裡的一種是犯了尼哥底母（Nicodemus）之錯誤，想要把一切事物都弄得比上帝所啟示的更爲明顯，〔他問著〕「人到老了，怎樣還能重生呢？」還有一種是犯了使徒們的錯誤，他們遇到了一種似乎矛盾的事情就覺得驚怪了，「他向我們說的是什麼話？一會兒功夫，你們就不能看見我了，又說，一會兒功夫，你們就可以看見我了，和這些。」

在這一點上，因為它重大的與可以獲得幸福的用處，所以我論列較詳，因為這件事情，好好的加以工作與把它決定了，我以為不但可以控制那詭辯派所犯的愛奇的推想之虛妄，並且還可以控制教會所犯的爭辯之激烈。因為它使人不能不看出許多的爭辯實是只涉於沒有啟示或確立的事情，還有許多實自脆弱與暗昧的推論上生出來的：這在後的一種，在意見與商量上而不是在斷言與爭辯上，如果人肯重新再用那個異教徒之偉大的導師〔聖保羅〕之得福的口氣，是該要這樣表示的，「我，不是我主」與「在我的意見上」。但現在人是太容易去僭用下面的這種口氣了，「不是我，卻是我主」，不但如此，卻將它與詛咒之恫嚇與斥責連繫著，使沒有從所羅門那裡知道「無理由的詛咒是不會應驗的」人懷著恐慌。

神學有兩個主要部分：曉告或啟示的事情，與曉告或啟示之性質。我們將從第二種論起，因為它與我們剛才所說的關係最為密切。曉告之性質有三個分支：曉告之限制，曉告之充分，與曉告之獲得。下面這些考慮是屬於曉告之限制的：個人在何種限度內繼續受著聖靈之感動、教會在何種限度內受著聖靈之感動，與在何種限度內可以適用理智。這裡面的最後一種我以爲缺乏有兩種考慮是屬於曉告之充分的：宗教中哪幾項事情是基礎的，哪幾項是可加以改良的，就是可以在同一基礎上再加以建築與改良之事件，與同怎樣，光明依著不同的時代所給予的級次是於信仰之充分有重要之關係。

基礎的事項，與那不過是可以再加改良的事項，應該崇敬的與有智慧的把它們辨清，這種我並不一定認爲缺乏，只不過在此把它作爲一種意見提出，這是與我適才所論的趨向著頗相類似的。結果的一個題目，因爲同那個或可減少爭辯之數目一樣，這個亦或可減少好多爭辯之激烈。我們看到摩西在看見以色列人與埃及人爭鬥的時候，他並不問「你們爲什麼相爭！」直接拔刀將埃及人殺死；但在他看見兩個以色列人爭鬥，卻說「你們是弟兄，何以相爭？」如果這一種教義是個埃及人，他須爲精神之刀殺死，用不著同他和解；如果他是個以色列人，即使他是錯的，亦該向他說「你何以相爭？」關於基礎的事項，我們看到我們的救主這樣的定下了〔教會與別派的〕同盟之條件，「不與我相合的，就是與我爲敵的」；但關於非基礎的事件，他是這樣定著，「不與我爲敵的，就是與我相合的。」所以我們看到我們救主的衣服是整片而沒有線縫的，而《聖經》的教義，亦是這樣；但是教會的衣服是具有多種顏色，然而還是一片的，我們看到穀皮是可以，而且應該把它與穀實分開的，但在穀物尙未收割時，田中之莠草是不可以拔去的〔怕連穀物一同拔了起來〕。因此，明白的決定了那些是使人完全離開了上帝之教會的事項和他們的範圍，是極有用的一件事。

爲了獲得訊息，它根據《聖經》之正確的解釋，《聖經》是生命的水之源泉。《聖經》之解釋有兩種：排比整齊的〔以一種完全的學問之形式來表現出神學〕，與自由〔直溯《聖經》之原文〕的。因爲這種遠勝過雅各的井泉的神聖的水，是很像自然的水從井與水源裡那樣的汲取出來的；或是將它先引上到一個水櫃裡，再從那裡去取用；或是直接從它流出的地方以桶器去汲承。這裡面的第一種，雖然看似較爲便利，但我以爲是較易汙染的。這種方法，向我們呈現出了經院派的神學，他們把神學作爲一種學問，如同把它裝在水櫃裡那樣，從那裡去挹取救義之水流。

在這裡面，人曾想求得三種東西：一種扼要的簡短，一種密集的力量，與一種十分的完美。其中的前兩種，他們沒有能夠找到，而那後一種是他們所不應尋求的。因爲關於簡短，我們看出在所有提要式之完全的著作上，人意在求簡的時候就給予了擴大之理由，因爲縮短了就變爲晦暗，這種晦暗，需要闡發，而這種闡發就推演成了大量的注釋，或討論與論說，這比提要所從出之原文還要繁複，所以我們看到經院派之卷帙要比古代基督教之著作者最初的文字大得多。從那些裡，那個諸家意見之大師（Master of the Sentences）〔彼得．倫巴都（Peter Lombard）著有《四部語錄》（*Four Books of the Sentences*）〕採集了他的提要。同樣的，近代羅馬法學者之卷帙亦超過了古代法學者之著作，那些，經忒立波寧（Tribonian）

編成了綱領。所以這種提要與注釋之方法無例外的使學問的全部在量上更爲增大，而在質上更爲降低。

關於力量，知識編成了確定的完全著作，當然有一種力量之形似，因爲每一部分似乎是支持著其他的部分，但這實在是表面如此，而不是實際如此。如同藉建築的方法與連結才能持久的房屋，是要比各部分構造較爲堅實，雖然是沒有這樣連結的，較易頹敗。但這是顯然的，你於你的根據相去愈遠，你的推論亦愈靠不住。如同在自然中，你與各個的事實離得愈遠，你擔著的錯誤之危險亦愈大，在神學上，尤其是你用了推論與《聖經》離開得愈遠，你的見解亦愈脆弱與沒有實質。

至於神學上之完美或全備，那是不應該尋求的，這使以一種學問之形式來表現的神學更顯得可疑，因爲要使一種知識成爲一種學問的人，一定要把它的各部分弄得一樣的完備。但在神學上，有許多事情是只能任其斷缺，而以這句話來了結：「深哉，上帝之智慧與知識！祂的意思，何其難知，祂的途逕，何其難尋。」那位使徒〔保羅〕亦這麼說：「我們只知道一部分。」而在只有一部分的實質時，要想得到一個全體的形式，是不能不藉假設之補充的。因此我結論，這些提要與完全的著作之眞正的用處是在作爲尋求知識之準備之訓練或初步工作上，但是要用它們或從它們那裡生出之推論來處理一種知識之主要部分與材料，是無論在哪種學問上都有害，而在神學上是危險的。

關於自由的解釋《聖經》，歷來想出與行用的方法，有些是頗涉微妙而不安全，而不是嚴謹而正常的。可是這點是該承認的，就是《聖經》，出於聖感而不是出於人的理智，在著作者之關係上是確與其他的書籍不同的：這種情形之結果生出了解釋者可以利用的一點區別。因爲《聖經》之著作者〔上帝〕知道四種沒有人能夠知道的事情，那些是，光榮之國之神祕，自然規律之完美，人心之祕密，與未來無窮數時代相繼之事。因爲關於第一種有人這樣說過：「那擠到光裡去的人是要爲光榮壓倒的。」還說：「沒有人可以見了我的面而還是活著。」關於第二種：「祂造天，祂以規律與圓規在深淵面上畫出了穹窿的時候，我在那裡。」關於第三種：「亦不必有人對祂爲人作證，因爲祂深知道人心裡的一切。」關於最後的一種，「他一切的工作上帝自始就知道的。」

從在前的兩種裡，得到了《聖經》之幾種意義與解釋，這些應該置於嚴謹的限制以內；這裡面一個是神祕的，又一個是哲學的。但是關於前者，人不能趕在它的時代之先：「現在我們不過在鏡子裡模糊看到，但是以後，要面對面了。」但在這類事情上似乎有一種自由是允許我們的，就是以這種鏡子之磨淨，或對於這種隱謎之一種適度的說明爲限；但是太要深入到那裡面去了卻要使人的心靈不能免於離析與傾覆。因爲在身體上我們吸收進去的東西可以分爲三個級次，滋養物、藥物與毒物：滋養物是人之身體能夠完全改變與克服的；

藥物是一部分可為身體所改變，一部分可以改變身體的；而毒物是只有它對於身體能有影響，而身體是毫不能對它有影響的。同樣的，在心靈上，凡是理智所絕對不能影響或改變的知識，無非是一種中毒，使心靈與理解有離析之危險。

但是關於後者（哲學的解釋方法），近來是極端的為帕拉塞爾蘇斯學派與其他人所推行，他們自以為在《聖經》裡找到了一切自然哲學的眞實，妄斥與蔑視一切其他的哲學為異端的與非神聖的，但上帝的說話（《聖經》）與工作（自然）之間卻並沒有這種敵對存在；並且他們亦沒有，同他們所想像的那樣，給予了《聖經》以光榮，卻是很減低了他們的價值。因為在《聖經》中去尋覓天地，關於他們，有人說：「天與地會消滅的，但我的說話不曾消滅。」是在永久的東西裡面去尋覓暫時的東西；而同在哲學中去尋覓神學是在死人中去尋覓活人一樣，在神學中去尋覓哲學亦是在活人中去尋覓死人：置放在神廟之外部的盥洗之具，亦是不可以到那約櫃所在之最神聖的地方去尋覓的。而且，上帝的神靈之活動範圍或目的，並不是在《聖經》裡表明自然之物，除了偶然，與把他們適用於人之才智與道德或神學之事。而這是一條正確的規則，「人在沒有成為問題的事件上偶然講到的話是沒有多大權威的」。因為，如果一個人為了點綴或引證，照著普通的見解，用了一個從自然或歷史上借來的比喻，如非洲沙漠中一睨使人倒地之龍、獨角獸、人首馬身之怪、百手怪、七首怪，或這一類的東西，因此一定要認他為矢言這裡面的事情是絕對的眞實，這是一種怪異的結論。所以歸結起來，這兩種的解釋，一種追溯本源的或隱謎的，還有一種，哲學的或自然科學的，這些曾照著猶太的神學教師與神祕哲學者之先例為人所接受與研求，是要以這種格言來限制的，「不要過於聰明，卻要恐懼。」

但是在後面的那兩項上，關於人心之祕密與一切未來之事，那是只有上帝知道而為人所不能知的《聖經》解釋方法之與一切其他的書籍不同是可認為正當的。因為看出了我們的救主基督對於向他提出的問題裡面的多種回答是與那問題之解決不相應的，是一種極好的觀察，這上面的理由是因為基督同人不同，他們是藉人之語言來知道祂的思想的，而基督卻直接就知道人的思想，所以祂從不答覆他們的語言，卻只答覆他們的思想。《聖經》亦差不多是這樣，這些，因為是對於人之思想與一切的時代而作，預知了一切異端、爭辯、教會，尤其是，上帝所揀選出來的人（忠實的基督教徒）之種種不同的情況，是不可以僅依了一句一節之適當的意義之範圍，與這種說話所因之而發的實際情形，或是與上下文之恰相符合或連貫，或一節一句之主要的意思來解釋的，卻在他們的本身上，不但是整個的，而且是分配在各字句的，有著無限的教義之泉流來灌溉教會之各部分。所以，同那照著字面的意義是主要的水流一樣，那些大半是道德的，有時，諷喻或表象的意義，亦是於教會最有利益：並非我欲人太信諷喻，或是沉溺或輕用暗示；但我卻很以只同尋常解釋世俗之書那樣去解釋《聖經》爲不當。

在關於《聖經》之解釋的這一部分，我不能說有何缺乏，但爲使人注意起見，我再加說這一點。在讀神學書籍之時，我看到好多爭辯的書籍，好多討論或專題的書籍，已經大量賦予了一種學問之形式的確定的神學：好些教義的講論與講演，與《聖經》之許多繁冗的注釋，連著一事互見，與一字數見之彙輯。但我以爲在神學中比一切其餘的都要收獲豐富與可貴的著作，是以《聖經》文句之簡短的評釋輯成的確定的神學，並不擴大爲討論，並不追逐著爭辯，並不編成了完全的正式著作，這種內容在教義講論中最多，但是這種文字是容易盡滅的，而在那能夠經久之書籍中很缺少，這種內容亦是現代所最擅長的。因爲我相信，我說這句話並非有意忤人，亦不輕視古代，卻同葡萄與橄欖之一種很好的互競（謂誰能結最好之果）一樣，如果把王國之內近四十餘年來散見於教義之講論的《聖經》文句之最好的評釋（刪去了那裡面多量的勸勉與應用）編集起來，這就是從使徒以來神學中所有之最佳的著作了。

神學所指示我們的事情有兩類：關於信仰與見解之正確的事項、關於禮拜儀式的事項。後者亦是爲前者所決定與支配的：一個有如宗教之永生的靈魂，一個有如他永生的身體。所以異教不但是一種偶像之崇拜，卻連全個宗教都是一個偶像，因它沒有靈魂，就是說，沒有信仰之確定或明示：看到他們教會裡主要的導師都是詩人，就無怪人之懷著這種見解了：這種情形之理由是因爲異教之神是不妒忌的，只要能夠在諸神之列，他們就以爲滿意了（他們有抱著這種態度之理由）。他們亦不重視心地之純潔，只要他們能夠得到外表上的光榮與禮節。

但從這兩種裡面卻生出了神學之四大部分：信條、責任之規律、儀式與管理。信條包括上帝之本質、屬性與工作之教義。上帝之本質是以三位（聖父、聖子、聖靈）一體的神格構成的，上帝之屬性是或爲三位一體之神所共有，或專屬於三位中之一位。上帝工作中之最重要的，有二，創世的工作與贖罪的工作，這兩種工作，如同祂們的全部是屬於三位一體之神，祂們的部分是分屬於三位的：創世工作中物質之實體部分屬於聖父，物類之分布部分屬於聖子，存在之繼續與保持部分屬於聖靈。同樣的，贖罪的工作中方法之選定屬於上帝，全部的行爲與成就屬於聖子，祂的執行屬於聖靈；因爲基督是憑藉聖靈而託生於肉體，而上帝所揀選的人亦是憑藉聖靈而得到精神上之復生（棄惡歸善）。我們亦可以把這種工作或是在祂的效果，就是被選的人，上面看；或是在祂的效果之缺乏，就是被捨棄的人，上面看，或是在祂表現出來樣子，就是教會上面看。

關於責任之規律，那上面的教訓都包含在〔《聖經》中之〕規律裡，那些，明示了我們以罪惡之性質。這種規律之本身，是照著它的來源，分爲自然的規律〔人的良知自然知道的〕，道德的規律〔上帝所啟示以佐我們對於善惡之直覺的〕，與習慣的規律〔出於命令以補充上面兩種的〕；與照著祂的口吻，分爲否定的與肯定的，禁令與誡命。罪惡，在它的本質上，是照著誡命區分的；在它的形態上，是分別關於神之三位的：對於聖父所犯的軟弱之罪，它較著之屬性是力；對於聖子所犯的愚昧之罪，它的屬性是智；與對於聖靈所犯的惡意之罪，它的屬性是好意或愛。在它的動向上，他或是向著宗教方面，或是離了宗教方面；或是向著盲目的信仰，或是向著褻瀆與放恣的過犯；或是在上帝給予自由的地方濫加拘制，或在上帝加了拘制的地方敢於自由。在它的等第與進程上，分爲思想、語言或行爲。在這一部分裡，我很讚許將上帝定的規律推及於是非難定之事件上，因爲這才是我所認爲切開了生活之麵包〔上帝的說話〕，不是把它整個的陳列著。但那個給予信條與責任這兩種教義以生命的是人心之向上〔信仰〕與同意〔服從〕勸勉，神聖的省慮，基督的決心，與這一類的書籍，都是屬於這一部分的。

關於禮拜之儀式，這是以上帝與人之間相互的行爲合成的，這些，在上帝一方面是《聖經》之宣講與聖禮〔洗禮與聖餐〕，這後面的一種是這種盟約〔上帝將使正直之人得救，與賜以幸福〕之加印，或是同《聖經》所允許的事情之有形的批准一樣；而在人一方面，是稱上帝之名以祈禱；與依照猶太之典章——獻祭，這是同有形的祈禱與信仰之聲明一樣。但是現在，因爲崇拜是只在心靈上與誠實上，所以是只有嘴脣上的牛犢〔謂以祈禱代祭品〕。雖然感謝與報答之神聖的誓言之使用，亦可以認爲同加了印的請求書一樣。

關於教會之管理，這是以教會之資產，教會之特權，教會之職司與管轄權，與教會支配以上全部的法律合成的；所有這些事項都有兩種看法，一種是他們的本身，一種是他們與國家相容相適之程度。

這種神學的事件是或以教授眞理，或以駁斥虛妄之形式來處理的。背離宗教，除了否認神之存在，那是無神論與他的支派，有三種：異端、偶像崇拜與邪術。異端是我們以僞的禮拜事眞神；偶像崇拜是我們把僞神當作眞神禮拜；而邪術是我們明知道僞神是惡與僞的而還去崇拜祂。因爲陛下是這樣很好的說過的，邪術是偶像崇拜之極點，但是雖然這些是眞確的等差，我們還看到撒母耳（Samuel）教遵我們說這些都是一樣的性質，如果我們違背了《聖經》，他說：「悖逆是同行邪術之罪相等，頑梗是同拜偶像之罪相等。」

這些事項，我只這樣的略加論列，因爲我不能說關於它們有何缺陷，因爲在神學上，我不能找出一塊空著沒有播過種子的地方：人自來是這樣勤力，或是去播散好的種子，或是去播種莠草。

這樣的我彷佛是創造了一個智的宇宙之小小的模型，它的正確與逼眞，一如我力所能爲，並且還帶著我以爲不是恆久的爲人所占用，或是還沒有很爲人力所改變的那些地方之一種節略與敘述。在這種工作上，如果我有點同尋常的辦法不同，那是因爲要想到達一種更好的情況，不是一種更新的；一種修正與改進的意思，不是變動與立異的。因爲如果我不願比他人更進一步，我就對於我所處理的題目不忠實，但我卻更願有人比我更進一步，這種意思更容易在這上面看出來，就是，我總將我的意見赤裸與沒有防護的提出，不想以辯駁來預先影響他人判斷之自由。因爲我很希望凡是適當的記下的事項，如果初讀時可以引起一種異議，再讀時就可以使它得到一個回答。而在我錯誤的地方，我信我並沒有以好訟的辯論損害權利；這是一定有這種相反的效果的，就是，他們給予了錯誤以權威，而把那好好的發明的東西之權威摧毀了。因爲疑問是虛僞所得到之一種重視，如同在相反的方面，是眞實所得到之一種否認。但是那些錯誤我認爲是我自己的。那不錯的地方，如果是有的話，是同祭牲之脂肪那樣，是應該先燔獻給上帝，其次，獻給陛下，對於你，在世上我是最負荷著恩德的。

培根年表

（Francis Bacon, 1561-1626）

年代	生平記事
一五六一	一月二十二日，培根出生於倫敦。父親尼古拉・培根爵士（Sir Nicholas Bacon），擔任過伊莉莎白女王的大法官。母親安妮・培根（Anne Bacon）是文藝復興時代的貴族才女。在如此家庭背景和社會關係下，才華出眾的培根很早就出入宮廷了。
一五七二	入學劍橋大學三一學院。
一五七六	劍橋大學畢業。
一五八二	取得律師資格。
一五八四	當選國會議員。
一五九三	當選下議院議員。
一五九七	出版《論說文集》，文筆優美，是值得一讀的散文集。
一六〇二	受封為爵士。
一六〇五	出版《學問之增進》，這是解釋培根見解的最早著作。
一六〇七	被任命為副檢察長。
一六〇九	出版《論古人的智慧》。

一六一三	被委任為首席檢察官。
一六一六	被任命為樞密院顧問。
一六一七	出任掌璽大臣。
一六一八	擔任詹姆斯一世手下的大法官，並被授予維魯拉姆男爵的稱號。
一六二〇	培根主要的著作《學術的偉大復興》出版了一部分（直到過世仍未寫完）。出版《新工具（論）》。
一六二一	獲封為聖阿爾班子爵。同年，培根被國會指控貪汙受賄，終生逐出宮廷，不得擔任議員和官職。培根因此而身敗名裂，從此不理政事，開始專心從事理論著述。
一六二二	出版《亨利七世的治理史》（*Life of Henry VII*）。
一六二六	感染風寒，一病不起，卒於四月九日。培根因留有許多遺著，專家學者協助整理出版了《論事物的本性》、《迷宮的線索》、《各家哲學的批判》、《自然界的大事》和《論人類的知識》等。

經典名著文庫 171

學問之增進

The Advancement of Learning

作　　者 —— 法蘭西斯・培根（Francis Bacon）
譯　　者 —— 邵裴子
導　　讀 —— 米建國
發 行 人 —— 楊榮川
總 經 理 —— 楊士清
總 編 輯 —— 楊秀麗
文庫策劃 —— 楊榮川
主　　編 —— 蔡宗沂
特約編輯 —— 沈心潔
封面設計 —— 姚孝慈
著者繪像 —— 莊河源
出 版 者 —— **五南圖書出版股份有限公司**
地　　址 —— 臺北市大安區 106 和平東路二段 339 號 4 樓
電　　話 —— 02-27055066（代表號）
傳　　眞 —— 02-27066100
劃撥帳號 —— 01068953
戶　　名 —— 五南圖書出版股份有限公司
網　　址 —— https://www.wunan.com.tw
電子郵件 —— wunan@wunan.com.tw
法律顧問 —— 林勝安律師事務所　林勝安律師
出版日期 —— 2022 年 10 月初版一刷
定　　價 —— 400 元

國家圖書館出版品預行編目資料

學問之增進 / 法蘭西斯・培根 (Francis Bacon) 著 ; 邵裴子譯 .
-- 初版 -- 臺北市 : 五南圖書出版股份有限公司 , 2022.10
面 ; 公分 . -- (經典名著文庫 ; 171)
譯自 : The advancement of learning
ISBN 978-626-317-917-2(平裝)

1.CST: 培根 (Bacon, Francis, 1561-1626) 2.CST: 學術思想
3.CST: 哲學 4.CST: 知識論

144.32　　111008488